Data-Driven
Mindset in Life

锐视敏思

生活中的数据思维

陈建斌　郭彦丽　编著

经济管理出版社
ECONOMY & MANAGEMENT PUBLISHING HOUSE

图书在版编目（CIP）数据

锐视敏思：生活中的数据思维/陈建斌，郭彦丽编著 .—北京：经济管理出版社，2023.8
ISBN 978-7-5096-9181-6

Ⅰ.①锐… Ⅱ.①陈…②郭… Ⅲ.①信息素养—教材 Ⅳ.①G254.97

中国国家版本馆 CIP 数据核字（2023）第 158658 号

组稿编辑：陆雅丽
责任编辑：张馨予
责任印制：许　艳
责任校对：蔡晓臻

出版发行：经济管理出版社
　　　　　（北京市海淀区北蜂窝 8 号中雅大厦 A 座 11 层　　100038）
网　　　址：www. E-mp. com. cn
电　　话：(010) 51915602
印　　刷：北京晨旭印刷厂
经　　销：新华书店
开　　本：720mm×1000mm/16
印　　张：17
字　　数：270 千字
版　　次：2023 年 11 月第 1 版　2023 年 11 月第 1 次印刷
书　　号：ISBN 978-7-5096-9181-6
定　　价：78.00 元

编写委员会

主　编：陈建斌　郭彦丽

编　委：郑　丽　高书丽　孙　洁　刘宇涵　田　园

前　言

数字经济时代，每个行业、领域的发展都无法脱离数据的赋能。习近平早在 2013 年 7 月就指出："大数据是工业社会的'自由'资源，谁掌握了数据，谁就掌握了主动权。"他在 2017 年进一步提出，"数据是新的生产要素，是基础性资源和战略性资源，也是重要生产力"，"要构建以数据为关键要素的数字经济"。以数字产业化和产业数字化为标志的数字经济深入发展，人类社会的高度数字化带来了颠覆性变革，冲击着人们现有的思维方式。

数据是事实或观察的结果，是对客观事物的逻辑归纳，是用于表示客观事物的未经加工的原始素材。大数据时代，数据思维是一种逻辑思维，拥有数据思维，可以帮助我们透过数据把握事物的本质和发展趋势，提升对经济社会认知的精准度，拓展对全球世界观察的宽广度，强化创新改革的敏锐度。数据思维不仅是我们认识新时代的新逻辑，也是数据文明时代的生存逻辑，每个人都需要培养用数据去观察事物、思考问题、分析问题、解决问题的行为模式，养成"锐视敏思"的品质和素养，启蒙数据思维，走向智能世界。

本书立足于生活中的数据思维，通过九章的内容为广大读者提供系统的数据思维理论与实践体系。全书由陈建斌、郭彦丽共同拟定编写提纲，并负责通稿、校对等编辑工作。其中，第一章由郑丽负责撰写；第二章、第三章由郭彦丽负责撰写；第四章由高书丽负责撰写；第五章由孙洁负责撰写；第六章由刘宇涵负责撰写；第七章由田园负责撰写；第八章、第九章由陈建斌负责撰写。

本书能使读者全面理解数据思维的新科学范式，从理念、理论、实操和应用不同视角，全面培养受众的数据思维模式，提高其战略思维和技术能力，同时推动数据思维领域的理论发展、创新应用与理念传播。本书是"2022 年北京高等教育本科教学改革创新项目：'数智化'时代商务实践能力培养的创新与实践"课题的成果之一，本书的出版受到该课题及北京市属高等学校高水平教学创新团队建设支持计划项目"国际认证范式下新商科人才培养模式创新与实践（BPHR20220228）"的资助。

在本书出版之际，特别感谢数据思维的所有同行，本书在编写的过程中学习、借鉴和参考了国内外大量相关文献资料和研究成果，为表示对这些作者的尊重和敬意，我们对所引用的数据及资料，通过注释和参考文献的方式尽可能详尽地加以标注。但是，其中难免有遗漏或难以查明原始出处的情况，在此，谨向这些作者表示诚挚的感谢！

本书的出版，承蒙经济管理出版社的大力帮助和支持。限于编者的学识水平，本书的错误和不当之处在所难免，恳请广大专家、同仁和读者批评指正！

北京联合大学商务学院

北京　2022

目　录

第一章　数据奥秘与伦理 …………………………………………… 1

　第一节　数据的内涵、类型与作用 ……………………………… 1

　　一、数据的产生与内涵 ………………………………………… 1

　　二、数据的类型与作用 ………………………………………… 5

　　三、案例学习与讨论：我们为什么要关注数据 ……………… 11

　第二节　数据的奥秘 …………………………………………… 14

　　一、数据的表象与本质 ………………………………………… 15

　　二、数据驱动问题解决 ………………………………………… 23

　　三、案例学习与讨论：数据的奥秘 …………………………… 30

　第三节　虚假数据的产生及防范 ……………………………… 32

　　一、什么是虚假数据 …………………………………………… 33

　　二、虚假数据的防范 …………………………………………… 35

　　三、案例学习与讨论：统计数字会说谎 ……………………… 37

　第四节　数据伦理及数据保护 ………………………………… 40

　　一、数据伦理的概念 …………………………………………… 40

　　二、数据保护 …………………………………………………… 42

　　三、案例学习与讨论：谁动了我的数据 ……………………… 45

第二章　数字经济与社会 ………………………………………… 49

　第一节　人类产生数据，数据重塑社会 ……………………… 54

一、生活中的数据 ·· 54

二、数据对社会生活的影响 ·································· 61

第二节 数字经济的概念、内涵及特征 ····················· 63

一、数字经济的发展 ·· 63

二、数字经济的界定和基本范围 ·························· 63

三、数字经济的构成 ·· 64

四、数字经济新模式、新业态 ···························· 65

第三节 数字经济的发展趋势 ································· 68

一、数字经济时代的重要规律 ···························· 68

二、数字经济的发展趋势 ···································· 70

三、数字社会 ·· 72

第四节 案例学习与讨论：大数据"杀熟" ············· 74

第三章 细分与对比思维 ·· 81

第一节 细分思维 ··· 85

一、细分的魅力 ··· 85

二、细分的依据与原则 ·· 86

三、细分的维度 ··· 90

四、细分的方法与粒度 ·· 92

第二节 对比思维 ··· 94

一、对比的目标 ··· 94

二、对比的方法 ··· 95

第三节 案例学习与讨论 ······································ 102

第四章 归纳与演绎思维 ······································ 105

第一节 归纳思维 ··· 105

一、归纳思维的概念 ·· 105

二、归纳思维的分类 ·· 107

三、归纳思维在生活中的实际应用 ……………………… 114

四、归纳思维的局限性 …………………………………… 117

第二节　演绎思维 …………………………………………… 119

一、演绎思维的概念 ……………………………………… 119

二、演绎推理的形式 ……………………………………… 120

三、演绎思维在生活中的实际应用 ……………………… 123

四、演绎思维的局限性 …………………………………… 128

第三节　归纳与演绎思维的辩证关系 ……………………… 130

一、归纳与演绎思维的区别 ……………………………… 130

二、归纳与演绎思维的联系 ……………………………… 131

三、归纳与演绎思维在生活中的综合应用 ……………… 136

第五章　相关与因果思维 …………………………………… 143

第一节　相关思维 …………………………………………… 143

一、导入案例 ……………………………………………… 143

二、概念解析 ……………………………………………… 145

三、应用流程 ……………………………………………… 146

第二节　因果思维 …………………………………………… 156

一、概念解析 ……………………………………………… 156

二、案例辨析：如何辩证地看待因果关系？ …………… 157

三、条件准则 ……………………………………………… 158

第六章　联合与全局思维 …………………………………… 161

第一节　联合思维 …………………………………………… 161

一、幸存者偏差的概念 …………………………………… 161

二、联合思维的概念 ……………………………………… 164

三、联合思维的应用步骤 ………………………………… 164

四、联合思维的案例训练 ………………………………… 166

第二节　全局思维 …………………………………………… 169

　　一、全局思维的概念 ………………………………… 170

　　二、全局思维的应用 ………………………………… 173

　　三、全局思维的三个层次 …………………………… 174

　　四、全局思维定律 …………………………………… 175

　　五、案例训练 ………………………………………… 177

第七章　溯源与逆向思维 …………………………………… 181

　第一节　逆向思维与数据分析 ……………………… 183

　　一、逆向思维的概念 ………………………………… 183

　　二、逆向思维与数据分析 …………………………… 184

　　三、逆向思维的类型 ………………………………… 186

　　四、逆向思维的特点 ………………………………… 187

　第二节　溯源思维 …………………………………… 188

　　一、溯源思维的概念 ………………………………… 188

　　二、溯源思维与数据分析 …………………………… 189

　　三、溯源思维的特点 ………………………………… 189

　第三节　溯源与逆向思维的应用 …………………… 191

　　一、生活中的应用 …………………………………… 191

　　二、经济中的应用——相反理论 …………………… 192

　　三、企业经营创新中的应用 ………………………… 194

　　四、大数据时代的应用 ……………………………… 197

　第四节　数据分析中溯源与逆向思维的培养 ……… 201

　　一、培养溯源与逆向思维的优势 …………………… 201

　　二、数据分析中溯源与逆向思维的培养 …………… 203

第八章　数据赋能与决策 …………………………………… 207

　第一节　数据赋能 …………………………………… 210

一、数据思维概述 ···················· 210

二、赋能与数据赋能 ···················· 212

第二节 数据决策 ···················· 222

一、价值共创 ···················· 222

二、大数据时代的数据决策 ···················· 225

第九章 数字生活中的算法 ···················· 245

第一节 人工智能的前世今生 ···················· 245

第二节 机器学习与深度学习 ···················· 247

第三节 生活中的人工智能 ···················· 250

第四节 生活中的算法困境 ···················· 252

参考文献 ···················· 257

第一章　数据奥秘与伦理

数据是我们认识世界的工具。当今世界数据的采集、传输、存储以及互联网技术快速发展，每天社会生活中的方方面面都产生、积累着大量数据。这些数据一方面为我们的生活增添了很多便利，另一方面也为我们带来了诸多困扰。如何有效利用数据造福人类，成为一个永恒的话题。本章内容主要包括数据的内涵、类型与作用，数据的奥秘，虚假数据的产生及防范，数据伦理及数据保护四个部分，本章通过对几个典型案例进行分析，从而引发读者对数据及数据利用的关注。

第一节　数据的内涵、类型与作用

一、数据的产生与内涵

（一）数的起源

我们怎样认识世界？

通过看，我们可以了解看到了什么，看到了多少；通过听，我们可以描述听到了什么，听到了多远；通过感知，我们能够感受春风夏雨、秋霜冬雪，可以感受酸甜苦辣、冷暖软硬等。上述各种情形的一个共同特点就是"数"，我们用"数"来描述看到、听到以及感知到的程度。《管子·七法》中曾说："刚柔也，轻重也，大小也，实虚也，远近也，多少也，谓之计数。"现在大家对"数"并不陌生，即使是小朋友，也可以很轻松地从 1 数到 10，从 10 数到 100 甚至更多。但是在远古时代，计"数"却不是一件很容易的事情。

有这样一个小故事：不少非洲探险家证实，在某些原始部落里，不存在比 3 大的数词。如果问他们当中的一个人有几个孩子，或者杀死过多少敌人，要是这个数字大于 3，他就会回答有许多个。因此，就计数这项技术来说，这些部族的勇士们可能要败给当今幼儿园里的娃娃们。

那么，许多"数"应该怎么计数呢？

中国 2000 年前的《说文解字》道："数，计也。"即一个一个地计数，要进行计数，只需继续添加一个 1。你只需要知道一个要计数的数字，就是 1。数学家将此特殊数字称为"单位"，它表示一件东西、一件事情等。所有其他计数数字都是 1 的集合：2 是 2 个 1 的集合，3 是 3 个 1 的集合，依此类推。

人类的计数最早可追溯到几百万年前的石器时代。在那个年代，人类也使用计算器来认知，但是那时早期的计算器就是石头。英文里的计算（Calculate）和计算器（Calculator）等词来自拉丁语"Calx"，即石头、小石子、卵石子。

最古老的计数符号是刻在骨头上的标记，后来有了麻纺织物，除了用来做衣服，古代文明的计数还常从绳索打结开始。最早的数字或数字符号是计数符号。在欧洲和北美，计数符号写成五个一组的线条。前面四个是竖的，第五个与前四个交叉。在阿根廷、巴西、智利，计数符号用"口"字表示前四个，第五个是由左上至右下的斜线。在中国、日本、韩国等，计数符号用"正"字表示（见图 1-1）。一直到现在，我们要在一个小范围内统计票数，如统计三好学生的赞成票数，统计选举的代表得票数等，还有在使用"正"字的计数方法。

截至目前，世界上有多种数字符号及计数方法，如汉字计数法、阿拉伯计数法和罗马计数法等，对应的数字符号就是中文数字（一、二、三、四、五、六、七、八、九、十、百、千、万、亿、兆），阿拉伯数字（0，1，2，3，4，5，6，7，8，9），罗马数字（Ⅰ、Ⅱ、Ⅲ、Ⅳ、Ⅴ、Ⅵ、Ⅶ、Ⅷ、Ⅸ、Ⅹ）。但大家需要知道的是，有一套符号系统，突破了语言文字差异，几乎全球通行，这就是阿拉伯数字。

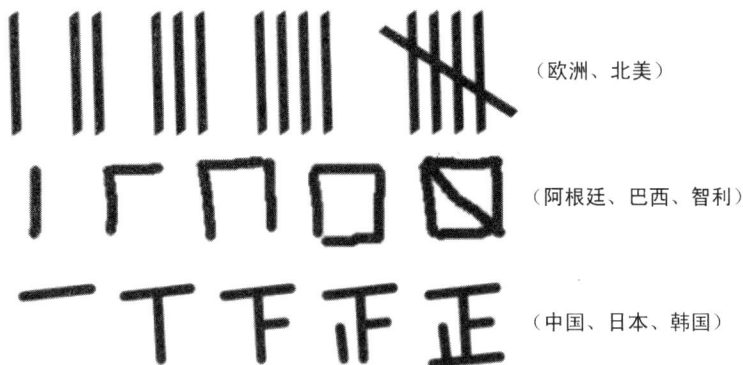

（欧洲、北美）

（阿根廷、巴西、智利）

（中国、日本、韩国）

图 1-1 早期不同国家或地区的数字符号

资料来源：量子认知. 计数简史：我们人类是如何认知计数的？［EB/OL］. ［2020-01-08］. https：//baijiahao. baidu. com/s？id=1655087985003973454&wfr=spider&for=pc. 2020-01-08.

　　阿拉伯数字的前身是古印度数字。公元 3 世纪时，印度的一位婆罗门科学家巴格达，为了贵族和军队计数的方便，发明了一种数字。最初的计算数字从 1 到 10，用对应数量的手指表示。后来，为了书写方便，对 4 及以上的数字进行了简化。公元 700 年前后，阿拉伯帝国持续扩张，一路打到印度北部。在这里，他们吃惊地发现，打仗不怎么样的印度人，竟然拥有一套特别好用的数字符号。阿拉伯人也很聪明，就把这套数字符号和计算方法学来了。学者和商人最先感受到这套数字的好处，于是他们迅速放弃了自己原本的数字，改用印度人的数学语言。

　　阿拉伯人从印度学来的不仅是这十个符号，还包括我们现在通用的定位计数的十进位法。例如，5599 这 4 个数字写出来，你就明白：排在最前面的5 表示 5000，排在第二个位置上的 5 表示 500，排在第三个位置上的 9 表示90，末尾的 9 是个位的 9，即同一个数字符号，因为位置不同，它表示不同的数值。如果一个位置没有数字，就记作 0。印度数字不仅自然数的表达一目了然，而且列计算式计算也特别简洁，只要书写时对好位，借位和进位相应处理，加减乘除就毫无压力。这种绝对优势，让阿拉伯人改换门庭，也就是理所应当的了。

　　明明是印度人的发明，阿拉伯人怎么把这个冠名权据为己有了呢？因为他们起到的作用，是把这套符号系统推广到了全世界，由此也可以看出推广的巨大作用。

谁会最喜欢用这套系统？

当然不仅是数学家，还有阿拉伯的商人群体，因为他们成天算钱记账，与数字打交道更多。于是阿拉伯商人走到哪里，这套系统就传播到了哪里。很快，印度数字就跟随贸易的脚步到了欧洲。欧洲人当然不知道印度人的情况，于是就把它称为阿拉伯数字。到15世纪，阿拉伯数字彻底征服了欧洲，又随着大航海的帆船，推广到了世界各地。到100多年前，阿拉伯数字开始在中国普及，现在已经成为全球通用的数字符号。

（二）数与数据的内涵

"数"是量度事物的概念，是客观存在的量的意识表述。

"数字"起源于原始人类用来计数的记号形成自然数"数"的符号，是人类伟大的发明之一，是人类精确描述事物的基础。可以更进一步地说，数据是对客观事件进行记录并可以鉴别的符号，是对客观事物的性质、状态以及相互关系等进行记载的物理符号或这些物理符号的组合。它是可识别的、抽象的符号。这也就意味着，数据不仅指狭义上的数字，还可以是具有一定意义的文字、字母、数字符号的组合，还有图形、图像、视频、音频等，也是客观事物的属性、数量、位置及其相互关系的抽象表示。例如，"0，1，2，…"，"阴、雨、下降、气温"，"学生的档案记录"，"货物的运输情况"等都是数据。数据经过加工后就成为信息。

数学是描写数字的语言。我们可以把1累加构成任何整数；也可以反过来从任何数中去掉1，那就是减法；乘法的规则仅仅是把数累加多次而已；除法是考察一个数累加多少次能成为另一个数。所以说，把1简单累加，我们就构建了第一套数学规则。它们自然有现实世界中的用途，这个世界是数字以不可想象的方式连接而成的。

计算机的出现为人类处理各种类型的数据提供了极大的方便。在计算机科学中，数据是所有能输入计算机并被计算机程序处理的符号的介质的总称，是输入电子计算机进行处理，具有一定意义的数字、字母、符号和模拟量等的通称。计算机存储和处理的对象十分广泛，表示这些对象的数据也随之变得越来越复杂。

那么，数据和信息之间是什么关系呢？

简单地说，数据与信息既有联系，又有区别。数据是信息的表现形式和载体，可以是符号、文字、数字、语音、图像、视频等。信息是数据的内涵，信息是加载于数据之上，对数据呈现所具有的含义的解释。数据和信息是不可分离的，信息依赖数据来表达，数据则生动具体地表达出信息。数据是符号，是物理性的，信息是对数据进行加工处理之后所得到的并对决策产生影响的数据，是逻辑性和观念性的；数据是信息的表现形式，信息是数据有意义的表示；数据是信息的表达、载体，信息是数据的内涵，是形与质的关系。数据本身没有意义，数据只有对实体行为产生影响时才成为信息。例如，93是一个数据，可以是一个同学某门课的成绩，也可以反映某个人的体重，还可以是国际商务系 2022 级的学生人数。

二、数据的类型与作用

（一）数据的类型

对不同事物的测量需要用到不同类型的数据。数据分类就是把具有某种共同属性或特征的数据归并在一起，通过其类别的属性或特征对数据进行区分。很显然，我们会遇到多种不同类型的数据。例如：测量天体的大小以及天体离地球的距离，测量微生物的大小就需要用到不同尺度的计量单位；计算时间的长短与统计某地区居民的人数也需要使用不同类型的数据。

对数据的分类可以有多种角度。本书按数据性质、数据表现形式、数据记录方式、数字进制、计量层次以及数据来源六种类型的数据分类方式进行介绍。

1. 按数据性质划分

（1）定位数据，如各种坐标数据。

（2）定性数据，如表示事物属性的数据（居住地、河流、道路等）。

（3）定量数据，反映事物数量特征的数据，如长度、面积、体积等几何量，或重量、速度等物理量。

（4）定时数据，反映事物时间特性的数据，如年、月、日、时、分、秒等。

2. 按数据表现形式划分

（1）数字数据，如各种统计或测量数据。数字数据在某个区间内是离散的值。

（2）模拟数据，由连续函数组成，是指在某个区间连续变化的物理量，又可以分为图形数据（如点、线、面）、符号数据、文字数据和图像数据等（如声音的大小和温度的变化等）。

3. 按数据记录方式划分

按记录方式分为地图、表格、影像、磁带、纸带。按数字化方式分为矢量数据、格网数据等。在地理信息系统中，数据的选择、类型、数量、采集方法、详细程度、可信度等，取决于系统应用目标、功能、结构和数据处理、管理与分析的要求。

4. 按数字进制划分

数制也称计数制，是指用一组固定的符号和统一的规则来表示数值的方法。按进位的方法进行计数，称为进位计数制。在日常生活和计算机中采用的是进位计数制。在日常生活中，人们最常用的是十进位计数制，即按照逢十进一的原则进行计数。但是，人类用文字、图表、数字表达和记录着世界上各种各样的信息，为了便于处理和交流，人们可以把这些信息都输入计算机中，由计算机来保存和处理，我们目前所使用的计算机都是冯·诺依曼型计算机，计算机内部使用的是二进制数。

下面我们简单介绍常见的二进制、八进制、十六进制这几种进位计数制。

（1）二进制。二进制是计算机技术中广泛采用的一种数制。二进制数据是用0和1两个数码来表示的数。它的基数为2，进位规则是"逢二进一"，借位规则是"借一当二"，它是由18世纪德国数理哲学大师莱布尼兹发现的。当前的计算机系统使用的基本上是二进制系统。

（2）八进制。八进制基数为8，采用0，1，2，3，4，5，6，7八个数码表示，逢八进位。八进制的数较二进制的数书写方便，在早期的计算机系统中很常见，但是现在八进制已经渐渐地淡出了。

（3）十六进制。十六进制基数为16，是计算机中数据的一种表示方法。

同我们日常用的十进制表示方法不一样，它由 0~9，A~F 十六个数码组成。它与十进制的对应关系是：0~9 对应 0~9；A~F 对应 10~15。

5. 按计量层次划分

按照计量层次，可以将统计数据分为定类数据、定序数据、定距数据与定比数据。

（1）定类数据。这是数据的最低层。它将数据按照类别属性进行分类，各类别之间是平等并列关系。这种数据不带数量信息，并且不能在各类别间进行排序。例如，某商场将顾客所喜爱的服装颜色分为红色、白色、黄色等，红色、白色、黄色即定类数据。人类按性别分为男性和女性也属于定类数据。虽然定类数据表现为类别，但为了便于统计处理，可以对不同的类别采用不同的数字或编码表示，如 1 表示女性，2 表示男性，但这些数码不代表这些数字可以区分大小或进行数学运算。不论采用何种编码，其所包含的信息都没有任何损失。对定类数据执行的主要数值运算是计算每一类别中的项目的频数和频率。

（2）定序数据。这是数据的中间级别。定序数据不仅可以将数据分成不同的类别，而且各类别之间还可以通过排序来比较优劣。也就是说，定序数据与定类数据最主要的区别是定序数据之间还可以比较顺序。例如，人的受教育程度就属于定序数据。我们仍可以采用数字编码表示不同的类别：文盲半文盲=1，小学=2，初中=3，高中=4，大学=5，硕士=6，博士=7。通过将编码进行排序，可以明显地表示出受教育程度之间的高低差异。虽然这种差异程度不能通过编码之间的差异进行准确的度量，但是可以确定其高低顺序，即可以通过编码数值进行不等式的运算。

（3）定距数据。定距数据是具有一定单位的实际测量值（如摄氏温度、考试成绩等）。通过定距数据我们不仅可以知道两个变量之间存在差异，还可以通过加减法运算准确地计算出各变量之间的实际差距。可以说，定距数据的精确性比定类数据和定序数据前进了一大步，它可以对事物类别或次序之间的实际距离进行测量。例如，甲的英语成绩为 80 分，乙的英语成绩为 85 分，可知乙的英语成绩比甲的英语成绩高 5 分。

（4）定比数据。这是数据的最高等级，它的数据表现形式同定距数据一样，均为实际的测量值。定比数据与定距数据唯一的区别是：在定比数据中是存在绝对零点的，而定距数据中是不存在绝对零点的（零点是人为制定的）。因此，定比数据之间不仅可以比较大小，进行加减运算，还可以进行乘除运算。一般来说，在定距数据中，"0"表示某一个数值，而定比数据中，"0"表示"没有"或"无"。例如：温度是典型的定距数据，因为在摄氏温度中，0℃表示在海平面高度上水结冰的温度；但对于销售人员来说，"0"表示没有成交量，所以销量属于定比数据。

6. 按数据来源划分

数据的来源主要有两种渠道：一种是通过直接调查获得的原始数据，一般称之为第一手或直接的统计数据；另一种是别人调查并进行加工和汇总后公布的数据，通常称之为第二手或间接的统计数据。

（二）数据的作用

日常生活中人们经常会遇到很多的问题：现在的位置距离一家商店有多远？一次远足需要带多少水？这个包裹有多重？选举票数的统计结果是多少？正常经营的一家商店进货、出货的数量是否匹配？等等，这些都要用到数据。可以说，数据提高了我们生活的质量，也给我们洞察事物本质、研究自身或客户行为、挖掘潜在需求、科学合理决策提供了重要参考。数据的重要性毋庸置疑。但是，对数据进行测量的方法不同，或者对获得的数据进行分析挖掘的方法不一样，可以产生不同的结果和作用。

下面我们通过两个小故事来阐明数据及对其有效利用的重要价值。

1. "啤酒与尿布"的故事

这个故事发生于20世纪90年代的美国超市，超市管理人员在分析销售数据时发现了一个令人难以理解的现象：在某些特定的情况下，"啤酒"与"尿布"这两件看上去毫无关系的商品会经常出现在同一个购物篮中，这种独特的销售现象引起了管理人员的注意。

经过实际调查和分析，这种现象揭示了隐藏在"啤酒与尿布"背后的美国人的一种行为模式：在美国，一些年轻的父亲下班后经常要到超市去买婴儿尿布，而他们中有30%~40%的人同时也为自己买一些啤酒。产生这一现象的原因是：美国的太太们在家看小孩，常叮嘱她们的丈夫下班后为小孩买尿布，而丈夫们在买完尿布后又随手买回了他们喜欢的啤酒。

超市管理人员在发现这一独特的现象后，开始在卖场尝试将啤酒与尿布摆放在相同的区域，让年轻的父亲可以同时找到这两件商品，并很快地完成购物，结果立竿见影，啤酒卖得特别好。

那么问题来了，商家是如何发现啤酒与尿布两者之间的关联性的呢？

这里就用到了数据挖掘的技术，准确地说，是数据挖掘中的关联规则挖掘，大致意思就是从大量数据中找出某两个对象（暂且称为 X 和 Y）的关联性。这部分内容本书不做详细叙述，感兴趣的同学可以在课后学习数据分析、数据挖掘等课程内容，进一步深入探究数据及隐藏在数据背后的秘密。

类似上面"啤酒和尿布"的案例还有很多。大数据发现，当美国飓风压境时，受灾地区的手电筒和蛋挞卖得特别好。手电筒卖得好当然可以理解，飓风来临时经常会停电，手电筒可以用来照明，防止停电后摸黑。然而，蛋挞在此时也畅销，这是为什么呢？

在大家百思不得其解时，一位美食家给出了一个看似合理的解释：飓风压境会造成当地人的心理恐慌，而蛋挞里面含有的糖分，有疏解心理压力的功效。需要注意的是，上面提到了这只是一个看似合理的解释，因为它们之间并没有比较明显的因果逻辑关系，并不能将其视为蛋挞热卖的唯一真相，也许还有其他深层的原因，等待着我们去挖掘。

2. 数 e

何时一个字母不再仅是一个字母？当这个字母是一个数字的时候。作为字母表中的第 5 个字母，e 也是数学里神秘的数字之一。当人们用数学去描述自然现象时，他们发现最终结果常常含有这个神奇的数 e。这是为什么呢？e 到底是什么？

e 是数学中的一个常数，其值为 2.718281828459045235…，是一个无限不循环小数，我们称之为自然常数，有时称它为欧拉数（Euler Number），以瑞士数学家欧拉命名；也有个较鲜见的名字纳皮尔常数，以纪念苏格兰数学家约翰·纳皮尔（John Napier）引进对数。它就像圆周率 π 和虚数单位 i，e 是数学中重要的常数之一。

e 是与自然界相关联且永恒不变的数，但它也在数学世界中拥有完全鲜活的生命。虽然很难去计算 e 的值，但它适用于现实生活中很多的场景。这是因为，e 表达了增长率与现有量成比例变化的过程。换言之，现有增长率取决于现有量。在持续增长之下，现有量增加，同时，增长率也增加，这就是指数增长。这种增长方式常见于许多自然现象，如放射性物质的衰变、细菌的生长、螺旋纹贝壳其纹路向外延展的方式等。这些现象均与数 e 息息相关。另一个非自然界的关联是银行里"利滚利"的利息计算方式，如图 1-2 所示，也是依赖于数 e。

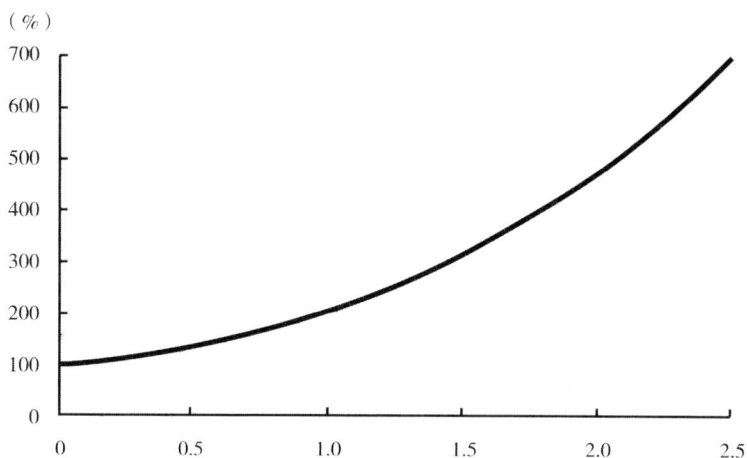

图 1-2　数 e 用于复利计算

资料来源：初中化学大师. 数学简史——数 e［EB/OL］.　［2021-10-06］. https://mp. pdnews. cn/Pc/ArtInfo Api/article？id=23896441.

数 e 最早用于复利计算。复利问题中，每隔一个固定的时间段把利息加入本金作为下一轮新的本金，收益滚动增长。如果年利率是 100%，一年后的收益将把本金翻番。

缩短时间尺度，减小利率，提高复利计算的频率，一年后的收益将更多。不断缩小时间尺度，最终得到连续复利，此时，收益随时间的增长比率是数 e，即 2.71828…。

那么，e 如何计算呢？计算数 e 的最简洁的方式是利用数学式 $(1+1/x)^x$。此式中的 x 可以是任何你想要的数字，我们已经知道当 x 趋近于正无穷大时，上述数学式接近于数 e。

人们最初发现数 e 是在 1618 年，其隐藏于约翰·纳皮尔关于对数的一本著作的背面。对数运算可以大大降低大数计算的难度，大家在学数学时应该有所了解，此处不再赘述。在现实社会中，人们尤其是科学家对数 e 情有独钟。2004 年，大名鼎鼎的谷歌公司公开上市开始出售股票，首笔的报价为 2718281828 美元——也就是 e×10 亿美元。

通过上面两个小故事我们可以清晰地看出数据以及数据利用的重要作用。信息系统和商业分析助理教授 Enric Junqué de Fortuny 曾指出："在一项研究中，我们对数百万名受试者的大量细粒度行为数据进行了分析，随后对这些受试者的情况进行准确预测，包括他们对自己的生活是否满意，政治倾向为何，或是否有滥用药物的倾向。研究结果表明，通过数据科学工具，我们可以对这些看似难以揣摩的事件进行相当精准的预测！"

这就是数据及对数据进行挖掘的意义和价值。

三、案例学习与讨论：我们为什么要关注数据

科技的进步，以及数据"数字化"的存储，使得现代人类可以获得海量的数据。有了这些海量的数据之后，借助于某些特定的数据分析工具和方法，我们就可以从数据中找到社会运行的"秘密"或"规律"，从而有可能发现商业中的新机会，也有可能验证或推翻我们自己的一些猜想。

下面通过华为公司（简称"华为"）以及稻盛和夫的两个小故事，谈一谈我们为什么要关注数据。

（一）新常态下的华为数字化转型实践

数字化转型本非易事，在新常态下如何发挥数字化平台的价值？华为以"战略决心、信心和恒心"，坚持"135"：瞄准 1 个目标、做好 3 项工作、实现 5 个转变，支撑了数字化创新、办公、营销、销售、服务、制造、供应、采购等业务。

首先，瞄准 1 个目标。大多数企业都希望通过数字化转型实现以下目标：实现业务的增长、提升客户满意度；提升企业内部的管理及效率；探索、洞见新的商业模式，为企业未来的持续发展增加更多的动能。立足于上述目标，华为实施了一系列转型策略。

其次，做好 3 项工作。华为主张数字化转型要做好 3 项工作：一是如何服务好用户和客户，客户体验是驱动转型最主要的靶子，这个靶子必须要高举；二是如何服务好业务的作业场景；三是建立一个好的数字平台。华为数字平台可服务公司所有的业务部门，平台需要对每一个场景都具有服务能力，考察平台优劣的主要指标是对服务的响应速度。

最后，实现 5 个转变。华为在 2016 年正式启动数字化转型，提出数字化转型不是简单地引入新技术，而是要帮公司"多打粮食，增加土地化能力"。转变的内容主要包括五个方面：

（1）转意识。数字化转型不应只以首席信息官（CIO）或首席技术官（CTO）为代表，而应该是一个公司的董事会或者商业领袖牵头，思考企业的未来：要解决客户的什么问题？效率在哪里？数字化部门要培养更多的工程科学家，企业的数字化转型应该是一个科学的工程，没有最好的技术，只有更合适本企业的技术。

（2）转组织，包括管理数字化转型的组织。目前，大多数企业的数字化转型主要由 CIO 负责，而华为则成立了由各个业务部门一把手负责的组织，还成立了变革管理委员会，由轮值董事长来负责。

（3）转文化。很多企业都认识到做中台很重要，但是谁愿意做中台？大多数企业做 IT 的人都愿意做前台，因为前台有显性价值，而中台没有显性价值，所以从这个角度来说企业文化也要转变。

（4）转方法。华为将数字化转型归结为业务对象数字化、业务流程数字化以及业务规则数字化三条主线，并相应形成一套完整的方法来指导业务和 IT 部门开展转型工作。

（5）转模式。因为大多数传统企业并不是云原生企业，所以在数字化转型过程中会面临一个共同的问题，即企业几十年积淀下来的系统如何迁移过去？以华为为例，数字化转型需要将企业资源计划（ERP）迁移到云端，但是华为的 ERP 在过去一直为华为 1000 亿美元的销售规模、全球 1700 多家企业的业务提供服务，将千亿规模的业务从传统的 ERP 迁移到云端，就相当于要换掉一个正在空中飞行的飞机的发动机，过程非常复杂。因此，数字化转型不仅要评估未来发展与现有系统的关系，更重要的是要管理好现有系统。

2020 年新冠肺炎疫情发生之后，华为在落实过去几年数字化转型成果的同时,加速了企业数字化进程,保证在新常态下实现"客户连接不中断、客户感情不降温、华为业务不下滑"。例如,全球新冠肺炎疫情导致供应链的形式变得非常复杂,过去只要有客户购买,华为就可供货。但是现在,一部手机可能因为缺少一个螺丝而停产,导致几百万部手机发不了货,造成数十亿元的损失。在这种情况下,华为需要构建更大、更全面的供应商数据和物料、资产数据的配比关系。公司通过为供应链提供全程的数字化服务,很好地实现了新冠肺炎疫情防控期间数字化采购和数字化供应的管理。同时,数字化平台可以帮助企业更全面、更深层次地管控供应链的风险。由此可以看出,华为注重新常态下的数字化转型实践,关注数据及其数据支撑下的发展和创新,充分体现了企业"以客户为中心,为客户创造价值"的责任意识和远大追求。①

(二)稻盛和夫如何使日航扭亏为盈

稻盛和夫(Inamori Kazuo)1932 年出生于日本的鹿儿岛市,1955 年从鹿儿岛大学工学部毕业后,就职于京都的绝缘子制造商——松风工业。1959 年4 月,稻盛和夫获得熟人出资,以 300 万日元成立京都陶瓷株式会社(现名京瓷),担任历任社长、会长,自 1997 年起担任名誉会长。1984 年,稻盛和夫顺应电信事业自由化的趋势,成立了第二电电企划株式会社并担任会长。2000 年 10 月,稻盛和夫成立了 KDDI 株式会社并担任名誉会长,2001 年 6 月起成为最高顾问。2010 年 2 月,稻盛和夫就任日本航空(JAL,现日本航空株式会社)会长,2012 年 2 月担任名誉会长,2015 年 4 月开始担任名誉顾问。

2010 年 1 月,日本航空(JAL)以 23000 亿日元的负债这一战后最大公司负债额申请适用"公司重建法",即事实上的破产。日本航空(简称"日航")有 58 年历史,一度被视作日本战后经济繁荣的骄傲象征。因此,重建日本航空公司,是当时政府的一项重要任务。2010 年 2 月 1 日,受日本政府的再三邀请,稻盛和夫答应就任日本航空的会长,结果是此前一直亏损的日本航空公司,重建开始后的第二年度就取得了 1884 亿日元的营业利润,变

---

① 资料来源:华为官方网站。

身为世界航空领域收益最高的企业。仅仅用了一年时间，日航做到了三个第一：利润世界第一、准点率世界第一、服务水平世界第一。2012 年 9 月，日航在宣布破产后仅仅用了两年零八个月就实现了重新上市。

那么，日航为什么能在一年的时间里扭亏为盈呢？在日航重新上市之后，稻盛和夫分享了他挽救日航的秘密。这里面涉及的内容很多，很重要的一条就是稻盛和夫非常重视日航具体的运营数据，他花了很大的精力优化数据的获取，对日航的现状进行判断，并对未来的发展进行决策。

稻盛和夫是这样说的："我担任董事长后，最为吃惊的是，公司的各项统计数据不仅不全，而且统计时间很长很慢，往往需要 3 个月之后才能搞全数据，以至于经营者无法迅速掌握公司的运营情况。所以，在对企业内部进行改革时，我特别关注统计工作。经过改革，现在各个部门的数据做到即有即报，公司详尽的经营报告，做到了一个月内完成。同时，对于公司内部经营体制实施了改革，实行了航线单独核算制度，并确定了各航线的经营责任人。"

如果把日航看作一个病人，稻盛和夫的做法其实和现代医学的做法类似：首先，进行各项检查，获得病人的身体指标信息；其次，通过这些检查数据，就可以基于数据的经验和知识进行病情诊断和治疗。所有的治疗手段又可以通过再次的检查来验证，从而进一步改进治疗方法。企业没有天生的神经系统，所以数据收集和分析就显得异常重要。日航作为一家运营了 50 多年的公司，居然在这方面做得非常差，难怪会进入破产的边缘。稻盛和夫用的办法很简单，先把数据收集起来，如客户档案数据、客户行为数据、产品核心数据、运行数据、财务数据等，那么后续依据数据做决策就不再困难。①

第二节　数据的奥秘

每天社会生活中的方方面面都产生、积累着大量数据。数据既能帮助我

---

① 资料来源：稻盛和夫官方网站。

们进行决策、了解真实的世界，又能在某些时候迷惑公众，甚至被人操纵产生虚假统计结果或因果颠倒。本书从数据的表象与本质出发，通过案例介绍数据中蕴含的奥秘，培养学生用科学的态度对待数据的良好习惯及基本能力。

一、数据的表象与本质

（一）数据的多样性与一致性

声音、图像、文字、符号这些都可以是数据，或者说这些都是数据的载体，是现实世界中数据的表现方式。在生活中存在着各种各样的数据，它们或是记录了某物的长、宽、高、重量，或是记录了某物的形状、颜色、材质，虽然看似不一样，但其实都是对客观事物性质的一种描述与记录。由此也可以看出，数据其实是一种记录，我们看到的、听到的仅仅是数据的表象，声音、图像、文字、符号是其中的一小部分。

数据的多样性体现在许多方面，如一个产品会有非常多的指标，日活、月活、留存率、年龄分布、用户使用习惯等，产品经理应该对这些指标了如指掌，并能从中发现数据的变化规律或异常点，从而对产品进行改进。

虽然数据多种多样，但其输入到计算机中进行处理时则要统一转换为二进制数据进行存储、传输、处理。

随着云时代的来临，大数据（Big Data）也受到了越来越多的关注。

所谓大数据，是指无法在一定时间范围内用常规软件工具进行捕捉、管理和处理的数据集合，是需要新处理模式才能具有更强的决策力、洞察发现力和流程优化能力的海量、高增长率和多样化的信息资产。

大数据有五个主要的特征，我们将其简化为"5V"。

第一，大量（Volume），即数据规模巨大。随着互联网、物联网、移动互联技术的发展，人和事物的所有轨迹都可以被记录下来，数据呈现出爆发性增长。数据量从 TB 级别，跃升到 PB 级别。例如：大家都很熟悉的抖音，2020 年日活跃用户突破 6 亿，日均视频搜索次数突破 4 亿；微信，2020 年每天平均有 10.9 亿用户打开微信，7.8 亿用户进入朋友圈，1.2 亿用户在朋友圈发布信息。大数据到底有多大？具体如表 1-1 所示。

表1-1　大数据有多大

单位	等价关系	备注
1Byte	8 bit	—
1KB（千）	1024 Byte	—
1MB（兆）	1024 K	一首歌曲
1G（吉）	1024 M	一部电影
1T（太）	1024 G	一块硬盘
1P（拍）	1024 T	企业级数据级别（一百万部电影）
1E（艾）	1024 P	—
1Z（泽）	1024 E	全球总量数据级别（一万亿部电影）
1Y（尧）	1024 Z	—
1B（布）	1024 Y	—
1N（诺）	1024 B	—
1D（刀）	1024 N	—

资料来源：笔者整理。

第二，多样（Variety），即数据类型繁多，来源广泛。这些都决定了数据形式的多样性。大数据可以分为三类：一是结构化数据，如财务系统数据、信息管理系统数据、医疗系统数据等，特点是数据间因果关系强；二是非结构化的数据，如视频、图片、音频等，特点是数据间没有因果关系；三是半结构化数据，如 HTML 文档、邮件、网页等，特点是数据间的因果关系弱。有统计显示，目前结构化数据占整个互联网数据量的 75% 以上，而产生价值的大数据，往往是非结构化数据。

第三，高速（Velocity），数据的增长速度和处理速度是大数据高速性的重要体现。与以往的报纸、书信等传统数据载体的生产传播方式不同，在大数据时代，大数据的交换和传播主要是通过互联网和云计算等方式实现的，其生产和传播数据的速度是非常迅速的。另外，大数据还要求处理数据的响应速度要快，如上亿条数据的分析必须在几秒内完成，数据的输入、处理与丢弃必须立刻见效，几乎无延迟。

第四，价值（Value），现实世界所产生的数据中，单条数据记录无价值，无用数据多。相比于传统的数据，大数据最大的价值在于从大量不相关的各种类型的数据中，挖掘出对未来趋势与模式预测分析有价值的数据，通过机器学习方法、人工智能方法或数据挖掘方法深度分析，发现新规律和新知识，运用于农业、金融、医疗等各个领域，从而最终达到改善社会治理、提高生产效率、推进科学研究的效果。

第五，真实（Veracity），主要指对数据的准确性和可信赖度有较高的要求。

（二）数据的趣味性和规律性

数据是有趣的。很多人觉得数据枯燥、平淡如白开水，其实也许这只是自己的感觉。事实上，只要理解数据的内涵，就可以发现其中蕴含着许多奥秘，也可以通过数据之间的关联，发现数据之间的相互联系、相互依存的关系。数据不是孤立零散的，通过数据之间的逻辑关系，我们可以挖掘隐藏在其背后的规律，并给我们带来全新的体验以及认识世界的全新视角。

下面通过三个小例子展示数据的趣味性和规律性。

1. 毕达哥拉斯定理——呈现数学之有趣及唯美

毕达哥拉斯 [Pythagoras，约公元前 580～前 500（490）年]，是古希腊的数学家、哲学家。毕达哥拉斯出生在爱琴海中的萨摩斯岛（今希腊东部小岛）的贵族家庭，自幼聪明好学，曾在名师门下学习几何学、自然科学和哲学。

毕达哥拉斯及其学派在学术上的贡献主要在数学方面。他们认为，万物皆数。他们最早把数的概念提到突出地位。他们很重视数学，试图用数来解释一切，宣称数是宇宙万物的本原，研究数学的目的并不在于使用而是为了探索自然的奥秘。他们从五个苹果、五个手指等事物中抽象出了"五"这个数。这在今天看来是很平常的事，但在当时的哲学和实用数学界，这算是一个巨大的进步。在实用数学方面，它使得算术成为可能。在哲学方面，这个发现促使人们相信数是构成实物世界的基础。他们同时把非物质的、抽象的数夸大为宇宙的本原，认为"万物皆数"，"数是万物的本质"，是"存在由之构成的原则"，而整个宇宙是数及其关系的和谐的体系。

毕达哥拉斯或许是世界上名声最响亮的数学家，以其大名命名的关于三角形的定理家喻户晓。毕达哥拉斯定理（我们常称为"勾股定理"）是显示数学之趣味及美妙的一个典范。它易懂易用，揭示了世界的奥秘。

实际上，毕达哥拉斯定理早已为巴比伦人所知［在中国古代大约是公元前 2 到前 1 世纪成书的数学著作《周髀算经》中假托商高同周公的一段对话。商高说："……故折矩，勾广三，股修四，经隅五。"商高那段话的意思是：当直角三角形的两条直角边分别为 3（短边）和 4（长边）时，径隅（就是弦）则为 5。以后人们就简单地把这个事实说成"勾三股四弦五"。这就是中国著名的勾股定理］，不过最早的证明大概可归功于毕达哥拉斯。他是用演绎法证明了直角三角形斜边平方等于两直角边平方之和，即毕达哥拉斯定理（勾股定理），具体如图 1-3 所示。

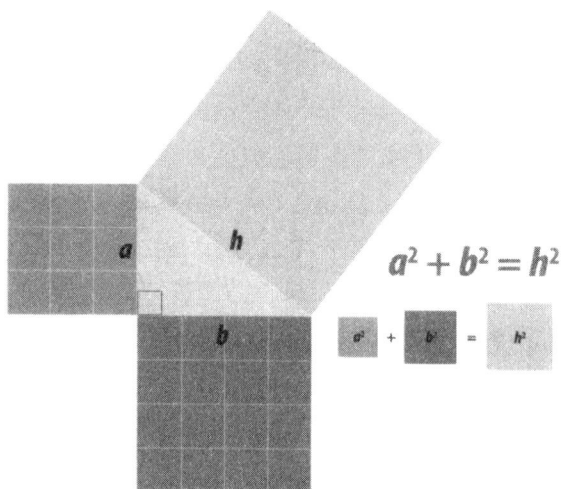

$$a^2 + b^2 = h^2$$

图 1-3 毕达哥拉斯定理

资料来源：《趣味数学史——勾股定理和勾股数》。

毕达哥拉斯定理在实际中有许多应用。例如，在空间测绘方面，古埃及人知道边长为 3，4，5 的三角形必然有个直角，这在尼罗河畔进行田地测绘时太有用了。尼罗河年年洪水泛滥淹没农田，洪水退后出现新田。测绘者要在法老统治下工作，确保土地完美分配。测绘者用绳子标记又窄又长的地块，每块儿地都得有合适的尺寸和形状，这至关重要。令我们佩服的是，测绘者用 12 个绳结的绳圈来标记角。打结的绳圈就构成边长为 3，4，5 的三角形，有个完美的直角（见图1-4）。这样便于保证每个地块面积相同。3，4，5就称为勾股弦三元数，因为它们是满足勾股定理的3个整数。

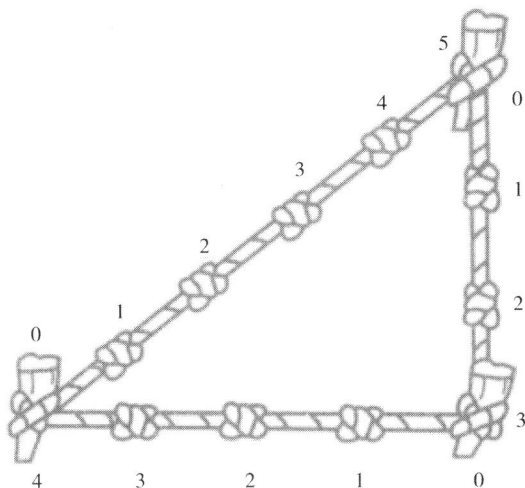

图1-4　用绳结方法进行测绘

资料来源：初中学习大师．趣味数学史——勾股定理和勾股数［EB/OL］．［2021-10-13］．ht-tps：//baijiahao．baidu．com/s？id＝1713502633773600737&wfr＝spider&for＝pc.

2. 向日葵花盘中的数学奥秘——种子符合斐波那契数列

向日葵花盘中的葵花籽呈螺旋状排列，十分神奇。大家都知道，向日葵是一种美丽的生物，在蓝天之下它们大大的黄色圆盘非常具有标志性。当然，我们大多数人喜爱它们的原因是因为喜欢嗑瓜子。但是，你有没有停下脚步，细细观察这种特殊花朵中央种子的排列图案呢？

向日葵绝不仅仅是长相美丽、种子美味的普通植物，它们更是一个数学奇迹的体现。向日葵中心种子的排列图案符合斐波那契数列，也就是1，1，2，3，5，8，13，21，34，55，89，144…

斐波那契数列符合两个规律：

第一，当前数字等于前面两个数字相加之和；第二，前面一个数字除以后面一个数字，如果这两个数字越大，越接近0.618。

在向日葵上面，这个序列以螺旋状从花盘中心开始体现出来，有两条曲线向相反方向延展，从中心开始一直延伸到花瓣，每颗种子都和这两条曲线形成特定的角度，放在一起就形成了螺旋形，具体如图1-5、图1-6所示。

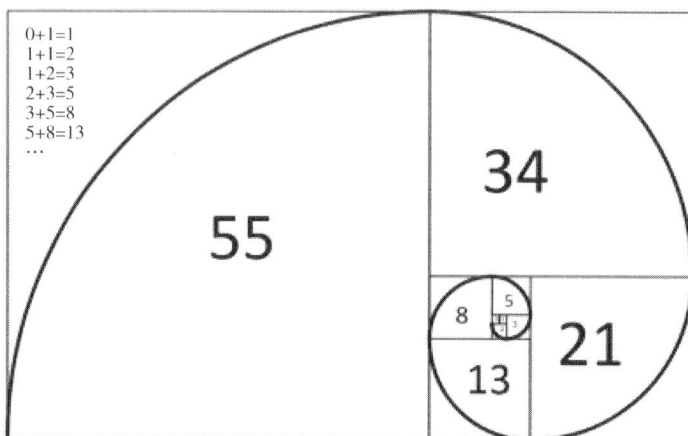

图1-5 斐波那契螺旋线

资料来源：百度百科．斐波那契数列［EB/OL］．［2021-05-25］．https：//baike. baidu. com/planet/issue？issueId＝4277133&fromModule＝Lemma＿bottom-tashuo-article.

图1-6 斐波那契向日葵

资料来源：老胡说科学．数学是人类的另一种感官，让你以新的视角感知宇宙的现实［EB/OL］．［2021-06-20］．https：//baijiahao. baidu. com/s？id＝1703062366102961720&wfr＝spider&for＝pc.

研究证明，为了使花盘中的葵花籽数量达到最多，大自然为向日葵选择了最佳的黄金数字。花盘中央的螺旋角度恰好是137.5度，十分精确，只有0.1度的变化。这个角度是最佳的黄金角度，只此一个，两组螺旋（每个方向各有一个）即清晰可见。葵花籽数量恰恰也符合了黄金分割定律：2/3，3/5，5/8，8/13，13/21等。

当你静下心来认真思考时，小小的向日葵中其实蕴含着深刻的知识。细细研究后你才会发现，这些数学上的排列在向日葵花盘上体现出来后显得非常迷人。

需要进一步说明的是，斐波那契数列中蕴含着黄金分割的规律。黄金分割具有严格的比例性、艺术性、和谐性，蕴藏着丰富的美学价值，这一比值被认为是建筑和艺术中最理想的比例。黄金分割案例在我们的生活中并不陌生：达·芬奇的作品《维特鲁威人》《蒙娜丽莎》《最后的晚餐》；古希腊的著名雕像断臂维纳斯及太阳神阿波罗都通过故意延长双腿，使之与身高的比值为0.618；建筑师们对数字0.618特别偏爱，如古埃及金字塔、巴黎圣母院、法国埃菲尔铁塔、希腊雅典的巴特农神庙，还有贝聿铭设计的香港中银大厦，都是对黄金分割比值非常成功的运用范例。

3. 长尾理论

长尾（The Long Tail）这一概念是由《连线》杂志主编克里斯·安德森（Chris Anderson）在2004年10月的《长尾》一文中最早提出的。"长尾"理论的发现源于安德森喜欢从数字中发现趋势。

安德森有一次跟eCast（数字点唱机）首席执行官范·阿迪布会面时，后者提出一个让安德森耳目一新的"98法则"，改变了他的研究方向。范·阿迪布从数字音乐点唱数字统计中发现了一个秘密：听众对98%的非热门音乐有着无限的需求，非热门的音乐集合市场无比巨大，无边无际。听众几乎盯着所有的东西！他把这称为"98法则"。

安德森意识到范·阿迪布那个有悖常识的"98法则"，隐含着一个强大的规律和真理。于是，他系统研究了亚马逊、狂想曲公司、Blog、Google、eBay、Netflix等互联网零售商的销售数据，并与沃尔玛等传统零售商的销售数据进行了对比，观察到一种符合统计规律（大数定律）的现象。这种现象恰如以数量、品种二维坐标上的一条需求曲线，拖着长长的尾巴，向代表"品种"的横轴尽头延伸，长尾由此得名（见图1-7）。

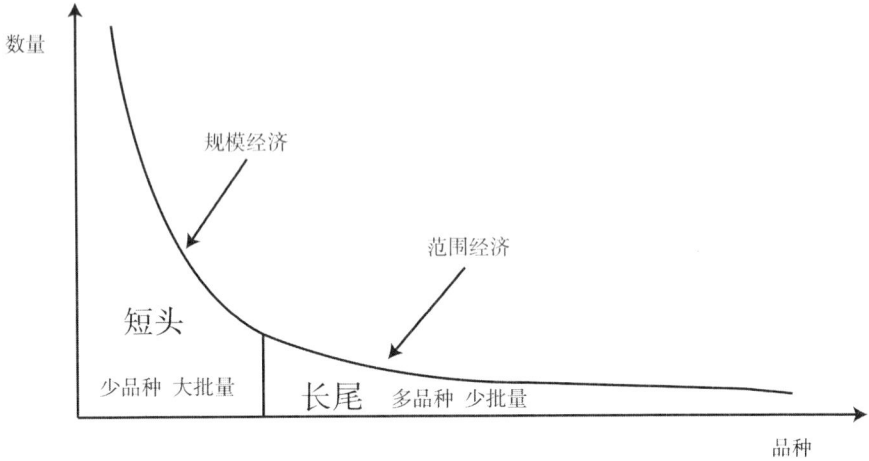

图 1-7　长尾模型

资料来源：金沛然．基于长尾理论的电商经济模式研究［J］．全国流通经济，2019（1）：32-33．

简单地说，长尾理论是指只要产品的存储和流通的渠道足够大，需求不旺或销量不佳的产品共同占据的市场份额，可以和那些少数热销产品所占据的市场份额相匹敌甚至更大，即众多小市场汇聚成可产生与主流相匹敌的市场能量。也就是说，企业的销售量不在于传统需求曲线上那个代表"畅销商品"的头部，而是那条代表"冷门商品"经常被人遗忘的长尾。举例来说，一家大型书店通常可摆放 10 万本书，但亚马逊、当当、淘宝、京东等网络书店的图书销售额中，可能有 1/4 来自排名 10 万以后的书籍。这些"冷门"书籍的销售比例正高速增长，预估未来可占整个书市的一半。这意味着消费者在面对无限的选择时，真正想要的东西和想要取得的渠道都出现了重大的变化，一套崭新的商业模式也随之崛起。

例如，Google 是一个最典型的"长尾"公司，其成长历程就是把广告商和出版商的"长尾"商业化的过程。以占据了 Google 半壁江山的 AdSense 为例，它面向的客户是数以百万计的中小型网站和个人。对于普通的媒体和广告商而言，这个群体的价值微小得简直不值一提，但是 Google 通过为其提供个性化定制的广告服务，将这些数量众多的群体汇集起来，形成了非常可观的经济利润。据报道，截至 2021 年 8 月 6 日，Google 的市值已超过 1.83 万亿美元（美股），被认为是"最有价值的媒体公司"，远远超过了那些传统的老牌传媒。

由此看来，长尾理论就是一个很好地运用数据规律实施营销策略的创新之举，该理论对于商业模式的创新以及人们观念的改变都是无与伦比的。

二、数据驱动问题解决

在现实世界中，我们经常遇到需要通过数据驱动深入聚焦问题并分析解决问题的案例。数据为我们深刻认识问题、提出解决方案提供了便利，也为学生的专业和职业生涯选择提供了参考。上海纽约大学数据科学项目的 Keith Ross 教授表示："通过数据科学所获得的洞见每天都在改变人们的工作、娱乐、社交方式，推动着各个领域的发展创新。"实际上，学生们可通过计算机编程、统计和数据挖掘等专业知识，解决当代社会中的多种实际问题。下面通过一个小例子，简单介绍如何通过数据驱动有效解决问题。

生活中，我们经常会遇到一些事情，并按照我们常规的思维习惯进行推断。但实际上，许多时候我们的感觉并不正确。下面我们通过日本学者小岛宽之著、我国学者罗梦迪译的《统计学关我什么事：生活中的极简统计学》中的一个案例，运用贝叶斯推理，探索数据驱动下的结果为何与我们的直觉大相径庭。

首先介绍一个大名鼎鼎的数学家——英国人托马斯·贝叶斯（Thomas Bayes，1702～1761 年）。贝叶斯曾在苏格兰的爱丁堡大学学习神学和数学。他一生中仅写过一篇数学论文，题为《关于概率思考中某一问题的解法的考察》。但是贝叶斯对自己的发现并不是很重视，长期将论文搁置一旁。后来是他的朋友——同为牧师的理查德·普莱斯受贝叶斯的亲戚所托，调查贝叶斯遗留下来的文献，发现了前述的那篇论文。普莱斯在整理思路后，于1764年在皇家学会的《哲学纪要》上发表了该论文。下面要介绍的案例和贝叶斯有关。

在医疗发达的当今社会，我们能够获得多数病症的统计数据，也能够深刻地感受到医疗检测技术的不断发展进步。但是依然存在一个问题：如何判断通过检查得出的"是/不是×病情"这一结果的准确性呢？

假设你接受了一项"如果患了特定的癌症的话，结果有95%的概率为阳性的检查"，并且在之后收到了结果为阳性的报告。此时，你会判断自己患该癌症的概率为95%吗？

答案是"不会"。

如果"自己患癌症的概率真的为95%"的话，你肯定会对这个结果感到非常悲观。那么我们来推断一下"患了癌症的概率"。在该推算中，由于是从"阳性"这一"结果"追溯到"患癌症"这一"原因"，因此可看作贝叶斯推理的典型案例。

下面，我们首先进行问题的设定。需要注意的是，以下数据是为了简化计算而假设的虚构数值，并非真实的数据。

第一步，问题设定。

假设某种特定癌症的患病率为0.1%（0.001），有一个简易的方法能够检查出是否患上这种癌症：患上这种癌症的人中有95%（0.95）的概率被诊断为阳性。但健康人群也有2%（0.02）的可能性被误诊为阳性。那么，如果在这个检查中被诊断为阳性，实际患上这种癌症的概率为多少呢？

第二步，根据医疗数据，设定"先验概率"。

所谓"先验概率"，是指"在获得信息之前，各个类别的存在概率"。在我们的案例中共有两种类别：一种是"罹患癌症的人"，另一种是"健康的人"。

正如问题设定中所述，这种癌症的罹患率为0.001，因此流行病学认为，1000人中有1人会罹患这种癌症。因此，如果要在检查前推测自己是否罹患这种癌症的话，可以用图1-8表示。

如图1-8所示，在接受简易检查诊断之前，判断你是否罹患了癌症的可能性。我们用一个矩形来表示上述情形。该矩形被一分为二，其中左侧表示"罹患癌症"，右侧表示"身体健康"，而你一定处在这两个可能世界中的一个。当然，你并不知道到底属于哪一个世界，仅仅是作为推测而已。

但是，并非完全没有办法来推测你究竟处在哪个"可能世界"。通过流行病学数据我们知道，这种癌症的罹患率为0.001，这个可以作为判断你是否罹患该种癌症的参考。如果直接套用的话，可以推算罹患该种癌症的概率为0.001。也就是说，"你究竟属于两个可能世界中的哪一个"的问题，在没

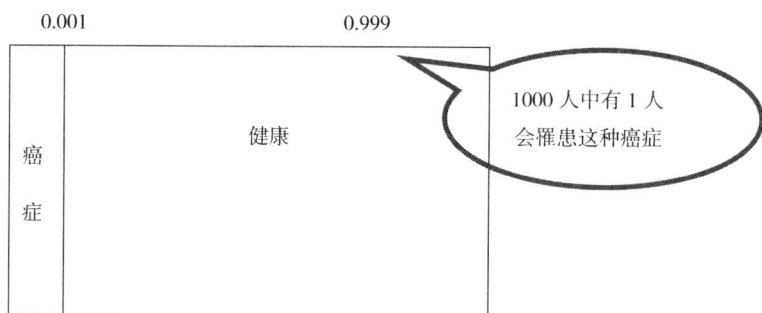

图 1-8　根据癌症罹患率得出的先验分布

资料来源：根据小岛宽之. 统计学关我什么事：生活中的极简统计学 ［M］. 北京：北京时代华文书局，2018. 制作。

有任何个人信息的情况下，属于左侧世界的概率可被推算为 0.001，属于右侧世界的概率可被推算为 0.999。

第三步，以检查准确率为线索，设定"条件概率"。

接下来设置为不同类别带来特定信息的条件概率。本例中的信息是指检查结果所呈现出的阳性及阴性（见表 1-2）。

表 1-2　检查准确率的条件概率

类别	阳性概率	阴性概率
癌症患者	0.95	0.05
健康者	0.02	0.98

资料来源：根据小岛宽之. 统计学关我什么事：生活中的极简统计学 ［M］. 北京：北京时代华文书局，2018. 制作。

上面一行是癌症患者的情况，检查结果呈阳性的概率为 0.95。也就是说，查出患者得了癌症的概率为 95%，那么误诊的概率便是 1-0.95＝0.05了。这表明，在接受检查的每 100 人中，其中有 5 人，即使身患癌症，但诊断出来的结果也是阴性。

下面一行是健康者的情况，误诊为阳性的概率为 0.02。因此，准确诊断为阴性的概率就是 1-0.02＝0.98。

从表 1-2 中可以得知，简易检查并不是那么完善，它存在着误诊的风险。所谓的风险包含了"身患癌症，却诊断为健康"和"身体健康，却误诊为癌症"两种情况。这是在限定类别场合下的各个检查结果的概率，称之为条件概率，即把各个类别作为检查结果的"原因"来看待的话，如果明确了原因（身患癌症或是健康），就可以知道结果（阳性或阴性）的概率。

根据上面具体信息，我们对图 1-8 进行细化，如图 1-9 所示。

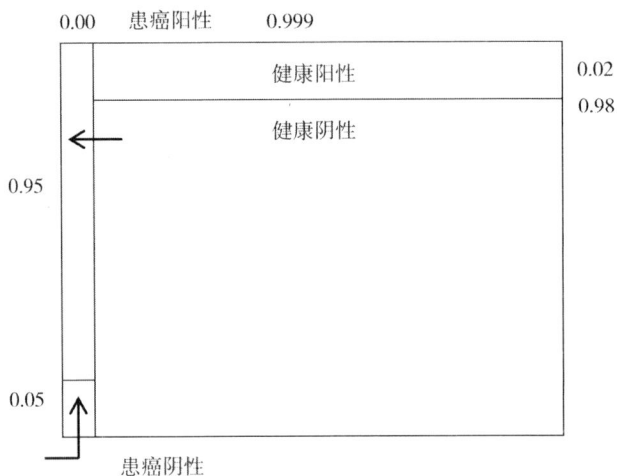

图 1-9 四种互不相同的可能性

资料来源：根据小岛宽之. 统计学关我什么事：生活中的极简统计学 [M]. 北京：北京时代华文书局，2018. 制作。

图 1-9 表明，你的身体内部存在四种可能性：患癌并呈现阳性（左上区域）、患癌并呈现阴性（左下区域）、健康状态下的阳性（右上区域）和健康状态下的阴性（右下区域）四种情况。根据各区域所表示的概率，用乘法计算，得到图 1-10。

第四步，检查结果呈阳性，因而排除掉"不可能的情况"。

此刻，你已经了解到自己的检查结果呈阳性，这件事可以这么理解：你获取一项关于自己身体内部状况的信息，也就为"可能性世界"增添了新的信息。

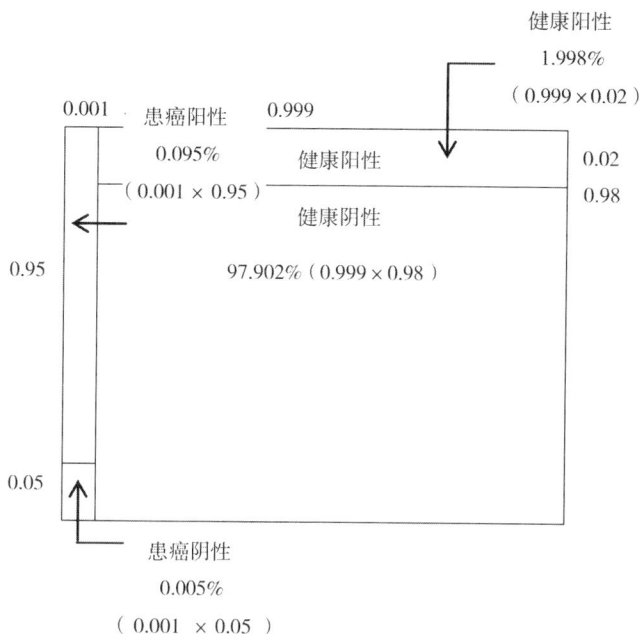

图 1-10 四种互不相同的可能性各自的概率

资料来源：根据小岛宽之. 统计学关我什么事：生活中的极简统计学 ［M］. 北京：北京时代华文书局，2018. 制作。

具体地说，因为观察到了"阳性"这一结果，"阴性"结果便可以排除了。我们也可以用图形象地进行表示（见图 1-11）。

第五步，计算罹患癌症的"贝叶斯逆概率"。

在前面，因为观察到"阳性"这一诊断结果，因此，可能世界被限定为 2 个。也就是说，你所处的世界或是"癌症与阳性"的世界，或是"健康与阳性"的世界，只有这两种可能性，二者必居其一。

对检查结果的观察，使得可能性从 4 种减少到 2 种。这样，概率相加之和（长方形的面积）无法为 1。因此，为了恢复标准化条件，需要在保持比例关系的前提下，使"相加之和等于 1"。我们可以通过简单计算进行标准化处理。

（左边长方形的面积）：（右边长方形的面积）= 0.095：1.998

0.095+1.998 = 2.093，用该数值分隔比率两侧的话，可以满足标准化条

图 1-11 获得信息之后，可能性受到限定

资料来源：根据小岛宽之．统计学关我什么事：生活中的极简统计学［M］．北京：北京时代华文书局，2018．制作。

件，即两者相加之和等于 1（见图 1-12）。

从这个结果可以得知，在知道"阳性"这一检查结果的情况下，罹患这种癌症的概率为 0.0454，也就是 4.54%，这便是后验概率（贝叶斯后验概率，也叫贝叶斯逆概率）。

第六步，贝叶斯推理过程的总结。

结合上面所讲的内容，我们将求癌症检查的贝叶斯逆概率的方法进行总结，可以概括为六个推理步骤：

第一步：设定"患癌症"或"身体健康"的先验概率（借助流行病学数据）；

第二步：设定检查精确度的条件概率（使用治疗实验数据）；

第三步：观察检查结果；

第四步：排除阴性的情况；

第五步：对于"癌症"或"健康"的概率进行标准化处理；

第六步：得到罹患癌症的后验概率。

注意：在计算罹患癌症的后验概率的过程中，我们能够发现什么？我们是如何通过数据驱动消解我们心中对检查结果"阳性"的恐惧的？

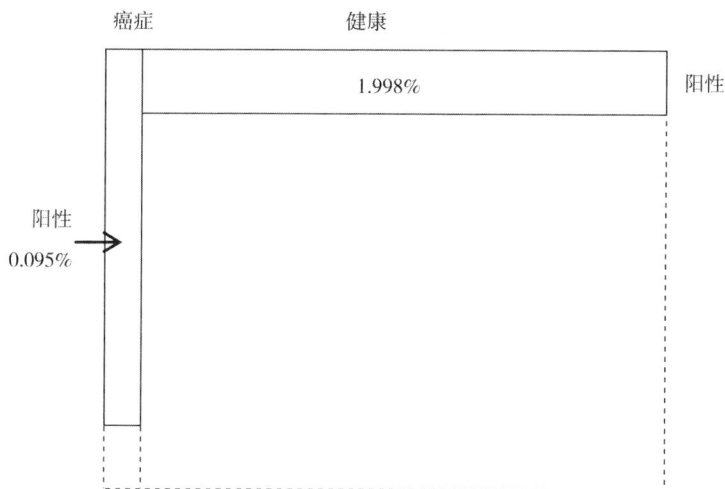

$$= \frac{0.095}{(0.095+1.998)} : \frac{1.998}{(0.095+1.998)}$$

$$= \frac{0.095}{2.093} : \frac{1.998}{2.093}$$

$$= 0.0454 : 0.9546$$

$$(0.0454+0.9546=1)$$

图 1-12　根据标准化条件，计算后验概率

资料来源：根据小岛宽之. 统计学关我什么事：生活中的极简统计学 ［M］. 北京：北京时代华文书局，2018. 制作。

请注意前文所提出的问题——"如果在准确度为 95% 的癌症检查中，你的检查结果呈阳性，那么，你患癌症的概率是否为 95%？"

通过我们上面的推导可以给出明确的否定的答案。实际上，在这种情况下，罹患癌症的概率只有 4.5%。所以从这个意义上来讲，我们不必过分悲观。

不过，即便如此，也不能完全放心。看一看表示先验概率和后验概率的内容就清楚了。第一，罹患癌症的先验概率 = 0.001；第二，检查结果为阳性；第三，罹患癌症的后验概率为 0.045。

这三点表明，罹患该种癌症的概率，在尚未进行观察的情况下为 0.001

（先验概率）；然而得知检查结果呈阳性之后，数值便发生了更新，变为约 0.045（后验概率）。也就是说，概率从 0.1% 一下子上升到 4.5%。显然，在得知检查结果之前，该种癌症的自然发生率很低，1000 人中只有 1 个人有可能患病；然而得知检查结果呈阳性之后，概率骤然增高，1000 个人中大约有 45 个人有可能患病，也就是大约 20 多个人中就有 1 个人有可能患病，这绝对是不容小觑的事情。

怎么样，这一小节的内容是不是给你带来了一些新的思考，抑或是在某种意义上颠覆了你的认知。

三、案例学习与讨论：数据的奥秘

通过前面介绍"数据的表象与本质""数据驱动问题解决"内容，我们对数据的奥秘有了一定的了解，下面通过一个案例进一步学习数据统计的意义及其带给我们的思考。需要注意的是，数据统计固然重要，对数据统计结果的正确解读更为关键，更能体现数据的价值和意义。

1941 年，第二次世界大战正打得如火如荼。

有一天，美国哥伦比亚大学著名统计学家沃德教授（Abraham Wald）遇到了一个意外的访客，那是英国皇家空军的作战指挥官。他说："沃德教授，每次飞行员出发去执行轰炸任务，我们最怕听到的是'呼叫总部，我中弹了！'请协助我们改善这个攸关飞行员生死的难题吧！"沃德接下了这个紧急研究任务，他受委托分析德国地面炮火击中美英联军轰炸机的资料，并且根据统计专业知识，给出机体装甲应该如何加强的建议，降低飞机被炮火击落的概率。但依照当时的航空技术，机体装甲只能局部加强，否则机体过重，会导致起飞困难及操控迟钝。

沃德将美英联军轰炸机的弹着点资料，描绘成两张比较表，研究发现机翼是最容易被击中的部位，而飞行员的座舱与机尾，则是最少被击中的部位，如图 1-13 所示。

沃德详尽的资料分析，令英国皇家空军十分满意。但在研究成果报告的会议上，却发生一场激辩。负责该项目的作战指挥官说："沃德教授的研究清楚地显示，联军轰炸机的机翼，弹孔密密麻麻，最容易中弹。因此，我们

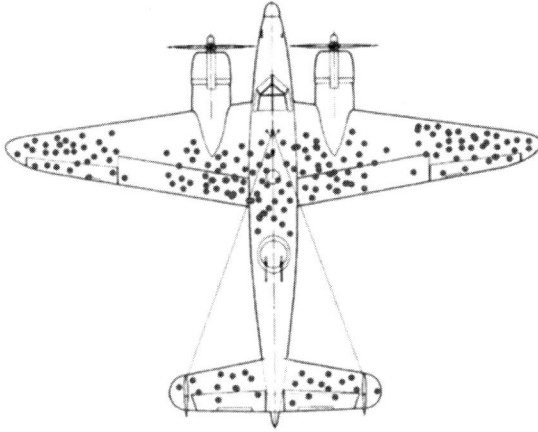

图 1-13　我们应该加强什么部位的装甲

资料来源：无限奇异果 . 你亲眼看到的数据也可能是假的：幸存者偏差，识破数据的诡计［EB/OL］. ［2020 - 04 - 27］. https：//baijiahao. baidu. com/s？id = 1665109814091560956&wfr = spider&for =pc.

应该加强机翼的装甲。"沃德客气但坚定地说："将军，我尊敬你在飞行上的专业，但我有完全不同的看法，我建议加强飞行员座舱与机尾发动机部位的装甲，因为那儿最少发现弹孔。"

在全场错愕怀疑的眼光中，沃德解释说："我所分析的样本中，只包含顺利返回基地的轰炸机。从统计的观点来看，我认为被多次击中机翼的轰炸机，似乎还是能够安全返航，而飞机很少发现弹着点的部位，并非真的不会中弹，而是一旦中弹，根本就无法返航。"指挥官反驳说："我很佩服沃德教授没有任何飞行经验，就敢做这么大胆的推论，就我个人而言，过去在执行任务时，也曾多次机翼中弹严重受创，要不是我飞行技术老到，运气也不错，早就机毁人亡了，所以，我依然强烈主张应该加强机翼的装甲。"这两种意见僵持不下，皇家空军部部长陷入苦思。

他到底要相信这个作战经验丰富的飞行将军，还是要相信一个独排众议的统计学家？

由于战况紧急，无法做更进一步的研究，部长决定接受沃德的建议，立刻加强驾驶舱与机尾发动机的防御装甲。不久之后，联军轰炸机被击落的比例，果然显著降低。为了确认这个决策的正确性，一段时间后，英国军方动用了敌后工作人员，搜集了部分坠毁在德国境内的联军飞机残骸，他们中弹的部位，果真如沃德预料，主要集中在驾驶舱与发动机的位置。

为什么选择这样的决策，为什么这样的决策更奏效呢？

乍看之下，作战指挥官加强机翼装甲的决定十分合理，但他忽略了一个事实：弹着点的分布，是一种严重偏误的资料。因为最关键的资料，其实是在被击落的飞机身上，但这些飞机却无法被观察到，因此，布满了弹痕的机翼，反而是飞机最强韧的部位。后来的发现表明这些残骸的中弹部位果然如沃德推断，集中在座舱和机尾部位！

这个故事便是著名的"幸存者偏差"（Survivorship Bias），指的是当取得资讯的渠道仅来自幸存者时（因为死人不会说话），此资讯可能会存在与实际情况不同的偏差。有的也把这个规律叫作"沉默的数据"或"死人不会说话"①。

同学们可以以此案例为基础进一步展开深入讨论。我们通过数据所做的那个对的结论和决策可能隐藏在各种各样错综复杂的事件中，如何拨开复杂表象看到事物本质，这是对新时代青年提出的创新性及高阶性要求。让我们努力学习，刻苦钻研，系统思考，厘清关键点，信心百倍地去迎接新的挑战。

第三节　虚假数据的产生及防范

有人戏称，世界上有三种谎言：谎言、弥天大谎和统计数据。大数据时代，各行各业都越来越热衷于收集各种数据。但需要注意的是，任何数据驱动计划的成功都依赖于这些数据的可信度，或者说，高质量数据是确保信息可用性的重要前提。数据质量非常关键——"坏"数据甚至比没有数据更糟糕。

---

① 看不见的弹痕最致命：论二战期间飞机装甲与系统思考的关系 [EB/OL]．[2018-06-07]．https：//www.sohu.com/a/234432507_ 99894779.

一、什么是虚假数据

一位美国作家达莱尔·哈夫在他的书中举了一个小例子：

"我的岳父从艾奥瓦州搬到加利福尼亚州没几天，就对我说'这个地方的犯罪事件太多了！'他所读的报纸的确报道了许多犯罪事件。这份报纸从不放过报道当地的任何一起犯罪事件，而且以注重报道谋杀案闻名，其详尽程度超过了艾奥瓦州的任何一家大型报社。"

"我岳父的这一结论属于非正式统计。这个统计基于一个明显带有偏差的样本。与其他许多较为规范的统计一样，这个统计也存在虚假的成分。因为这个统计认为报纸上报道犯罪事件版面的大小是衡量犯罪率高低的标准。"

这个小例子告诉大家，我们看到、听到、读到的数据及结果未必是客观事实的全貌，那些平均数、各种关系、趋势图以及图表并不总是客观地反映真实情况，事实上这些数据要么被过于夸大，要么被有意或无意地隐瞒。

所谓虚假数据，就是指数据偏离、异常，不是真实的数据。这一方面是由于人们对客观世界的认知有限，所使用的统计方法或统计工具不科学、不恰当，另一方面也确实存在数据造假的问题。两种方式得到的结果都是虚假数据。

（一）统计方法不恰当造成的数据失真

在《学会提问》一书中，作者有下面的陈述：

一个快速致富的方法就是做一名职业橄榄球员，2015 年美国国家橄榄球联盟球星的平均收入是 220 万美元。

在这个例子中使用了"平均"这个词。实际上有三种不同的方法来测定平均值，而且在大多数情况下，每种方法都会给出不同的数值。这三种不同的方法分别是平均数、中位数和众数。使用不同的计算平均值的方法，得出的结果会大相径庭，并最终影响判断。

我们来简要回顾一下大家可能已经知道的三个概念：第一，平均数是指把所有数值相加，然后用总数除以相加的数值的数目，这种方法所得的结果就是平均数（Mean）。第二，中位数是将所有数值从高到低排列，然后找到位于最中间的数值，这个中间数值就是中位数（Median）。一半的数值在中位数之上，另一半在中位数之下。第三，众数是将所有数值排列好，计算每个不同数值出现的次数或每个不同数值范围出现的次数，出现频率最高的数值就叫作众数（Mode），这是第三种平均值。

美国国家橄榄球联盟的球员 2015 年工资平均数是 220 万美元，而很多球员感觉自己似乎挣不了这么多。事实上，2015 年薪酬最高的橄榄球运动员年收入超过 3500 万美元——远远高于平均值。这样高的收入将会急剧拉高平均数，但是对于中位数或众数而言影响不大。

在这个例子中，美国国家橄榄球联盟球员的工资中位数只有 83 万美元，因此这是比较符合客观实际的平均工资。事实上，对于大部分职业运动，运动员工资平均数都要比中位数或者众数高出很多。这是因为职业化运动当中大牌球星的收入与一般球员的收入比较悬殊。

所以，当我们见到平均值的时候，一定要记住问一下："这是平均数、中位数还是众数？平均值的含义不同会不会产生什么影响？"在回答这些问题时，要想一想平均值的不同含义会给信息的意义带来怎样的变化，尽量避免虚假的数字带来的困扰。

（二）数据造假

数据造假的结果也产生虚假数据，但是与前文不同的是，数据造假有主观故意，是数据发布方为了达到某种目的，有意篡改数据、编纂数据、伪造数据等，造成数据失真，从而影响判断和决策等行为。例如，商家通过刷单、刷量、刷分、搬运原创内容等改变数据，使其偏离正常的结果。

下面介绍重点排污单位自动监控弄虚作假查处典型案例。

据中新网 2021 年 7 月 27 日电，生态环境部官网 27 日公布重点排污单位自动监控弄虚作假查处典型案例。

2021 年 4 月以来，生态环境部联合最高人民检察院、公安部，在全国集中开展严厉打击危险废物环境违法犯罪和重点排污单位自动监测数据弄虚作假违法犯罪专项行动。各地生态环境部门与公安、检察机关建立信息线索共享、联合检查机制，强化部门间和部门内部的合作联动，查处了多起以篡改、伪造监测数据为主要手段逃避生态环境监管的环境违法犯罪案件。

为有效震慑自动监测数据弄虚作假违法犯罪行为，生态环境部组织整理了第二批六个重点排污单位自动监控弄虚作假查处典型案例。在这些案件中，有自动监测设备运维人员向排污单位传授篡改、伪造监测数据方法，有排污单位负责人纵容、指使单位人员篡改、伪造监测数据等行为。上述违法行为，性质恶劣，后果严重，相关属地生态环境部门与公安、司法机关密切配合，依法对相关单位和人员予以严惩。

以"江苏镇江丹阳龙江钢铁有限公司篡改、伪造监测数据案"为例[①]。2018年6月，中央第四环境保护督察组对江苏省开展"回头看"工作期间，发现江苏镇江丹阳龙江钢铁有限公司（以下简称龙江公司）烧结厂废气自动监测数据涉嫌造假。经查，为降低生产成本，逃避环保监管，龙江公司负责生产的副总经理卓某多次授意烧结厂厂长李某、副厂长曹某，要求自动监测设备运维公司南京某智能科技有限公司技术人员吴某透露系统管理员账户密码、传授篡改方法，指使工人修改烟气自动监控设备斜率和截距值，篡改自动监测数据，导致二氧化硫排放自动监测数据严重失实。原丹阳市环境保护局对该公司处罚款100万元。江苏省江阴市人民法院于2021年1月18日以污染环境罪，判处龙江公司罚金800万元；判处卓某有期徒刑二年六个月，并处罚金12万元；判处李某、龙江公司环保部门负责人张某有期徒刑二年三个月，并处罚金10万元；判处曹某、吴某有期徒刑二年，并处罚金8万元。

在现实社会中，我们遇到的数据造假事件还有很多，如轰动一时的马蜂窝数据造假、瑞幸咖啡财务数据造假等，不一而足。这一方面需要从业部门加强职业操守和职业自律，政府部门加强监管；另一方面也需要广大群众擦亮眼睛，增长知识，敏锐地洞察数据的真伪，明晰事情的真相。

二、虚假数据的防范

习近平曾在不同的场合多次强调数据的重要性，对数据作假深恶痛绝。习近平说："数据造假之风不可长，必须坚决刹住。""无论是经济数据造假，还是脱贫掺水，都会影响对经济形势的判断和决策，而且会严重败坏党的思

---

① 三部门严打自动监测数据造假　6起典型案例公布［EB/OL］.［2021-07-27］. https://baijiahao.baidu.com/s? id=1706434121560951303&wfr=spider&for=pc.

想路线和求真务实的工作作风，败坏党在人民群众中的形象。"

那么，如何防范虚假数据，我们可以从国家层面、企事业单位与从业人员以及数据使用者三个方面进行预防。

第一，国家层面。主要从立法以及监督等方面对虚假数据进行防范。

国务院公布的《中华人民共和国统计法实施条例》自 2017 年 8 月 1 日起施行。该条例明确提出，地方人民政府、县级以上人民政府统计机构和有关部门应当根据国家有关规定，明确本单位防范和惩治统计造假、弄虚作假的责任主体。

国家统计局副局长毛有丰说："这是法律法规首次明确相关单位应当建立防范和惩治统计造假、弄虚作假责任制。"该条例最为突出的特点就是明确了与统计工作有关的各方在防范和惩治统计造假、弄虚作假中的责任，把确保统计数据真实准确贯穿到整个法律规范。

2017 年 11 月 4 日，第十二届全国人民代表大会常务委员会第三十次会议决定，对《中华人民共和国会计法》作出修改，自 2017 年 11 月 5 日起施行。《中华人民共和国会计法》是为了规范会计行为，保证会计资料真实、完整，加强经济管理和财务管理，提高经济效益，维护社会主义市场经济秩序而制定的法律。

除此之外，国家还在生态环境保护、网络信息安全保护等诸多方面颁布了相应的法律法规，防范和惩治数据造假以及泄露、篡改、毁损、出售或者非法向他人提供数据等行为。政府还要加强对企事业单位的监督机制，完善对政府财务数据、统计数据等的监管，增强财政、银行、工商、审计以及税务等部门之间的协调，形成合理、独立而又合作的长期有效的整体监督体系。

第二，企事业单位与从业人员。各级政府部门及企事业单位应树立起责任与担当，强化社会责任与伦理道德观念。在单位内部，依据国家法律法规，完善相关制度与措施。既要明确各相关岗位的工作职责，又要规范相应的处理程序，保证合理的分析研判制度。相关工作人员要加强职业道德修养，提升职业素养及职业技能，牢固树立"红线意识"与"底线思维"，对数据造假"零容忍"。对于目前已曝光的各类违法案件要引以为戒，坚守底线。要坚持问题导向，提高认识，创新思路，确保数据"真、准、全"。

第三，数据使用者。我们利用数据做决策，要求数据一定是"好"的数据，因为决策是"数据驱动"的。那么，如何判断数据的真假，如何从数据中剔除虚假无效的数据？读者可以问以下八个问题：①数据的来源是否真实可靠？②被调查者是否随机选取？是否显示出抽样偏差？③在调查中是否使用了诱导性问题？④原始数据是否公布？⑤调查问题是否扭曲了正常的定义？⑥统计方法是否恰当？⑦是否先入为主地假定了因果关系？⑧是否缺乏独立的确认？

事实上，我们还可以将上述问题简化为以下五个小问题，并通过反思这几个小问题，厘清自己的思路，更加准确地判断事情。①是谁这么说？②他怎么知道？③漏掉了什么？④有人偷换概念吗？⑤这是否合乎情理？

三、案例学习与讨论：统计数字会说谎

（一）内在有偏的样本

人们利用内在有偏的样本进行数据的统计，是导致统计数字不真实的第一个原因，下面我们来看一则旧的新闻报道——虽然报道很旧，但我们仍然可以从中体会出统计数据反映的含义，以及与真实情况之间存在的偏差。

在评论《纽约太阳报》有关报道时，《时代》杂志曾特别指出："耶鲁大学1924届毕业生平均年收入高达25111美元。"要知道，到1930年时美国全国的平均年薪也不过才1420美元。

当你看到这个数据时，是否真的认为，只要人们把孩子送进耶鲁大学，将来就可以高枕无忧、安享晚年，这些孩子将来也可衣食无忧了？

我们发现这个数据有两个可疑之处：第一，它精确得让人吃惊；第二，它给人带来难以置信的好处。

把那些四处分散的人的平均年薪搞清楚并精确到个位数，这个可能性实在很小。毫无疑问，这一平均数是根据耶鲁毕业生自己报出的数据计算的。但是，当被问及收入时，他们中的有些人难免会因虚荣或自负而有所虚报；有些人恐怕会尽量瞒报收入，特别在涉及所得税的问题上。这两种倾向（虚报和瞒报）也许会互相抵消，但事实上这不可能。其中一种倾向也许会占上风，但究竟哪种占上风我们不得而知。

上述的统计数字是否正确，我们需要关注一下抽样过程。

在处理各类问题时，抽样过程是统计学的核心，它关系到抽取的样本是否具有代表意义，还是仅仅是一个有偏样本。

有关耶鲁毕业生的收入报告来自这样一个样本。理智告诉我们，要联络所有尚在人世的1924届毕业生根本不可能。多年之后，许多人的地址已经发生变化，也许有些人已经离开了人间。退一步讲，即使知道了这些人的详细地址，他们也未必会认真答复调查问卷，尤其是这种关系到个人隐私的问题。就一些邮寄问卷而言，有5%或10%的回复率就已经很高了。耶鲁大学毕业生的收入调查问卷的回复率也许更高一些，但绝不可能达到100%。

因此，我们得出结论——该收入数据来自这样一个样本，即样本对象由既有明确地址又回复了问卷的毕业生成员组成。那么，我们是不是应该进一步思考以下问题：该样本具有代表性吗？我们能否假定该样本群体成员的收入与那些联系不到或没有回复问卷的成员的收入处于相同水平？

在毕业生名单中，我们最有可能联系不上谁？是那些功成名就的成功人士？还是那些没有实现当年的抱负、成为普通的小职员、机械工、流浪汉、失业的酒鬼等人？后者也许不常参加同学聚会，也许忙于生计，也许没有额外的费用支付路费。样本数据可能遗漏了这些最有可能拉低年收入平均值的人。

因此，得出"1924届耶鲁毕业生平均收入25111美元"的数据实际上是建立在这样一个样本之上的：它代表的是1924届耶鲁学生中能够联系上的，并愿意站出来说出真实收入的一个特殊群体。但是，这个样本的代表性并不强。

为了更具价值，一份基于样本的报告必须使用一个具备代表性的样本，该样本必须排除产生偏差的任何可能性。这正是耶鲁大学毕业生调查数据不具价值的原因，也是许多报纸和杂志内容缺乏实质意义的原因。

（二）警惕大脑的欺骗性

有时不是统计数字有问题，而是我们大脑的认知方式存在问题，导致我们对事实的认知产生偏差。这同样要引起我们的警惕。

为什么这么说呢？先来看一个例子。

请问 100 万秒是多久以前？我们刚接触到这个数字的时候大脑的第一反应会觉得很遥远。实际上你测算一下，答案是 11.57 天之前。那 10 亿秒呢？只相当于 32 年。

这些欺骗性不是数字本身的问题，而是我们大脑认知方式的问题。我们的大脑对数字普遍不敏感，对于一些抽象的数字我们向来缺少具体的经验与感受，只能凭大脑想象。

我们再来看一个非常有趣的小故事。

相传古代印度国王舍罕要褒赏聪明能干的宰相达依尔（国际象棋发明者），问他需要什么，达依尔回答说："国王只要在国际象棋的棋盘第一个格子里放一粒麦子，第二个格子里放两粒，第三个格子里放四粒，以后按此比例每一格加一倍，一直放到第六十四格（国际象棋棋盘 8×8＝64 格），我就感恩不尽，其他我什么也不要了。"

国王想："这有多少！还不容易！"让人扛来一袋小麦，但不到一会儿全用没了，再来一袋很快又没有了，结果全印度的粮食全部用完还不够。国王奇怪，怎样也算不清这笔账。一个国际象棋棋盘一共能放多少麦粒？

我们来帮国王算一算。

第一个格子里是 1 粒，第二个格子里是 2 粒，一共有 3 粒，即 $2 \times 2 - 1 = 3$。

又加上第三个格子中的 4 粒，一共是 7 粒，即 $2 \times 2 \times 2 - 1 = 7$。

再加上第四个格子上的 8 粒，共有 15 粒，即 $2 \times 2 \times 2 \times 2 - 1 = 15$。

也就是 $2^4 - 1 = 15$。

所以，从第一格到第四格的麦粒数就等于 2 的 4 次方减去 1。

那么，从第 1 格到第 64 格的麦粒数，将等于 2 的 64 次方减去 1，即 $2 \times 2 \times \cdots \times 2$（64 个）$- 1 = 2^{64} - 1 = 18446744073709551615$。

18446744073709551615 粒麦子有多少呢？1 立方米的麦子大约有 1500 万粒，国王赏赐的麦子约有 12000 亿立方米。全世界 2000 年生产的麦子加在一起，还没有这个数目大。

通过这两则小案例，我们可以知道，对于报纸、书本、杂志和广告上的统计材料、事实和数据，在接纳之前我们都应用严格的标准反复审视，认真思考，绝不能想当然。有时，仔细一看你就能发现问题，但武断地拒绝任何统计学的方法也是不可取的。这就好比作者有时会利用措辞来隐瞒而非揭露事实真相，但我们不能因此而拒绝读书。

我们将达莱尔·哈夫著的《统计数字会撒谎》中的几种原因及对应的破解方法用图 1-14 表示，供各位读者参考。

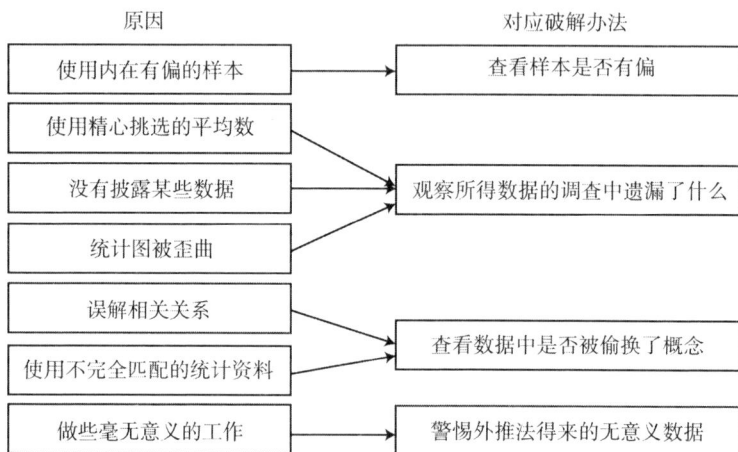

图 1-14　统计数字撒谎的原因及对应破解办法

资料来源：达莱尔·哈夫．统计数字会撒谎［M］．廖颖林，译．北京：中国城市出版社，2009.

第四节　数据伦理及数据保护

一、数据伦理的概念

古往今来，数据对人类社会产生了广泛而深刻的影响。与此同时，由数据引发的伦理问题也不断出现。伦理问题通过数据滥用、数据孤岛、数据安全、算法陷阱、算法霸权和算法歧视等呈现出来，本质问题主要包括隐私权、数据权、人类自由和社会公正等。大数据的出现加剧了这一问题，最重要的冲击便是使上述行为以更加迅捷的速度，产生更加严重的后果。大数据技术的这种不断加剧的趋势的结果便是，当经营活动不断变革并持续快速生成海量数据信息的同时，大数据现象也正在开始引发伦理问题。

第一个例子发生于美国。

2012年2月，《纽约时报》登载了一篇关于塔吉特公司能够识别出消费顾客是否怀孕的文章。塔吉特公司拒绝评论或出面解释这个故事，但该文章还是被写作完成并登载出来。随后，围绕塔吉特公司商业行为的合法性问题，公众对隐私、个人信息等公共问题的公开关注，攻击性的评论和后续报道接踵而至，引发大量质疑的声音。

第二个例子发生于我国。这是我国人肉搜索第一案，大家可以关注这个案例及其带来的对当事人隐私权的侵害，以及由此带来的对数据伦理的反思。

2007年底，女白领姜某写完死亡博客后自杀，其生前好友张某发出网文声讨姜某的出轨丈夫王某，并刊登了后者的真实信息。汹涌的网络情绪，很快在现实中落地——一些不知名的网友来到王某家门口，在其家门口写下"血债血还"的字样，更多的网友则拨打王某公司的办公电话，要求开除王某。

2008年12月18日，在朝阳区人民法院，这起"人肉搜索第一案"一审宣判。宣判原定上午9点，但8点半朝阳法院三层大法庭的媒体席位上已座无虚席，旁听席上布满了摄像机。与开庭不同，王某和张某都没有亲自出庭，只是委托代理人参加了宣判。上次开庭时，数十名网友从全国各地赶来旁听，法庭显得很拥挤。当天，法庭专门给网友预留的座位上，只有王某的母亲和哥哥两个旁听者。9点整法官开始宣读判决。

一审判决认定：张某和北京凌云公司构成对王某隐私权和名誉权的侵犯，判令上述两被告删除相关文章及照片，在网站首页刊登道歉函，并分别赔偿王某精神损害抚慰金5000元和3000元，加上公证费，王某总计获赔9367元。海南天涯公司因在合理期限内及时删除了相关内容，被判免责。朝阳区人民法院还向工业和信息化部发出了司法建议函，建议后者保持对"人肉搜索"等互联网新生事物的关注，加强引导，净化网络环境。

2009年12月23日下午3时，北京市第二中级人民法院作出二审宣判。张某作为"北飞的候鸟"网站的管理者未尽到应尽的管理责任，泄露王某个人隐私的行为已构成对王某名誉权的侵害，张某应当对此承担相应的民事责任。张某以王某就其违背道德的行为不享有隐私权、其对姜某自杀这一公众事件的披露符合公众利益为由认为其不构成名誉权侵权，缺乏法律依据。原审法院认定张某侵犯了王某的名誉权事实清楚、适用法律正确，法院予以维持。在此基础上，原审法院根据双方当事人的过错及相关具体情况，适当减轻了张某的赔偿责任，判令张某删除侵权的三篇文章及相关照片、判令张某赔礼道歉并酌情判令张某赔偿王某相应的精神损害抚慰金及公证费并无不当，法院也予以维持①。

由此可以看出，所谓数据伦理，或者说大数据伦理，指的是由于大数据技术的产生和使用而引发的社会问题，是集体和人与人之间关系的行为准则问题。大数据伦理包括四块基本构成：身份、隐私、所有权与名誉。大数据的透明性、关联性、聚合性特征带来的问题，对社会团体、政府部门乃至法制系统等带来一定的冲击。虽然说大数据技术是伦理中立的，即它在被运用的过程中并不天然自带判断对错好坏的自我审视，大数据技术本身没有价值框架。但是，国家、企业和个人都具有价值系统。因此，只有通过质疑和探寻伦理困惑的答案，才能确保大数据以符合我们价值观的方式加以运用。

大家可以进一步分析其是否违背了数据伦理，深入思考以下四个问题：

（1）基于浏览器的浏览历史记录或定位设备的位置跟踪记录设定保险费等所带来的社会冲击和经济影响。

（2）根据遗传病信息决定招聘结果。

（3）通过所处地点、社交网络、网上浏览数据来"预测"犯罪活动。

（4）基于一张手机随意拍摄的照片，就能在一个允许访问个人犯罪记录、浏览历史或过往约会场所的App中，检索到照片中人的元数据信息。

二、数据保护

在现实生活中，我们经常会遇到如下情景：

下载一个App，填上自己的电话号码等数据，过几天就接到了无数条垃圾短信和推销电话。

---

① 参见《人肉搜索第一案》。

注册一个账号，弹出超长的"用户协议"看都没看完就点了"同意"，过几天发现自己的邮箱里塞满垃圾邮件……

由此引发一些问题：我们对自己的身高、体重、电话号码等事实情况有权"占有"吗？我们的存在本身是否构成一种创造性活动？我们对之享有版权或与之相关的其他权利吗？关于我们的家族历史、遗传构造及体征描述，喜欢哪种饮食，有哪些爱好，在篮球场上的罚篮命中能力如何，是否等同于我们占有的某种财产？对这些信息的占有性质之间是否存在差异？这些问题需要引起大家的关注。

当商业开拓者醉心于基于大数据技术之上的、范围广泛的新产品和新服务的设计与开发所能产生的可预期利益时，可利用信息的体量、种类、速率却在引发新的问题。这些问题的一部分就是海量与人相关的各种属性、行为、偏好、关系、地点数据的获取、存储及利用所牵涉到的。当大数据的强悍功能驱使数据更深入地介入我们的组织和个人生活，平衡风险与创新将持续成为紧迫需要。我们必须直面这种需要，才能使大数据的功能产生利大于弊的效用。

在大数据时代，个人信息隐私保护技术面临着以下四个方面的挑战：

第一，传统的被动式隐私保护技术很难适应大数据的海量规模以及飞速的实时性变化。与此同时，在数据收集阶段，数据生成者无法主动地参与隐私保护，使得传统的被动式隐私保护技术束手无策。

第二，大数据多样性带来的多元数据融合，使得隐私泄露风险大大增加。由于用户数据的广泛分布，多个数据集都有可能存在某个个体或者与之关联的信息，融合之后的数据集的隐私风险相比于单个数据集的隐私风险加大。

第三，在大数据的环境下，大数据存储者和拥有者完全分离，如何确保合适的数据及属性能够在合适的时间和地点被合适的用户访问和利用是大数据访问和使用阶段面临的主要风险。由于云存储服务提供商并不能保证完全可信，用户的数据面临着被不可信的第三方偷窥或者篡改的风险，同时大数据的查询、统计、分析和计算等操作也需要在云端进行，这为传统加密技术带来了新的挑战。

第四，当前大数据隐私保护领域的相关研究在隐私泄露风险的度量方法以及造成损失而进行的妥善事后补救措施等方面稍显不足。尽管数据生产者和收集者使用各种方法保护隐私，但隐私泄露事件仍频频发生。因此需要一种方法度量隐私泄露带来的潜在风险，并针对隐私泄露造成的危害，采取相应的法律治理手段。

在技术层面上，对数据的保护有位置服务中隐私保护技术、区块链数据隐私保护技术等。国内外也有许多技术公司从事数据保护方面的研发工作并提供相应的产品。限于本书的定位，这些内容不再赘述，感兴趣的同学可以参考相关书籍或资料。

在法律法规方面，国内外均有相关的文件出台，从法律层面对数据安全进行保驾护航。下面进行简单概括：

2012 年 12 月 28 日，中共第十一届全国人民代表大会常务委员会第三十次会议通过《关于加强网络信息保护的决定》。这是中国公民个人信息保护法律体系的重大突破，将公民个人身份和个人隐私的电子信息保护从法律文件的零散规定首次提升到单行"法律"的层次。该决定共 12 条，对于保护公民个人电子信息、规范商业性电子信息、网络身份管理等进行了规定。

《中华人民共和国电子签名法》于 2004 年中共第十届全国人民代表大会常务委员会第十一次会议通过，并于 2005 年 4 月 1 日起实施。这是我国电子商务和信息化领域第一部专门的法律，是我国首部"真正意义上的信息化法律"。《中华人民共和国电子签名法》共 5 章 36 条，分别由总则、数据电文、电子签名与认证、法律责任和附则构成。该法明确赋予了电子签名与传统签名同样的法律效力、规定了数据电文作为证据应具备的因素、电子认证服务实行市场准入制度及对该领域的监管和各方的法律责任等。

《中华人民共和国数据安全法》是为了规范数据处理活动，保障数据安全，促进数据开发利用，保护个人、组织的合法权益，维护国家主权、安全和发展利益制定的法律。该法共有 7 章 55 条，分别由总则、数据安全与发展、数据安全制度、数据安全保护义务、政务数据安全与开放、法律责任和附则构成。2021 年 6 月 10 日，中共第十三届全国人民代表大会常务委员会第二十九次会议通过了《中华人民共和国数据安全法》，自 2021 年 9 月 1 日起施行。

我国很早就开始探索个人信息保护法律的制定工作。《中华人民共和国个人信息保护法》是一部保护个人信息的法律条款，涉及法律名称的确立、立法模式问题、立法的意义和重要性、立法现状以及立法依据、法律的适用范围、法律的适用例外及其规定方式、个人信息处理的基本原则、与政府信息公开条例的关系，对政府机关与其他个人信息处理者的不同规制方式及其效果、协调个人信息保护与促进信息自由流动的关系、在特定行业的适用问题、关于敏感个人信息问题、法律的执行机构、行业自律机制、信息主体权利、跨境信息交流问题、刑事责任问题，对个人及行业有着很大的作用。

除我国以外，全球已经有 90 多个国家制定了个人信息保护的相关法律。1970 年德国黑森州制定的《黑森州数据法》是世界上第一部专门性个人数据保护法；1973 年《瑞典数据法》是世界上首部全国性的个人数据保护法；1977 年德国制定了全国性的《联邦数据保护法》；1978 年法国通过了《信息、档案与自由法》；1984 年英国也在争议中通过《英国数据保护法》。上述立法对于欧洲的数据保护产生了广泛而深远的影响。1995 年欧盟通过了《个人数据保护指令》，针对个人数据采取统一立法模式，后来被 2018 年 5 月 25 日生效的《通用数据保护条例》取代。欧盟的《通用数据保护条例》（General Data Protection Regulation，GDPR）也被称为史上最严数据保护立法，该条例共有 11 款内容，涉及个人敏感数据、数据主体的权利、数据处理者以及数据泄露和通知等多个方面。

三、案例学习与讨论：谁动了我的数据

1993 年，《纽约客》杂志发表了一幅著名的漫画作品，画面上一条正在敲打键盘的狗对旁边另一条狗侃侃而谈，其标题是"在网上，没有人知道你是一条狗"。在当时，这确实滑稽好笑，因为这是事实。然而今天，在大数据盛行的时代，人们不仅可以知道你是一条狗，而且可以知道你是一条什么种属的狗，你喜爱的食物、你的血统世系乃至你是否曾得过任何赛狗秀奖项。

我们来阅读并思考两个案例。

案例一：秘密——数据泄露的冰山一角

2018 年 4 月 4 日，由青年策展人荆菲策划的"秘密——邓玉峰个展"在

武汉美术馆开幕。在这场名为"秘密"的展览中，邓玉峰购买了 34.6 万武汉人的个人信息，里面包括姓名、电话、地址、身份证号码、银行卡号及密码、网购记录、车主详细信息等。目的并不单单只是创作一件艺术作品，而是期望通过艺术的手段引发社会对个人信息的讨论，从而推动信息时代下对个人信息的管理机制。

据武汉美术馆艺术总监高小林介绍："这个城市三十多万人的重要数据，在此次展览中经过隐形药水的特殊处理，日常光线下我们看到的都只是一张白纸，但是在武汉美术馆设置的特定光源下这些信息会得以呈现。"

展览现场这样的信息让人触目惊心，而仅在这场展览中，生活在武汉、这样被传播出信息的个体就有 30 万之多，那么在这场展览之外，又有多少人的信息被泄露了呢？

谈到这件作品的创作思路。邓玉峰表示："信息时代下个人信息的泄露已不是秘密，即便我们的信息被他人窃取，作为当事人的我们也不会惊讶，因为这都是在意料之中的了。我们几乎每天都会接到骚扰短信，甚至会接到一个陌生电话，告诉你家的房子现在能卖多少钱，问你要不要卖，如此精确的定位，充分说明我们的信息泄露已经到了超乎想象的境地。""信息泄露自然不必大呼小叫，但研究后才会发现，事情远不是个人信息泄露那么简单，因为背后还会有'精准投放'的数据分析服务，作为信息被泄露的本人会在毫无防备、无意识下被引导。"

有观众表示，看完这个展览很震撼，"在网络信息时代，原来我们毫无隐私可言，但面对隐私曝光，我们常常是无奈。"还有观众表示，邓玉峰办此个展，初衷虽是在提醒世人，但在展览材料的准备过程中，他购买了大量公民个人信息，这是否涉嫌违法问题呢？邓玉峰接受记者采访时表示，为了做成这样一个公共艺术实验，他需要这些材料和数据，在整个过程中，他和志愿者们一起用隐形药水对购买到的个人信息中的关键部分进行了涂改。为此，楚天都市报记者也采访了律师，湖北得伟君尚律师事务所律师曹剑刚表示，艺术家从网上购买公民个人信息，数据来源非法。

这场名为"秘密"的展览在开幕两天后被叫停，邓玉峰也接受了相关调查。但是，这场展览引起了社会上更多的人对个人信息保护的相关讨论。不久后，全国印发了《综合整治骚扰电话专项行动方案》。虽然并不能明确两者之间是否存在什么直接关系，但是邓玉峰所开办的名为"秘密"的展览，仅展现了数据泄露的冰山一角，就引发了社会各界人士及组织的关注及行动。如何从自身做起，不泄露、传输、买卖、非法利用别人的隐私数据，是我们每个人、每个企事业单位及社会各界都必须认真对待和思考的问题。

资料来源：笔者根据《艺术家网购 34 万人信息办公益展引争议，律师：数据来源非法》《这是邓玉峰的"秘密"还是我们共同的秘密？》《曝光 34.6 万人的"秘密"之后》改编。

案例二：违反信用信息采集规定！
5 家银行被中国人民银行罚没 1541 万

据凤凰网财经消息，2021 年 8 月 20 日，中国人民银行（简称"央行"）公布 11 张罚单，对建设银行、交通银行、邮储银行、华夏银行、兴业银行 5 家银行进行处罚，罚没合计 1541 万元，各行相关责任人合计罚没 47 万元，各机构违法行为主要涉及违反信用信息采集规定及违反账户管理相关规定等。

具体来看，华夏银行、交通银行、兴业银行因违反信用信息采集、提供、查询及相关管理规定，分别被罚款 486 万元、62 万元、5 万元。时任交通银行太平洋信用卡中心风险管理和控制部操作风险管理团队经理、资深综合管理顾问沈某因上述违法行为被罚款 7 万元。

此外，邮储银行因违反账户管理相关规定，受到警告并被处罚 600 万元。5 位邮储银行相关业务负责人被罚，时任邮储银行内控合规部副总经理王某因对违反账户管理相关规定负有责任，遭央行警告并处罚款 8 万元。时任邮储银行广州市分行个人金融部总经理陈某、时任邮储银行广州市分行法律与合规部总经理赵某、时任邮储银行广州市分行运营管理部总经理区某、时任邮储银行个人金融部存款与结算处副处长徐某因同样事由，各受央行警告并均被罚款 8 万元。

也许是巧合，中国人民银行公布罚单的同一天，中共第十三届全国人大常委会第三十次会议表决通过《中华人民共和国个人信息保护法》。

资料来源：银行财眼丨违反信用信息采集规定！华夏、交通等 5 家银行被央行罚没 1541 万 [EB/OL]．[2021-08-22]．https：//finance. ifeng.

com/c/88uMAZIqDk7.

思考题

1. 观看电影《搜索》，并谈谈自己的体会。

2. 调研我国个人信息保护的现状，谈一谈你对个人信息保护的看法。

3. 对于数据利用及数据隐私保护，你认为应该如何平衡处理？

4. 你认为电商平台及各大互联网平台等应该如何规范其"隐私保护"政策？

5. 在你的学习和生活经历中，你最关注哪类数据？为什么？

6. 你如何看待"隐私焦虑"？

7. 假设你是一家公司的高管，谈谈你对本公司数据管理的设想。

第二章　数字经济与社会

引例一：中国人的一天，一天一段人生故事[①]

《中国人的一天》是腾讯网在 2010 年 1 月 1 日推出的一个自由展示自己的喜怒哀乐和生活细节，找到共鸣并收获赞许的平台，在目前海量信息时代有一定的影响力。网友自己拍摄，记录了中国各个阶层、各种职业人们的生存现状和生活状态，淘宝卖家、乡村货郎、深山里的百岁老人、拾荒者、小商贩……每一个故事的主角都是我们身边的人。这是一部反映民生百态的图文故事集，记录了最底层草根的生存状态，是中国社会生活的缩影，以无声的影像和文字记录各方最真实的声音。

第 86 期贫困大学生的忙碌生活。大学三年里，为解决生活上的困难，他发传单、当服务员、兼职教师、当水泥工，一路风雨兼程……

一天 24 小时，1440 分钟，86400 秒。

当中国 960 万平方千米土地上的微小个人，以天为单位，努力求生存的时候，他们也许从未想过，自己所经历的，也是一段平凡而真挚的故事，讲述出来后，会感动他人。

开放性讨论：

你的一天和你父母的一天，分别会产生哪些数据？

---

① https://new.qq.com/omn/author/5114481.

引例二：外卖骑手，困在系统里①

一个在某个领域制造了巨大价值的行业，为什么同时也是一个社会问题的制造者？为了找到这个问题的答案，记者进行了近半年的调查，答案渐渐浮现。

（一）

饿了么骑手朱大鹤清晰地记得，那是 2019 年 10 月的某一天，当他看到一则订单的系统送达时间时，握着车把的手出汗了，"2 千米，30 分钟内送达"——他在北京跑外卖两年，此前，相同距离最短的配送时间是 32 分钟，但从那一天起，那两分钟不见了。

美团骑手经历了同样的"时间失踪事件"。一位美团骑手发现，相同距离内的订单，配送时间从 50 分钟变成了 35 分钟；他的一位同行，3 千米内最长配送时间被压到了 30 分钟。

金壮壮做过三年的美团配送站站长，他清晰地记得，2016~2019 年，他曾三次收到美团平台"加速"的通知：2016 年，3 千米送餐距离的最长时限是 1 小时，2017 年，变成了 45 分钟，2018 年，又缩短了 7 分钟，定格在 38 分钟。据相关数据显示，2019 年，中国全行业外卖订单单均配送时长比 3 年前减少了 10 分钟。

系统有能力接连不断地"吞掉"时间，对于缔造者来说，这是值得称颂的进步，是 AI 智能算法深度学习能力的体现。在美团，这个"实时智能配送系统"被称为"超脑"，饿了么则为它取名"方舟"。2016 年 11 月，美团创始人王兴在接受采访时表示他们的口号是"美团外卖，送啥都快"，平均 28 分钟内到达。他说："这是一个很好的技术体现。"

然而对实践"技术进步"的外卖员而言，这却可能是疯狂且要命的。在系统的设置中，配送时间是最重要的指标，超时一旦发生，便意味着差评、

---

① 外卖骑手，困在系统里［EB/OL］．［2020-09-12］．https：//epaper. gmw. cn/wzb/html/2020-09/12/nw. D110000wzb_ 20200912_ 1-01. htm.

收入降低，甚至被淘汰。外卖骑手聚集的百度贴吧中，有骑手写道："送外卖就是与死神赛跑，和交警较劲，和红灯做朋友。"

一位上海骑手说，自己几乎每单都会逆行，他算过，这样每次能节省5分钟。另一位上海的饿了么骑手则做过一个粗略的统计，如果不违章，他一天能跑的单数会减少一半。

一位美团骑手说，他经历过的"最疯狂一单"是1千米20分钟，虽然距离不远，但他需要在20分钟内完成取餐、等餐、送餐，那天，他的车速快到"屁股几次从车座上弹起来"。

超速、闯红灯、逆行……是骑手们长期在系统算法的控制与规训之下做出的不得已的劳动实践，而直接后果则是外卖员遭遇交通事故的数量急剧上升。

2018年，成都交警7个月间查处骑手违法近万次，事故196件，伤亡155人次，平均每天就有1个骑手因违法伤亡。2018年9月，广州交警查处外卖骑手交通违法近2000宗，美团占一半，饿了么排第二。

朱大鹤也出过事儿，为了躲避一辆自行车，他骑着超速的电动车摔在了非机动车道上，正在配送的那份麻辣香锅也飞了出去，当时，比身体的疼痛更早一步抵达他大脑的是要超时了。为了避免超时与差评，他打电话给顾客请求对方取消订单，自己掏钱买下了那份麻辣香锅，他至今对此耿耿于怀。

（二）

骑手们喜欢雨，因为雨天订单会变多，但如果雨下得太大，自己也容易出事儿。

湖南美团骑手庚子遭遇过一个可怕的雨夜。暴雨不停歇地下了一整天，订单疯狂涌入，系统爆单了。站点里每个骑手都同时背了十几单，箱子塞满了，车把也挂满了。庚子记得自己的脚只能轻轻地靠在踏板边缘，边跑边盯着摞在小腿中间的几份盒饭不会被夹坏。

路太滑了，他摔倒了好几次，然后迅速爬起来继续送，直到凌晨两点半，他才把手上所有订单全部送完。几天后，他收到了当月的工资条，数字居然比平时低很多，原因很简单，大雨那天，他送出的很多订单都超时了，因此，他被降薪了。

朱大鹤告诉记者，自己做骑手的前几个月，每一天都是在沮丧中度过的。他从小地方来，不熟悉北京的路，更别提那路上巨大的车流人流，他战战兢兢地守着规矩，天天因为超时被扣钱，这让他觉得自己很无能，感觉自己好像不是当外卖员的料。后来，随着电动车越骑越溜，路越来越熟，他从新手变成了马路上抢时间的高手，那种无能感才渐渐消失。

美团站长金壮壮说，每次下暴雨，骑手们都会来找他请假，爆胎了，摔跤了，家里人出事了，各种各样的理由。但面对大量涌入的订单，为了站点的数据，他只好强行规定，"除了生老病死，恶劣天气不能请假，请假直接罚款。"

（三）

根据外卖平台对外的公开说法，系统在预估送餐时间时，等电梯会被当作重点因素纳入考量范畴。

美团配送算法团队负责人何仁清也着重提到了电梯："美团的送餐系统会特别关注骑手的上下楼时间，甚至专门研究骑手去低楼层和高楼层时的时间速度。"只是，现实的复杂远远超过 AI 的预估能力。骑手阿飞说："等电梯真的是我们的一个痛点，超级痛。"在很多骑手的印象中，医院的电梯最难等。

当骑手四年，阿飞遇过最可怕的，是北京大学第三医院的电梯。当时是中午用餐高峰，他拿着七八个订单，去北医三院外科楼。他说："我记得清清楚楚，电梯口，外卖、病人、医生、家属全挤在一起，场面太壮观了。等了好几趟，终于挤上去了，所有人都贴在一起。"那天，送完这一单，阿飞后面的 6 个订单全超时了。

后来，他去了重庆，电梯依然是痛中之痛。网红楼红鼎国际，"特别魔幻，一共 48 层，里面全都是那种小工作室，密密麻麻的，一层能有三四十个工作室。"尽管楼内有七八部电梯，但到了用餐高峰，排队等电梯和排队进景区没什么区别，而且一等就是半个小时左右。

写字楼不允许骑手上客梯——北京、上海、深圳、重庆、湖南等地的多位骑手都告诉记者，这种状况极为常见。

除了写字楼以外，一些高级住宅区也是骑手心中的"电梯雷区"。在这里，上电梯需要刷卡，而客户又大多不愿意下楼，阿飞说，遇到这样的客户，很多专送骑手会为了不被差评直接爬20楼。在电梯口，阿飞看过无数骑手情绪崩溃，急哭的、吵架的，太多了，"毕竟就差最后一步了，挤上去了，就送到了"。

（四）

越来越快的送餐速度，评价体系的完全倾斜，在系统的宠溺下，顾客们也变得越来越缺乏耐心。

家住上海的井井承认，自己已经被"惯坏了"。他常常在一家距离不远的轻食店点餐，他回忆，过去从下单到吃到食物，大约需要45分钟，为了打发时间，他通常会在等待时看一集45分钟的电视剧。最近，等待的时间稳定在了26分钟，但前不久有一次，骑手的送餐时间超过了30分钟，他变得无法忍受，连打了5个电话催单。

面对越来越不耐烦的顾客，骑手们只好想尽各种办法安抚。骑手王兵在手里订单配送时间都差不多的情况下，他会先挑贵的送，因为单价高的顾客通常更容易发脾气，"怎么解释都不听，突然发个火儿，就说要退货。100多元的外卖，我哪有钱天天赔。"

系统仍在运转，游戏还在继续，只是，骑手们对自己在这场"无限游戏"中的身份，几乎一无所知。他们仍在飞奔，为了一个更好生活的可能。

思考与讨论

1. 数据如何产生价值？

2. 数据的使用带来了哪些影响？

3. 我们的衣食住行与以往有何不同？

学习"生活中的数据思维"，需要先解构一下什么是生活？接着才是什么是数据思维；然后是数据思维在现实生活中的应用。本章首先探讨生活中的数据，数据对社会生活的影响，数字经济的概念内涵及其发展等；其次结合案例讨论，从生活的四个维度——衣、食、住、行方面解构生活中数据思维的应用。

第一节　人类产生数据，数据重塑社会

一、生活中的数据

数据是比数字范畴更为广泛的概念，数据（Data）是事实或观察的结果，是对客观事物的逻辑归纳，是用于表示客观事物的未经加工的原始素材，可以理解为对客观事件进行记录并可以鉴别的符号，是对客观事物的性质、状态以及相互关系等进行记载的物理符号或这些物理符号的组合。它可以是连续的值，也可以是离散的值；可以是狭义上的数字符号，也可以是声音、图形、图像、视频等模拟数据，或具有一定意义的文字、字母等，总之数据是对客观事物的属性、数量、位置及其相互关系的抽象表示。我们这里谈的数据是指广义上包含数字符号、文本、字母、图形、图像、声音、视频等多元化、富媒体的数据。

（一）生活中数据的类型

数据是由人类生产生活产生的，人类是数据的创造者和生产者。要谈生活中的数据，就必须了解什么是生活，我们把生活定义为衣、食、住、行四个维度。人类在日常生活的衣、食、住、行方面会产生以下四个数据：

（1）衣。人们在制衣、选衣、购衣、穿衣等过程中产生了一系列的数据。例如，尺寸、规格（身高和体重）、款式、样式、颜色、购买途径、风格、长短、薄厚、价格、质地、面料、产地等，以及特定个体特定时空穿什么？穿的感觉怎么样？

（2）食。人们在饮食方面同样会产生很多数据。例如，食物的种类、食材、产地、口味、烹饪方式、储存和保质要求、特定时空特定个体吃什么？在哪儿吃？怎么吃？和谁吃？吃的怎么样？谁做的？怎么做？

（3）住。人们的居住环境和选择居住环境的过程中也会产生很多数据。

例如，地址、房屋类型、房屋高度（楼房或平房）、用途（商住或住宅）、房屋获得方式（租住或购买）、居住类型（单独住或和谁住?）、居住体验、居住时长（临时 OR 永久）等。

（4）行。人们出行的交通工具选择，如何出行、怎么出行、什么工具、什么方式获取、出行目的地、用时、出行体验。

上述纷繁复杂的数据种类，我们可以划分为属性数据、行为数据、态度数据三种。

（1）属性数据。刻画客观事物特征和属性的数据，如人的身高、衣服的长短等。

（2）行为数据。刻画行为主体具体行动的数据，如某个人买了一件新衣服、今天出门选择骑共享单车等。

（3）态度数据。刻画行为主体态度的数据，如购物体验是好还是不好，是否喜欢吃某一种口味的冰激凌等。态度数据更多表现为人们主观感觉的呈现。

除此之外，这些数据以不同形式存在于不同的存储介质上。如果我们以记录（存储）形式为依据，还可以划分为数字、文本、图形、图像、语音、视频、符号等。这里涉及数据的记录方式，下面我们就讨论一下生活中的数据是如何被记录下来的。

（二）生活中数据的记录

数据是人类日常生活自然而然产生的，那么这些数据是如何被记录下来的呢?

大家现在还有人手写日记吗？以前的小朋友学校要求每天写日记，几月几日，星期几，天气晴朗，然后记录自己这一天做了什么，心情如何，正如前文我们提到的《中国人的一天》，以文字的形式记录自己的生活。

那么现在，或者说大人们、大学生们，是如何记录自己生活的？记流水账、写电子日记、拍照片、拍视频、写 QQ 空间、发微博、发微信朋友圈……

我们来看这里的变化：从纸质到电子化、随时随地碎片化记录，从有意记录到无意记录（自然留存），同时数据类型更趋多样性。人类记录数据的介质从石头、动物的骨头、竹板、木片、笔和纸张，发展到今天的各种电子设备。随着科技的发展和社会生活的需要，人类记录数据所使用的载体和工具也在不断地发展变化。现在我们一天生活中的数据被广泛记录在不同的电子设备中，尤其是手机。例如，交通出行打车的数据记录在高德等打车软件App中，日常生活开支数据记录在京东、淘宝等购物App中，全年的各类消费支出记录在支付宝、微信、各银行信用卡的App中，运动健康数据也有相应的手机App进行记录和管理。生活中的数据记录已经呈现出高度的移动终端依赖性，记录载体的电子化和智能化为后期数据的采集和使用提供了便利，但是也带来了数据泄露等隐私保护的风险。

数据的记录载体、记录形式不同，数据的获取方式则不同。数据的获取方式影响数据的使用。随着人类日常生活数据记录方式的转变，数据的获取和使用变得更为方便。例如，各种传感器和数据采集终端的使用，使得数据的产生者不必刻意记录数据，以前我们需要专门写日记才能记录自己一天的行踪，现在只要你手上拿着手机，你的行踪就被自动记录了。

生活中这样的例子有很多，但是也依然存在很多领域，还没有实现数据的自动采集，需要人工各类申报、填表。一方面效率低，增加人们的负担；另一方面数据准确性差，做不到实时更新、实时共享。数据共享的滞后势必影响数据使用者的决策，如大家开车以前都用车载导航，现在有很大一部分人用手机导航。因为有些传统的车载导航需要定期升级更新，才能保证数据的实时性，当然这一问题也已经被汽车厂商注意到了，所以近几年出厂的新车，都把内置导航升级换代了，但是你要实时更新，必须车联网才能做到实时。如果导航数据有滞后，推荐的路线、拥堵情况、事故预报、修路堵路等信息就不能做到准确，开车跟着导航走，就有可能面临一些问题。

因此，生活中数据的记录，发生了从依赖有形介质、有意识、主动记录到依赖电子设备、无意识、自动记录的变化。但发展变化过程中也面临很多问题，如前面说到的隐私泄露等安全问题。如何有效安全地利用电子设备记录生活数据，使得我们的生活更美好，同时又能最大限度地规避因此带来的数据安全问题，是未来相当长一段时间内需要思考的问题。

（三）生活中数据的价值

数据是未加工的原始素材，数据经过加工形成信息，而信息的价值在于可以消除或减弱人们对于事物的不确定性，帮助人们更清晰地了解事实，更快捷地做出选择和决策，可以说对数据进行加工是数据产生价值的重要途径。目前我们经常说到的基于数据的决策，隐含着基于数据分析进行决策的含义，因此数据分析是目前数据价值化的重要方式。数据分析就是在一堆"杂乱无章"的数据中找到背后的规律，从而为决策者（人或者智能体）提供支持，体现出数据的价值。数据如何产生价值？我们在教学组织的讨论中，学生们的有些观点很好，摘录如下：

"数据如何产生价值？①特定人群的使用会产生相应的价值。数据本身是没有价值的，是由于人员的使用而增加价值。②在特定的场合会产生相应的价值。同样的数据在不同的场合会有不同的价值。③单条数据的价值是很小的，经过对大量数据进行分析，产生信息，数据的价值才会体现出来。"

"数据分析的目的是将数据变为信息，赋予数据生命力，将数据用到具体的业务之中。所谓的价值，是解决了业务的核心诉求。价值的产生与外部客户带来的收入、内部管理成本的提升以及运营过程中的风险有关。"

"数据的价值归根结底是帮助人们建立对事物的洞察和形成正确的决策，具体来说是四个方面：①帮助人们获得知识和洞察；②帮助人们形成正确的决策；③帮助人们做出快速决策；④帮助人们少犯错误。"

"数据产生价值需要：从小数据中看到企业的重要问题，这个需要认真和用心去对比数据。不管是企业内部的数据对比，还是和外面的企业数据进行对比，都可以得到一些结论，帮助企业获得更多的资源和优势条件。"

"要想了解如何让数据产生价值，首先要清楚数据价值所代表的具体含义，简单地说数据价值通过数据应用体现，而数据应用主要体现在决策上，这是目前数据价值化的主要方式。"

出于最大限度发挥数据价值指导人们日常生活、提升生活质量的考虑，衣食住行方面商业化的数字产品越来越多。这些产品都是对数据价值的固化和显性外在化。通过商业产品的开发使得数据的价值带来经济效益。

在穿衣领域，现在已经有很多有趣的数字产品，如穿衣指数、爆款推荐等；在饮食领域，各种外卖平台通过数据和算法优化配餐送餐以及大众点评的评论点餐和推荐菜单等；在住房领域，房屋租赁和买卖中介的 App 平台实现了供需信息的对接和交易服务；在出行领域，导航的路线推荐和指引，共享单车 App、高德等打车软件的问世，使得出行数据为人们发挥了很大的价值。

案例一：穿衣气象指数

在穿衣方面，当天气变化较多时，人们的穿衣选择就会存在困惑，因此诞生了穿衣气象指数。这是一种基于数据分析发挥数据价值、提供穿衣决策参考的数字产品，是指为了使人的体表温度保持恒定或使人体保持舒适状态所需的衣服的厚度。

穿衣戴帽不仅与天气变化关系密切，而且还很有讲究。不仅要根据不同季节、天气选择不同衣物，还要依据不同的气候条件选取相应布料，才能有利于身体健康。穿衣气象指数就是根据季节、气温、空气湿度、风及天气等相互组合，确定的一个综合性的气象参数，根据人体实验及生活体验，不同的参数应有不同的穿衣戴帽及布料等。

穿衣指数一般分 8 个级别：1~2 级为夏季着装，指短款衣类，衣服厚度在 4 毫米以下；3~5 级为春秋过渡季节着装，从单衣、夹衣、风衣到毛衣类，服装厚度在 4~15 毫米；6~8 级为冬季服装，主要指棉服、羽绒服类，服装厚度在 15 毫米以上。

1 级：轻棉织物制作的短衣、短裙、薄短裙、短裤；

2 级：棉麻面料的衬衫、薄长裙、薄 T 恤；

3 级：单层棉麻面料的短套装、T 恤衫、薄牛仔衫裤、休闲服、职业套装；

4 级：套装、夹衣、风衣、休闲装、夹克衫、西装、薄毛衣；

5 级：风衣、大衣、外套、毛衣、毛套装、西装、防寒服；

6 级：棉衣、冬大衣、皮夹克、外罩大衣、厚毛衣、皮帽皮手套、皮袄；

7 级：棉衣、冬大衣、皮夹克、厚呢外套、呢帽、手套、羽绒服、皮袄；

8 级：棉衣、冬大衣、皮夹克、厚呢外套、呢帽、手套、羽绒服、裘皮大衣。

案例二：智能试衣镜

在网络销售成为主流的当今社会，线上购物已经成为一种生活方式，但线上购买衣服，无法实时试衣是影响购物体验的一大难题。智能试衣镜从顾客身上采集包括人像、身材、肩宽、体重、三围等在内的数据，快速复制虚拟顾客；通过衣服条码扫描服装数据，提供智能搭配和360°的试衣效果；人们也可以通过线上输入身体数据达到3D建模后试穿不同服装的效果，在短时间体验到多样的试衣乐趣。其中虚拟顾客的还原度高达95%。此外，顾客试衣的同时还可以提供贴身搭配指引。运用无线射频识别技术（RFID），顾客只要手持衣物走到镜前，镜子便会立即感应到衣物，与一旁的屏幕显示出搭配建议及搭配物种类、颜色及价钱等。

无论是产品化的数据价值，还是非产品化的数据价值，人类通过数据认知自我、认知世界、发现规律，从而不断优化，创造价值。

1. 个体数据产生者的视角

数据可以帮助人类更好地认知自我和认知外在世界。通俗地讲，就是数据产生者个体可以通过合理地使用自己的数据，帮助自己更好地认知自我，并适应外在世界。

在认知自我方面，如健康数据的管理。我们思考健康数据如何被记录、如何使用，以及如何指导我们更好地进行自我管理。

当我们陪床照顾住院的家人时，医生一般会建议我们准备一个笔记本，记录病人的进食、排泄、体温、血压、情绪等数据，这是最原始的记录。我们现在有基于电子设备的更为方便和快捷的健康数据记录方式，如监测睡眠质量的手环等，通过手环记录的睡眠数据报告，人们可以更为清晰地了解自己的睡眠质量和健康状况。分析指标可能包括入睡时长、平均心率、心跳、平均呼吸率、深度睡眠、浅度睡眠等，这些指标数据的长期监测和分析比较，为提前发现基础性疾病提供了重要的参考。再比如血压血糖血脂检测仪，以及体脂秤与BMI体重指数分析指导下的健康饮食管理等。

在认知外在世界方面，数据可以帮助人们更好地规划未来。我们处在转型时期，信息技术的发展给生活的方方面面带来了巨大的改变。新技术推动了生活场景和商业环境的变革，社会需求在变化、行业在变化、岗位在变化，商业场景和模式创新层出不穷，甚至出现了新的岗位、新的模式和行业。根据波士顿咨询公司预测：到2025年，将有20%的工作被智能机器人或智能软件取代，其中90%以上可能被取代的岗位有电话推销员（99%）、打字员（98.5%）、会计（97.6%）、银行柜员（96.5%）、前台（95.6%）等。变革期的每个人都是时代的一粒沙子，通过建立数据管理意识，更好地认知自己和外在世界，可以更好地规划自己的未来，迎接变化，适应变化中的外在世界。

2. 数据使用者的视角

这里主要指组织层面的数据使用者主体。通过数据分析可以挖掘数据背后的真相，发现数据蕴含的内在规律，指导实践，提升决策效率和效果，从而创造价值。

案例三：客户洞察

以房屋销售为例，在售楼大厅，业务员可以通过与来访客户的交谈、观察、请客户填写意向表格等途径采集客户数据，分析数据，识别潜在客户并找到潜在客户的特征，对用户进行画像，开展有针对性的精准营销以及后续的关联销售，抑或是客户留存和老客户带新客户等业务，提升转化率。这是通过获取数据进行分析，洞察客户、精准把握需求的例子，目前很多行业都在应用。

案例四：精准营销

以老干妈为例，2016年投入700万元定制运营大数据监管平台。通过销售监控、最受欢迎产品分析、产品经销商分析、原材料价格监控（产地自然灾害预警）等模块，优化了对原料采购、产品生产、成品销售等环节的控制和管理。大数据平台为老干妈产品的精准营销提供了数据和方向，通过大数据分析，实现精准营销。

案例五：目标客户定位

以某品牌护肤精华露为例，产品研发投入市场初期，以中年女性为目标客户群体进行推广销售，产品定位于满足中年女性抗衰老等皮肤管理需求。但经过一段时间的销售后，通过广泛采集和分析社交平台的数据发现，关注和谈论这款产品使用体验的客户大多为25岁左右的年轻群体，随即对产品目标客户定位进行了调整。

案例六：营业时间

大多数餐饮门店均采取一般化的营业时间，大家以司空见惯的方式保持着一致。但我们也发现了与众不同的店铺，例如，7-11便利店，全天候营业，这也成为了它的竞争优势之一。餐饮店一般以什么样的方式确定营业时间呢？喜家德饺子店为我们提供了一个基于客流量数据分析调整营业时间的案例。开始是早9：00到晚21：00的营业时间，但是经过客流量分析发现，几乎每晚在打烊以后的半小时内，均有客户光顾，因此店面将营业时间延长至21：30，使得销售收入大幅度提升。

无论是从数据的产生者还是数据的使用者视角来看，数据都是非常重要的资产；无论是在日常生活中，还是在商业应用中，有效的数据使用都可以发挥巨大的价值。

二、数据对于社会生活的影响

随着数字经济的发展，信息技术、智能应用的普及，衣食住行变得与以往不同。

（一）对日常生活的影响

我们穿的衣服从家庭式裁缝铺量体裁衣到工厂大规模生产和批量销售，现如今又发展出了高端定制，出现了一条个性化定制—同质化/标准化—个性化高端定制的路径；我们吃的食物越来越丰富，吃饭的方式从自家做、外面吃，变成了外卖家里吃，甚至出现了厨师到家服务的商业形态；我们住的房子从自建到购买标准化产品，质量不断提升；租房买房从邻里熟人介绍传递信息到房屋获取的途径越来越依赖电子化中介平台；我们出行从骑自家买的自行车到公交地铁或开私家车，再到现在掏出手机扫码获取共享单车服务，从自行车到自行车，不同的是使用并不必拥有，这就是现今比较流行的共享经济。因此，数字经济的发展为我们带来方方面面的改变，数据应用在生活中的渗透，正在深远地影响和改变着我们的生活。

从前人与人之间的沟通靠书信往来，节奏慢，一封信往来半个月很常见。现在网络时代，一切都加速了，快递分钟级送达，电话分秒连接，微信、QQ即时通信，我们就像坐上快速列车，飞驰向未来。未来将是怎样的呢？未来充满不确定性，人工智能、万物互联将为我们带来无限的可能。

（二）对社会层面的影响

数字化催生新模式新业态。2020 年 7 月 15 日，国家发展改革委等 13 个部门公布《关于支持新业态新模式健康发展激活消费市场带动扩大就业的意见》，提出支持 15 种新业态、新模式发展的硬举措，按下我国数字经济发展的"快进键"，为中国经济注入新动能。这些新业态、新模式包括在线教育、互联网医疗、线上办公、数字化治理、产业平台化发展、传统企业数字化转型、"虚拟"产业园和产业集群、"无人经济"、培育新个体经济支持自主就业、发展微经济鼓励"副业创新"、探索多点执业、共享生活、共享生产、生产资料共享及数据要素流通等。尤其是新冠肺炎疫情防控期间，数字经济的发展发挥了关键性的作用，在线教育、无接触式配送、在线办公等都为企业注入了活力，也方便了个体的日常生活。根据编者团队在 2020 年 6 月完成的一份调研，在应对疫情方面，68.9% 的企业认为共享经济有助于应对疫情影响。78.3% 的企业开展了不同程度的在线办公；59.6% 的企业增加了线上业务；39.8% 的企业创新了营销方式；28% 的企业开展了共享经济业务；14.3% 的企业实施了共享员工策略。当谈及新冠肺炎疫情挑战给企业带来的影响时，35.4% 的企业表示为了应对疫情挑战，企业推动了技术变革和数字化转型，39.1% 的企业认为推动模式创新是应对疫情挑战的新机遇。可见，培育共享经济新业态、新模式，推动模式创新，为加快经济复苏提供了新动能。

第二节　数字经济的概念、内涵及特征

一、数字经济的发展

1996 年美国学者泰普斯科特在《数字经济时代》中提出数字经济的概念；1998~2000 年，美国商务部前后出版了名为《浮现中的数字经济》和《数字经济》的研究报告；2016 年 G20 杭州峰会《二十国集团数字经济发展与合作倡议》给出了数字经济的定义：数字经济是指以使用数字化的知识和信息作为关键生产要素、以现代信息网络作为重要载体、以信息通信技术的有效使用作为效率提升和经济结构优化的重要推动力的一系列经济活动。

中国信息化百人会在 2014~2016 年连续三年发布《中国信息经济年度报告》，认为信息经济和数字经济的内涵和外延大体一致；在 2017 年将报告改为《数字经济：迈向从量变到质变的新阶段》，认为数字经济是全社会基于数据资源开发利用形成的经济总和。

"数字经济"于 2017 年首次出现、2019~2022 年更是连续 4 年写入政府工作报告，相继提出"壮大数字经济""打造数字经济新优势""加快数字化发展，建设数字中国""促进数字经济发展，加强数字中国建设整体布局"。

2019 年《数字经济：影响未来的新技术新模式新产业》一书提出"数字经济"中的数字包含两个含义：数字技术和数字即数据。其中数字技术推动了智能经济的发展，数字即数据则主要指大数据、新经济等。数字经济作为一个整体，包含了新的数字技术、新的经济活动处理过程和新的经济活动组织方式，也将带来新的经济效果。

二、数字经济的界定和基本范围

根据国家统计局《数字经济及其核心产业统计分类（2021）》对数字经

济的界定：数字经济是以数据资源作为关键生产要素、以现代信息网络作为重要载体、以信息通信技术的有效使用作为效率提升和经济结构优化的重要推动力的一系列经济活动。这一界定与 G20 峰会对数字经济的定义表述基本一致。这种定义主要包括三大要素：数字资源、现代信息网络和信息通信技术。基本范围包括数字产品制造业、数字产品服务业、数字技术应用业、数字要素驱动业、数字化效率提升业五个大类。其中，前四类是数字经济核心产业，是指为产业数字化发展提供数字技术、产品、服务、基础设施和解决方案以及完全依赖于数字技术、数据要素的各类经济活动；主要包括计算机通信和其他电子设备制造业、电信广播电视和卫星传输服务、互联网和相关服务、软件和信息技术服务业等，是数字经济发展的基础。然而第五类数字化效率提升业是产业数字化部分，指应用数字技术和数据资源为传统产业带来的产出增加和效率提升，以及数字技术与实体经济的融合。

三、数字经济的构成

数字经济以数字化信息为关键资源、以信息网络为依托、通过信息通信技术与其他领域紧密融合，形成了五个层次和类型（见图2-1）。

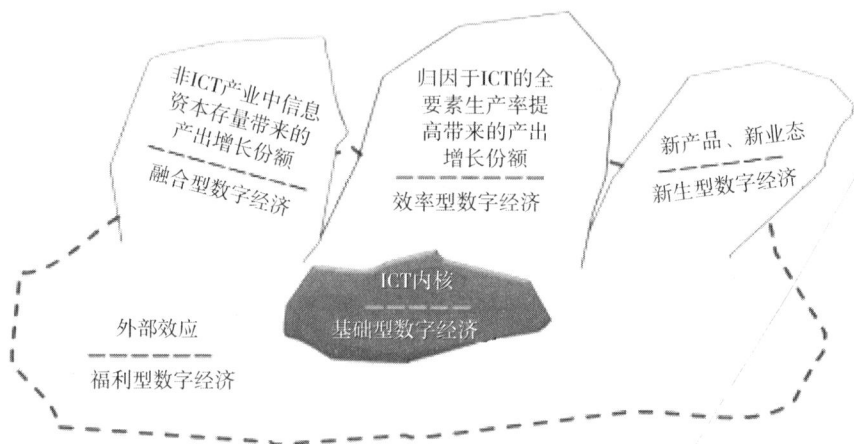

图 2-1　数字经济的构成

资料来源：中国信息化百人会课题组. 数字经济：迈向从量变到质变的新阶段 [M]. 北京：电子工业出版社，2018.

第一，以信息产业为主的基础型数字经济层。基础型数字经济主要体现为信息产品和信息服务的生产和供给，主要包括电子信息制造业、信息通信业和软件服务业等。

第二，以信息基本投入传统产业形成的融合型数字经济层。信息通信技术的持续创新发展，推动了信息采集、传输、存储、处理等信息设备不断融入传统产业的生产、销售、流通、服务等各个环节，形成了新的生产组织方式，带来了更多的产出。

第三，体现信息通信技术带来全要素生产率提高的效率型数字经济层。效率型数字经济是指因信息通信技术的使用带来全要素生产率的提高而增加的经济总量部分。

第四，以新产品、新业态形式出现的新生型数字经济层。信息通信技术与传统产业融合不断催生出新技术、新产品、新模式，并形成了富有创新活力和发展潜力的新产业，即新生型数字经济。

第五，产生社会正外部效应的福利型数字经济层。信息通信技术在经济社会领域的普及推广，带来更多的社会信任、更高的公共安全和更广的社会参与等潜在的社会福利，即福利型数字经济。

四、数字经济新模式、新业态

了解数字经济可以主要从共享经济、工业互联网、智慧医疗、移动支付四个方面入手（汤潇，2019），它们代表了四种新的商业模式和生活方式，尤其是移动支付带来了无现金社会生活方式的转变。移动支付是大家最熟悉的，如微信支付、支付宝等移动支付平台，为我们提供了一部手机覆盖几乎所有的生活缴费和购物支付的场景，无论是线上还是线下。智慧医疗，如春雨医生、线上问诊等，线上问诊发展迅速，从原来的线上复诊到线上视频、文字、图片初诊、开药等，为人们提供了很大的便利，尤其是老人和小孩的日常就诊。工业互联网不是互联网在工业的简单应用，而是具有更为丰富的内涵和外延。它以网络为基础、平台为中枢、数据为要素、安全为保障，既是工业数字化、网络化、智能化转型的基础设施，又是互联网、大数据、人工智能与实体经济深度融合的应用模式，同时也是一种新业态、新产业，将重塑企业形态、供应链和产业链。最后就是共享经济，我们这里重点以共享经济为例，进行案例学习与讨论。

共享经济又称为分享经济，以行业领域为依据，可以分为以下三种模式：

（1）共享生活。生活服务领域的共享经济。以满足便利化生活需求、协同提升生活品质为目的的时间、知识、技能等无形资源或涉及衣食住行的有形服务共享，如共享出行、共享住宿、在线医疗、在线教育等。

（2）共享生产。生产制造领域的共享经济。以迅速形成生产能力同时优化资源配置为目的的共同生产模式，可能包括生产空间的共享、生产资源的共享、生产能力的共享，如共享员工、办公空间共享等。

（3）其他领域的共享经济。如流通领域的共享物流，现代服务业领域的共享金融服务等。

以商业模式画布为分析框架，典型案例如表2-1所示。不同类型共享经济商业模式的对比如表2-2所示。

表 2-1　共享经济案例

分析维度	选取案例		
	共享生活	共享生产	其他服务领域的共享
目标顾客 价值主张 渠道 顾客关系 收入来源 关键资源 关键活动 关键伙伴 成本结构	小猪短租（共享住宿） 春雨医生（在线医疗） 58到家（生活服务） 菜鸟驿站（物流配送） 摩拜（共享出行） 饿了么（外卖餐饮） 熊猫星厨（共享厨房） 衣二三（共享衣橱） Wi-Fi万能钥匙（共享Wi-Fi）等	优客工场（共享办公空间） 盒马鲜生（共享员工） 苏宁物流人才共享计划 （共享员工） 即派员工（共享员工） 沈阳机床（共享生产）	易科学 （科技服务） （2022年10月10日起暂停运营）

资料来源：笔者整理。

表 2-2　不同类型共享经济商业模式的比较

	共享生活	共享生产	其他共享服务
目标顾客	面向个人，以年轻个体为主，中青年、智能终端用户	面向组织或有组织行为的个体，以企业为主	个人+组织，服务细分领域不同，面向群体不同
价值主张	以减少成本、节省时间、提供便利为主	以增加闲置资源价值、创新资源获取方式、提升企业协同能力为主	以增加闲置资源价值和创新资源获取方式为主
渠道顾客关系	平台+App 消费补贴、发放红包、个性化服务	平台+App 战略合作，提升体验	平台+App 服务的供需匹配
收入来源	流量、付费分成、广告收入、附加服务收费	服务收费、解决方案收益、关键资源分享收益	佣金、服务收费
成本构成	运营成本、人员工资、营销、培训费用、补贴成本等	运营成本、人员工资、营销费用、资源维护费用等	运营成本、人员工资、营销费用等
关键资源	个体客户、衣食住行等生活服务领域的产品和服务资源	企业客户、生产资源、配套设施和服务资源等	客户、服务资源和服务能力
关键活动	资源开发、平台运营、客户信任、隐私、安全保护等	资源开发、平台运营、战略合作	资源开发、平台运营
关键伙伴	相关业务合作伙伴、技术支持伙伴、供应链上下游合作企业等	战略合作伙伴、资源提供方、相关业务合作伙伴、技术支持伙伴、供应链上下游合作企业等	服务对象、相关业务合作伙伴、技术支持伙伴等

资料来源：笔者整理。

共享经济作为一种数字经济新业态、新模式，一方面可以满足资源所有者利用闲置资源或碎片化时间提高收益的意愿，另一方面资源需求者通过共享在降低生活成本的同时保证生活质量。因此，共享经济模式将成为未来数字经济创新的主流模式之一。此外，移动互联网的发展以及智能终端的普及构成了共享经济快速发展的重要条件。事实上，共享行为在我们的日常生活中是普遍存在的，但是以往这种共享行为由于受到时间空间的限制，只能在有限的范围内进行，因此难以形成一种全新的商业模式。然而移动互联网的发展和智能终端的普及为共享行为突破时空限制、产生市场价值提供了可能，不仅共享范围得到了扩大、共享时间得到了延伸，而且移动互联网成规模的用户群体增长也促使了共享经济发展的提速。

共享经济模式与传统模式相比，无论是从提高效率视角还是从资源节约、环境保护的视角，都将越来越受大众青睐。随着社会生活节奏的加快，共享经济将彻底改变人们的消费习惯。在共享经济模式下，消费者不再追求所有权的占有，而是更加看重使用权的价值和效用。未来共享经济除了在节省时间成本和机会成本，以及创造资源价值或改变价值传递方面发挥优势以外，将更多地通过协同实现无限的价值集成。因此，未来共享经济的应用领域将越来越广泛。

第三节　数字经济的发展趋势

一、数字经济时代的重要规律

（一）梅特卡夫定律

基于互联网和智能化的技术进步，"平台—流量—数据化"是数字经济的核心资产，"数据—信息—知识"成为数字经济的关键生产要素（许小年，2020）。数字经济时代最重要的法则就是梅特卡夫定律。数字经济时代的生产力是数据，而数据是用户创造的。

根据梅特卡夫定律，网络价值与用户数的平方成正比，即网络的价值。

$$V = K \times N^2 \tag{2-1}$$

其中，K 表示常数，N 表示网络节点或用户数量。

网络使用者越多，价值就越大。梅特卡夫定律揭示了互联网的价值随着用户数量增长的规则。随着上网人数的增长，网上资源将呈几何级数增长，因此用户规模是互联网公司发展的重要指标。这样的案例在现实中比比皆是，2009~2013年京东净利润为负数，但营业收入和用户一直在持续增长，因此深受资本青睐；淘宝用六年的时间培育了中国网民的网络购物习惯，迎来了高速发展；2015年中国科学院的学者使用脸书和腾讯的真实数据验证了梅特卡夫定律，证明互联网公司的市场价值的确与网络节点数的平方成正比（Zhang et al.，2015）。

（二）达维多定律

达维多定律是在创新方面反映产品更新的新规律。由英特尔公司副总裁达维多提出，指进入市场的第一代产品能够自动获得50%的市场份额，企业必须在本行业中第一个淘汰掉自己的产品，否则很容易被竞争对手淘汰。现在提倡的自我颠覆式创新理念，如腾讯公司推出与自身原有QQ业务具有部分重叠功能的微信业务，取得了巨大的成功。

（三）边际收益递增规律

边际收益递增规律是指经济方面反映经济系统投入与产出关系变动的新规律。传统经济学中认为资源稀缺性导致边际收益递减，如戈森法则；在网络经济中，信息资源成为主要资源，信息资源的特殊性（如可共享性）以及信息技术的快速发展催生新的需求，而可变成本并不随着使用量的增加而成比例增加，甚至出现零边际成本，产品受市场容量饱和的影响较小，使得网络经济容易出现正反馈现象。

（四）正反馈理论

在传统经济学中，市场均衡理论是建立在边际效用递减和边际成本递增假设基础上的。随着产量的增加，边际收益递减，而边际成本递增。当边际收益大于边际成本时，总收益随着产量的增加而增加；当边际收益小于边际成本时，总收益随着产量的增加而减少。收益最大化的均衡点出现在边际收益与边际成本的交叉点。在网络经济中，根据布莱恩·阿瑟的理论，边际收益递增会导致正反馈现象的出现，它使经济中出现了很多可能的均衡点。当递增的边际收益曲线和递减的边际成本曲线相交时，市场将出现正反馈现象——"强者更强，弱者更弱"。边际收益随着需求量的增加而增加；边际成本随着需求量的增加而减少；边际收益等于边际成本的点是正反馈点。当市场需求量在正反馈点的左侧时，边际收益小于边际成本，企业亏损；当市场需求量在正反馈点的右侧时，边际收益大于边际成本，企业盈利，边际利润会随着需求量的增加而增加。正反馈理论可以很好地解释网络经济下先投入后盈利的发展模式。很多网络企业都有一个相对比较长的投入阶段，而效益的收获则需要等待市场规模突破正反馈点。由于网络效应的影响，一旦进入盈利状态，边际利润将会很快上升。同时边际成本递减的规律也解释了网络产品随着规模的扩大，可接受的市场售价会快速下降的趋势。尤其是软件产品、电子产品等具有明显网络特征的产品，随着市场规模的扩大，降价现象比较普遍。

二、数字经济的发展趋势

如《中国数字经济发展报告（2022 年）》所述，在"十四五"开局之年，我国数字经济顶住了来自国际复杂局势、经济恢复发展等多方面的压力，实现了平稳较快发展，整体呈现出四方面特征：首先，数字经济作为国民经济"稳定器""加速器"的作用更加凸显。2021 年，我国数字经济发展取得新突破，数字经济规模达到 45.5 万亿元，同比名义增长 16.2%，高于同期 GDP 名义增速 3.4 个百分点，占 GDP 比重达到 39.8%，数字经济在国民经济中的地位更加稳固、支撑作用更加明显。其次，数字产业化基础实力持续巩固。2021 年，我国数字产业化规模达到 8.35 万亿元，同比名义增长 11.9%，占 GDP 比重为 7.3%，与上年基本持平，其中，ICT 服务部分在数字产业化的主导地位更加巩固，软件产业和互联网行业在其中的占比持续小幅提升。再次，产业数字化发展进入加速轨道。2021 年，我国产业数字化规模达到 37.2 万亿元，同比名义增长 17.2%，占 GDP 比重为 32.5%。各行各业已充分认识到发展数字经济的重要性，工业互联网成为制造业数字化转型的核心方法论，服务业数字化转型持续活跃，农业数字化转型初见成效。最后，数字化治理体系正在构建。我国数字化治理正处在用数字技术治理到对数字技术治理，再到构建数字经济治理体系的深度变革。数字政府建设加速，新型智慧城市建设稳步推进，数据价值挖掘的探索更加深入。基于数据采集、标注、分析、存储等全生命周期价值管理链的数据资源化进程不断深化。数据资产化探索逐步深化，数据确权在顶层规划中有序推进，数据定价、交易流通等重启探索，迎来新一轮建设热潮。

因此，数字经济未来的发展将呈现以下五大趋势：第一，产业数字化将继续成为数字经济发展的主引擎。2021 年，我国数字产业化规模为 8.35 万亿元，同比名义增长 11.9%，占数字经济比重为 18.3%，占 GDP 比重为7.3%，数字产业化发展正经历由量的扩张到质的提升转变（中国信息通信研究院，2022）。第二，数据要素和资产化将变得越来越重要。释放数据要素价值成为各国的共同探索方向，可信数据空间为数据要素市场参与各方提供信任的技术契约，全球数据要素市场建设进入多元主体共建共创、企业竞争加速推进、定价策略多样探索的新阶段（中国信息通信研究院，2022）。基于数据采集、标注、分析、存储等全生命周期的数据价值深度挖掘和管理，以及数据资产化将成为主流；数据确权、数据定价、数据交易流通等的探索和实践，将成为新的热点。第三，数字产业化将萌生更多新业态新模式。数据价值深度挖掘的现实需求将不断促进数字产业化的发展。根据《中华人民共和国国民经济和社会发展第十四个五年规划和 2035 年远景目标纲要》，数字经济重点产业主要包括云计算、大数据、物联网、工业互联网、区块链、人工智能、虚拟现实和增强现实①。数字技术的快速发展将为数字产业化和产业数字化提供更多的可能性。例如，全球 5G 进程进一步加速，截至 2022年 6 月，86 个国家/地区共 221 家网络运营商实现 5G 商用，全球 5G 网络人口覆盖率为 26.59%。全球人工智能产业平稳发展，预计 2022 年全球人工智能市场收入达到 4328 亿美元，同比增长 19.6%（中国信息通信研究院，2022）。第四，数字经济将为世界经济发展增添新动能。2021 年，全球 47 个国家数字经济增加值规模为 38.1 万亿美元，同比名义增长 15.6%，占 GDP比重为 45.0%。其中，发达国家数字经济规模大、占比高，2021 年规模为

---

① 参见《中华人民共和国国民经济和社会发展第十四个五年规划和 2035 年远景目标纲要》。

27.6 万亿美元，占 GDP 比重为 55.7%，发展中国家数字经济增长更快，2021 年增速达到 22.3%（中国信息通信研究院，2022）。第五，数字社会将逐步形成。数字技术在日常生活中的渗透和广泛的商业应用，助推人类生活方式和社会形态发展转变。随着数字经济成为主流，社会将进入数字社会时代。

三、数字社会

随着技术进步产生了时代变迁与社会更替（见表 2-3），人类从农业经济时代到工业经济时代、信息经济时代，再发展到数字经济时代，生产依赖的核心资源、主要工具、生产力和生产关系等均发生了变化。

表 2-3　社会更替

社会	核心资源	主要工具	生产力	表现	生产关系
农业经济时代	物质	人力和畜力	开发物质资源	维持生存	农业
工业经济时代	能源	动力	开发能源	提高物质产品数量	工业
信息经济时代	信息	智能工具	开发信息	提高物质和精神产品数量	信息经济
数字经济时代	数据、知识	智能工具	开发信息	提高物和精神产品质量	数字经济

资料来源：笔者整理。

在农业社会时代，物质是主要资源、人力和畜力是主要生产工具，人们通过农耕作业维持生存；在工业经济时代，机械的发明使能源成为核心资源，动力成为主要工具，提高物质产品数量的工业经济彻底改变了物质匮乏的情况；进入信息经济时代，社会资源以信息资源为主，生产工具中智能工具渐渐进入应用领域；数字经济时代则是以数据、知识为生产要素，以智能工具为主要工具，以提高生产、生活方方面面的智能化水平为主的生产表现。随着智能应用在社会生活各个层面的渗透和广泛应用，人类社会将进入数字社会时代。

数字社会是数字经济时代的一种新型社会文化形态。《中华人民共和国国民经济和社会发展第十四个五年规划和 2035 年远景目标纲要》对加快数字社会建设作出部署安排，提出"加快数字社会建设步伐""适应数字技术全面融入社会交往和日常生活新趋势，促进公共服务和社会运行方式创新，构筑全民畅享的数字生活"。近年来，各地政府加大投入，基于"互联网+"和大数据、人工智能等技术的广泛应用，建设数字政府、智慧医养、智慧交通、智慧教育、智慧文体、智慧安防等，打造数字生活，推动数字社会的形成。未来在更加便捷的智慧化公共服务建设、智慧城市和数字乡村建设，以及智慧社区、智慧家居、购物休闲等数字化生活新场景的构筑等方面，将迎来井喷式发展和纵深化应用。

那么到底什么是数字社会？数字社会具有哪些特征呢？根据深圳市信创管理咨询有限公司的定义：数字社会是以构筑全民畅享的数字生活为目标，以数字化、网络化、大数据、人工智能等当代信息科技的快速发展和广泛应用为支撑，通过数据驱动推动产业发展、公共服务以及社会生活等领域数字业态变革型成长，形成全连接、全共享、全融合、全链条的数字社会形态。也有学者指出数字社会的内涵是在信息技术包括传感技术、物联网、互动智能终端、人工智能发展基础上，利用网络及其应用积累的海量数据，实现社会关系的网络化并努力推动社会各领域形成网络节点，再通过大数据和网络节点打通现有社会各领域条块分割格局，驱动社会的共建共治共享，实现社会协同和公众参与的目标（董敬畏，2020）。数字社会是描述新的技术社会形态的总体性概念，是由于数字化技术的推动，在大数据、人工智能等基础上形成的社会系统，可以从数字经济、数字商业、数字生活和数字社会治理等多个层面进行分析（陈刚和谢佩宏，2020）。

数字社会的主要特征有四点：

（1）数字化、网络化和智能化。数字化是数字社会的基本特征，数据成为主要的社会生产资源；然而社会网络化是利用传感技术、物联网、移动智能终端及人工智能等科技和信息技术，将社会结构、社会关系变成网络节点。基于网络节点的联系形成数字化的社会网络，是数字化社会运转的基础；智能工具是数字社会的主要工具，以互联网和物联网为基础网络、以作为主要要素的数据为核心资源，利用各种介质和设备，通过算法和算力的提升，智能化地进行数据采集、分析和使用，是进入数字社会日常生活和各行业提升竞争力的主要途径。

（2）技术赋能和数据驱动。大数据、人工智能、物联网、云计算等信息技术的广泛应用，赋予了公共服务创新、传统产业转型和社会变革的新动能，创造了很多新的社会生活场景。通过技术赋能的创新，萌生了很多新模式、新业态，未来人类社会生活场景的演变将会持续进行，如元宇宙的各种场景应用等。这些通过技术赋能产生的新模式、新业态，往往先天地具有数据基因，它们的产生和运营不可避免地伴随着智能化的数据采集、深度的数据挖掘和数据驱动的决策支持等。因此，数字社会的决策机制将越来越多地依赖数据驱动，越来越多地体现技术赋能的特征。

（3）互联互通与生态共享。通过万物可联的物联网实现互联互通的全连接、全共享、全融合、全链条的数字社会形态，公共服务、产业发展和社会生活逐步形成共享融合的生态系统。从整个社会层面看是互联互通的大的共享生态系统，在各个细分领域存在多个共享生态圈，而每个生态共享圈内分布着大大小小的生态细胞组织，生态系统中的每一个节点之间都是互联互通的网络节点，通过互联互通和多维共享，形成共荣共生的社会形态。

（4）协同治理与融合创新。新的社会形态需要新的治理体系，数字社会需要数字化的治理模式和框架。治理模式和手段的数字化，也是数字社会的重要特征之一。例如，利用移动智能终端和大数据技术实现社会综合治理、便民服务、综合执法、市场监管等协同治理，并合理地进行资源调配，促进跨界融合的创新与发展。在治理主体的多元化协同方面，数字化技术的应用方便广泛吸纳社会公众的参与，增强社会协同治理的有效性。

第四节　案例学习与讨论：大数据"杀熟"

案例一：我被美团会员割了韭菜[①]

话说眼瞅就快年底了，为了犒劳一下无日无夜无空做饭的自己，为了点

[①]　https：//finance. sina. com. cn/chanjing/cyxw/2020-12-17/doc-iiznezxs7345623. shtml.

外卖省钱，攒了一年辛苦打工赚来的钱，开了一个美团外卖会员，12 月 5 日花 15 元领了 5 个 5 元无门槛红包，相当于在今后的一个月里，点外卖总体可以节约 10 元。

然后，魔幻的事情开始发生了……

平时，经常点一家驴肉火烧的外卖吃。由于这家店味道确实不错，尤其免费赠送的辣子比驴肉火烧要好吃，获得了一个吃货持续的关爱，他家的配送费没有超过 3 元。就在我开通会员后，12 月 9 日 12 点 30 分左右打开美团外卖后，配送费居然变成 6 元。

是我打开美团的姿势不对？骑手少、餐饮高峰时刻、运力紧张，作为一个互联网摸爬滚打十来年的打工人来说，这点算法还是可以理解的，心想过了高峰时刻再点吧。然而，40 分钟过去了，依然还是这个样子，我便觉得事情有些蹊跷。

我拿出另一部手机，这个手机美团外卖是没有开通会员的，配送费 2 元。

我的判断没错，过了配送高峰期，在线客服数分钟内没有反应，尤其在我发送第一张 6 元配送费截图后，10 分钟过去了，此时我再次刷新，截图内的配送费已下降到 4 元，另一部未开通会员的账号配送费依然是 2 元。

不仅是一家店这种情况，一部开通美团外卖会员的手机，附近几乎所有外卖商户的配送费，基本都要超出非会员配送费 1~5 元，你以为开通外卖会员一个月会省 10 元，其实问题都在配送费上。

案例二：如何对抗"大数据杀熟"？①

"大数据杀熟"成为热点话题已经一段时间了，为大家科普原理和揭秘本质的文章也数不胜数。然而，相比起"大数据杀熟"背后的策略和原理，我想大家可能更关心的是——我该怎么做，才能避免被"大数据杀熟"。

作为一名互联网数据分析师，多多少少也了解一些其中的套路，今天就来教大家如何反套路，对抗"大数据杀熟"！

---

① 如何对抗"大数据杀熟"？［EB/OL］．［2018-05-02］．https：//zhuanlan.zhihu.com/p/36325777.

首先还是简单介绍一下"大数据杀熟"的现象及其原理。

最常见的"大数据杀熟"现象：某打车平台软件，同一时间同样起点和终点的行程的预估价格差异可以达到20%以上；某网络订票平台，如果你高频搜索和持续关注，则搜索的机票价格持续上涨，订票后却又发现价格下跌。概括地说，就是通过大数据分析和预测的手段，对于同样的商品和服务，对不同对象收取不同价格的现象。顾名思义，"大数据杀熟"的技术基础是大数据，也就是海量的用户数据。通过你的基础属性数据判断你的所在用户群体、人群特征（如消费能力）；通过你的行为数据判断你的偏好和消费意愿强烈程度。综合一系列的分析，判断出你是谁，你现在要做什么，愿意付出多少代价去做。然后通过精准的用户画像，对消费能力高、消费意愿强烈的用户展示更高的价格，赚取更多的利益。已知了对方的招数，对策自然也不言而喻——"反用户画像"。

具体该怎么做呢？给大家提供以下几种思路和方案，大多数都是我进行过实操并且亲测有效的。

思路一　画像伪装

1. 简单粗暴版

操作指南：卸载重装 App。

亲测案例：某打车 App。卸载后再重装，车费比卸载前（2分钟前）便宜了5~6元。

背后原理：伪装流失用户或新用户。

有运营相关经验的同学应该知道，运营的四大工作内容包括拉新、留存、促活、转化。为了拉新对于新用户通常会给较大的优惠力度；对于已流失或即将流失的用户，平台通常会给予特殊的福利以召回和挽留。

然而卸载这一行为对应的就是——用户流失。重装后，有一定概率被认为是新下载用户。

因此通过卸载重装这一简单行为，你将会带着"召回的流失用户"或"新用户"标签被给予一些特殊的优待。

2. 交叉验证版

操作指南：多找几个朋友一起试试看。

亲测案例：朋友在旅行前两个月就在某订票平台上持续关注出行航班机票，关注许久发现票价一直在 6000 元以上居高不下，我听闻后立即帮忙搜索查询，搜索结果票价不到 4000 元，遂帮忙订票，省下 2000 元。

背后原理：精细化运营下，同一策略同时命中多个人的概率是很低的。

因此，多找几个朋友试试看，甚至可以用父母的手机（网络行为不活跃用户，数据较少）搜索对比，然后选择最低价的那个下单。

3. 越薅越上瘾版

操作指南：伪装价格敏感用户。

亲测案例：越是"无优惠券不下单"的用户，被派发的下单红包、优惠券的概率和优惠力度越大。

背后原理：价格敏感用户是指下单意愿强弱度受价格高低、优惠力度影响极大的用户群体。在用户运营中，为了节省预算的同时最大化提升转化，平台会选择将补贴下发给最容易受补贴诱导而转化消费的用户。

因此，如果你能够被定义为价格敏感用户，那么你接收到优惠补贴的概率就会高出普通用户很多。

思路二　画像模糊

操作指南：反向操作。

案例举例：当你要搜索 A 时，再伴随搜索一些不相关的 B，C，D，用无关数据掩盖你的真实意图数据。

背后原理：用户画像的准确性来自用户行为数据的收集和分析。违反自身实际意图地进行一些操作，留下错误标签，降低平台收集的数据的真实性和准确性，使用户画像匹配度降低。

然而需要注意的是，用户画像作为一柄双刃剑，它越了解你越能够为你提供贴心的服务，同时也越容易找到你的弱点伤害你。因此，当你的用户画像准确度降低时，你被伤害的可能性降低的同时，你享受的精细化个性化服务的质量可能也会降低。

究竟选择哪一面，这是你的选择。

思路三　数据保护

操作指南：关掉定位许可，关掉 Wi-Fi 自动连接，关掉 App 数据需求许可。

案例举例：这里我想讲一个自己身上的反例。

某一天我去国家会议中心参加了北京婚博会，晚上回到家打开微博和微信，发现信息流广告全部变成了婚纱照、婚庆公司、婚礼礼服等。令我感到恐怖的是在此之前我从未在手机上进行过结婚相关的任何搜索，之前也没有出现过一条结婚相关的广告。这一切发生改变的原因仅仅是我本人去了婚博会这个地方而已。

背后原理：公共 Wi-Fi 泄密或定位服务泄密。我和同事探讨了这件事，分析后得出以上两种可能性。不管是哪种，原理都是通过网络获取你的物理位置（婚博会现场）后分析出你的所属人群（婚期将近）和需求（婚礼相关消费），然后进行信息流广告推送。

对此我们需要做的是，尽可能地不要让你的隐私数据（包括地理位置、通讯录、相册等）被获取。关闭一切非必需的定位许可、照片读取许可、通讯录读取许可，不要连接来路不明的 Wi-Fi 甚至一些看起来比较官方的 Wi-Fi。

以上的这些思路和方案，目前来说应该还是可以有效一阵子的。基于这些思路，大家也可以想到更多的其他方案来应对"大数据杀熟"。

然而技术和方法总是在不停发展和进步的，如果不愿意做待宰的羔羊，我想我们能做的就是跟上它们的步伐，知其然，并知其所以然，然后找到破解之法。

对于大数据杀熟使用一句名言打了个再恰当不过的比方：所有命运赠送的礼物，早已在暗中标好了价格。当我们越来越多地享受数据带给我们的便利服务时，也应该尽早地考虑到我们将要为之付出的代价。"大数据杀熟"所代表的动态定价也只是其中的冰山一角。在不远的未来，数据安全其实就是你我的安全。

思考题

1. 大数据杀熟现象揭示了什么社会问题？

2. 如何应对大数据杀熟？

3. 从数据产生者和数据使用者的不同视角讨论如何正当使用数据。

第三章　细分与对比思维

引例一：王者荣耀女性玩家比男性多

一份来自企鹅智酷的统计数据显示《王者荣耀》女性玩家占比54.1%，约1.08亿女性玩家，男性玩家比女性少，仅占了45.9%。此外，诸多女性玩家为了玩王者荣耀，已经开始牺牲看剧时间了；对于王者荣耀发行周边产品，大多数玩家还是不会购买，女性玩家更乐于花钱购买。这一结论颠覆了我们的惯常认知（见图3-1）。

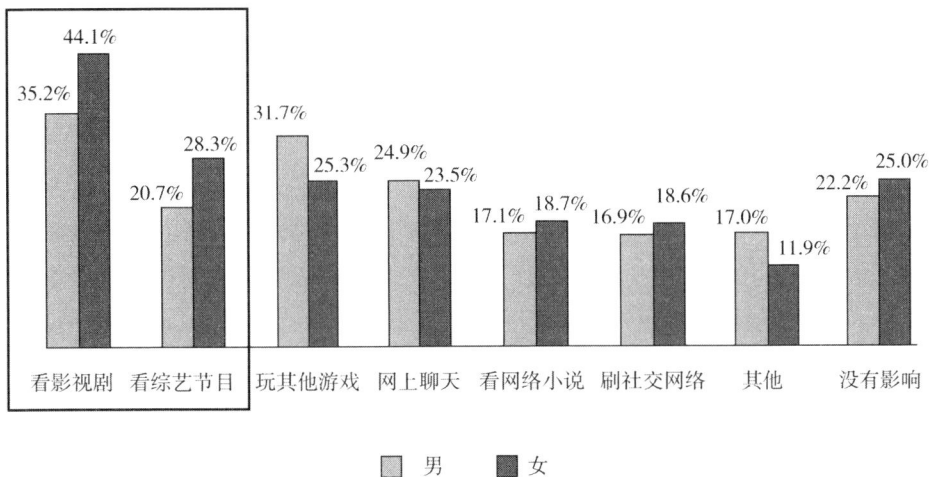

图 3-1　不同性别玩家的减少其他娱乐时间统计

资料来源：王者荣耀女性玩家比男性多，数据统计告诉你更多有趣的数据［EB/OL］.［2017-08-13］. https://www.jianshu.com/p/84efdb717957；https://www.sohu.com/a/164274786_403645.

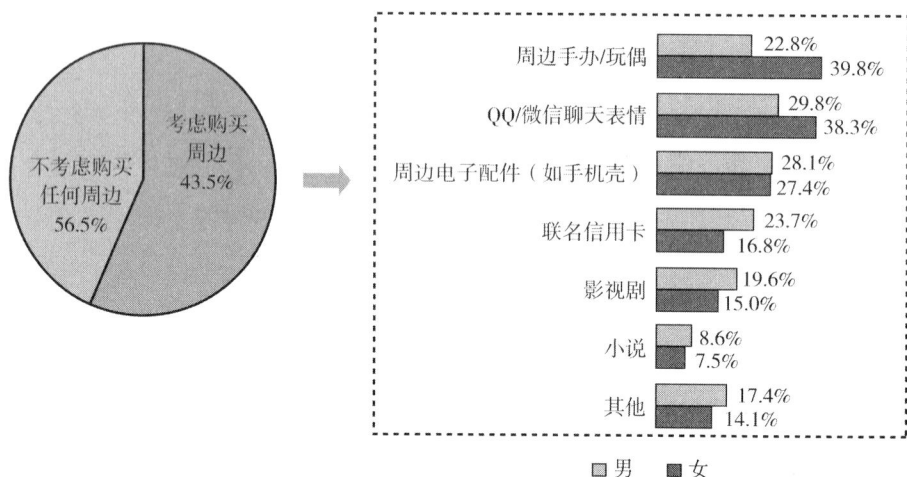

图 3-2　不同性别玩家购买周边产品统计

资料来源：王者荣耀女性玩家比男性多，数据统计告诉你更多有趣的数据［EB/OL］．［2017-08-13］. https：//www.jianshu.com/p/84efdb717957；https：//www.sohu.com/a/164274786_403645.

思考与讨论

1. 案例中游戏产品的用户细分维度是什么？

2. 案例是从哪些指标进行用户对比的？

引例二：全聚德独具一格的客户细分①

北京前门全聚德烤鸭店（简称"前门店"）是北京全聚德烤鸭集团的起源店（老店），创建于1864年，以经营传统挂炉烤鸭蜚声海内外，是著名的老字号。1993年，全聚德成立股份公司，前门店进入股份公司，当年的营业收入是4500万元，截至2001年12月16日，前门店的年营业收入已达到9000万元。1993~2001年，在硬件没有大的改变的条件下，营业收入翻了一番。对一些新兴产业来说，这个进步可能并不算什么，但对一个受诸多限制的国有体制餐饮企业来说，却是一个很大的飞跃。时任前门店总经理沈放说，餐饮行业是劳动密集型行业，每一分钱的利润都是厨师一刀一刀切出来、服

———————

① 顾客细分的案例分析——全聚德的顾客细分［EB/OL］．［2016-05-17］. https：//zhidao.baidu.com/question/748170232177487652.html.

务员一句句话讲出来的，非常不容易。

全店900个餐位，平均每个餐位实现年销售收入10万元；全店400名员工，平均每个员工实现年销售收入2.5万元。这在整个餐饮业处于领先地位，曾创造过餐饮单店日销售67.7万元的全国最高纪录。其经营策略是攻击型服务。

所谓"攻击型服务"，就是要求服务员针对不同类型的就餐顾客，提供不同的服务对策。前门店按照人的四种不同气质类型，总结了以下四种服务对策：

（1）多血质—活泼型。这一类型的顾客一般表现为活泼好动、反应迅速、善于交际，但兴趣易变，具有外倾性。他们常常主动与餐厅服务人员攀谈，并很快与之熟悉并交上朋友，但这种友谊常常多变而不牢固；他们在点菜时往往过于匆忙，过后可能改变主意而退菜；他们喜欢尝新、尝鲜，但又很快厌倦；他们的想象力和联想力丰富，受菜名、菜肴的造型、器皿及就餐环境影响较大，但有时注意力不够集中，表情外露。

服务对策：服务员在可能的情况下，要主动同这一类型的消费者交谈，但不应有过多重复，否则他们会不耐烦。要多向他们提供新菜信息，但要让他们进行主动选择，遇到他们要求退菜情况，应尽量满足他们的要求。

（2）黏液质—安静型。这一类型的顾客一般表现为安静、稳定、克制力强、很少发脾气、沉默寡言；他们不够灵活，不善于转移注意力，喜欢清静、熟悉的就餐环境，不易受服务员现场促销的影响，对各类菜肴喜欢细心比较并缓慢决定。

服务对策：领位服务时，应尽量安排他们坐在较为僻静的地方，点菜服务时，尽量向他们提供一些熟悉的菜肴，还要顺其心愿，不要过早表述服务员自己的建议，给他们足够时间进行选择，不要过多催促，不要同他们进行太多交谈或表现出过多的热情，要把握好服务的"度"。

（3）胆汁质—兴奋型。这一类型的顾客一般表现为热情、开朗、直率、精力旺盛、容易冲动、性情急躁，具有很强的外倾性；他们点菜迅速，很少过多考虑，容易接受服务员的意见，喜欢品尝新菜；比较粗心，容易遗失所带物品。

服务对策：尽量推荐新菜，主动进行现场促销，但不要与他们争执，万一出现矛盾应避其锋芒；在上菜、结账时尽量迅速，就餐后提醒他们不要遗忘所带物品。

（4）抑郁制—敏感型。这一类型的顾客一般沉默寡言、不善交际，对新环境、新事物难以适应；缺乏活力，情绪不够稳定；遇事敏感多疑，言行谨小慎微，内心复杂，较少外露。

服务对策：领位时尽量安排僻静处，如果临时需调整座位，一定要讲清原因，以免引起他们的猜测和不满。服务时应注意尊重他们，服务语言要清楚明了，与他们谈话要恰到好处。在他们需要服务时，要热情相待。

他们成功的秘诀之一：细分就餐顾客。餐饮行业最大特点是餐厅产品具有很强的时效性，要求产品在短时间内，最大化满足顾客需求并达到利润最大化。顾客需求的餐厅产品已并不单指产品本身，而是从进入餐厅大门开始到用餐完毕的整个过程：顾客看到的餐厅设施、闻到的气味、品尝到的菜品、体会到的服务，以及对餐厅整体印象的心理感知等，都属于产品范畴。餐厅产品在这些方面是否能够被顾客接受，是餐厅产品能否成功销售的关键。前门店是一家百年老店，核心产品是挂炉烤鸭，由于核心产品的知名度极高，导致竞争对手增加，使老店核心产品的竞争力降低。在这种情况下，老店在坚持核心产品"古老""正宗""原汁原味"的前提下，从改造产品的其他方面入手，提高了自己的核心竞争力。总经理沈放在餐厅面积不变的情况下，在硬件设施改造上承袭传统文化，将老店变成了人们心目中的"正宗全聚德老店"；在服务上，创造出"攻击型服务"，以细分就餐顾客为切入点，以市场为检验标准，创造出许多受顾客欢迎的创新菜。

思考与讨论

1. 案例企业是如何进行顾客细分的，细分依据是什么？

2. 餐饮企业的顾客细分还可以有哪些类别？

数据思维指用数据的原理、方法和技术来解决现实问题的一种思维逻辑。本书将主要介绍五对十种不同的数据思维原理和方法，分别是细分与对比思维、归纳与演绎思维、相关与因果思维、联合与全局思维、溯源与逆向思维。本章我们学习细分与对比思维。

第一节 细分思维

一、细分的魅力

"没有对比就没有伤害"的本质含义是"没有对比就发现不了问题",而只要有对比就行了吗?不是。如果没有合理的细分维度和指标,可能压根就不具备可比性,也就发现不了真正的问题。因此细分是对比的基础,只有基于合理的细分,才能有合适的对比。

从名字上来看,细分和对比好像是一个挺简单的事情。但实际上,做一系列的分析都是源于细分与对比,所以细分与对比其实是非常重要的一种思维。

我们先来调研一下,如果有三天的小长假,大家会如何安排时间?有同学说一天完成作业、一天打扫屋子、一天外出放松;也有同学说一天外出办事、一天居家放松、一天完成小组学习任务;还有同学说两天居家、一天外出。梳理一下大家的回答,当我们谈论三天时间如何安排时,大家自然而然地对自己的时间安排进行了分类。我们可以把小长假的安排分为居家或外出两种选择。居家做什么?又有两种选择:学习/工作或者放松;外出也有两种选择:办事或者放松。我们可以画出分类树(见图3-3)。

这就是一种细分,但是只有细分还不够,我还希望能确切地知道,在刚刚过去的那个小假期,我们班上的同学到底有多少是以居家为主,多少是以外出为主。假设三天假期有两天居家者,我们认定为居家为主,两天外出的认定为外出为主。那么我们就可以进行一项调研统计,从而获得班级同学小假期时间安排的数据,对应图3-3中的细分类别,进行分析和比较。如果20人当中,有16人以居家为主,4人以外出为主,我们可以说80%的人以居家为主,20%的人以外出为主,如果我们还想进一步比较是居家放松的人多,还是外出放松的人多,基于图3-3的分类项目进行调研,同样可以得到数据

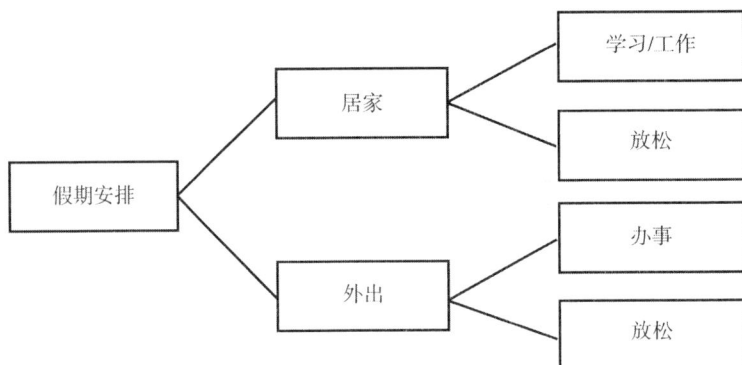

图 3-3　细分举例

资料来源：笔者整理。

进行比较。如果完全按照图 3-3 中的细分类别进行调研，那么有些细分信息将采集不到，如性别数据，从而就无法比较到底是男性居家多，还是女性居家多。因此于对比分析而言，细分类别和指标非常重要。

进一步调研，回想去年、前年同一个小长假，大家如何安排？有了近几年的历时数据，我们就可以进行纵向比较。类似的思路，我们还可以去问问隔壁班或者其他专业的同学，他们这个小长假是如何安排的，有了不同班级的数据，我们就可以进行横向比较。在这里，与去年、前年自己的数据对比，还可以称为"与自己比"，很显然是基于时间维度比较；与其他班级同学的数据对比，称为"与他人比"，是空间维度上的比较。

至此，我们已经初步认知了什么是细分、如何进行对比。请大家回忆自己在生活中做过的一些选择或小的决策，可以是买一件衣服，可以是选择一个出游地或吃饭的餐馆，关键是请回忆并思考以下问题：你在做出选择或决策时做过对比吗？如何对比的？比较了什么？

二、细分的依据与原则

从小长假安排的案例中，你获得了什么或者关注到了什么？

"小长假大多数人都是居家"，这是结论；"案例中做了细分和对比"，这是方法；"大家之所以居家的多，大概是因为疫情的原因"，则是关注到了这个事件背后的原因。

同样一个活动或案例，可以从不同的视角去认识它，认知是有不同规律的。数据思维可以帮助大家建立一种基于数据的问题解决思路和思考模式，即当你面临困惑的时候，能够快速厘清要解决的问题；为解决这个问题，可以采用的分析方法。

本节的学习将帮助大家树立一种有意识的细分和对比的思维逻辑，如能够通过指标拆解（指标的细分）收集数据，得出基于数据分析的结论。正如"小长假如何安排"的案例中，基于指标的数据采集首先把"小长假是如何度过的"分解成了"居家"和"外出"两个指标；其次采集了居家的人数和外出的人数；最后通过比较分析，发现"居家的人多，外出的人少"，形成结论。在这个案例中蕴含了分类的依据和原则，即以"是否外出"为依据，把假期安排分为了居家和外出两种选择，同时这两种选择是符合互斥原则的，不存在同时既居家又外出的选项。

如果选择"外出"旅游，出游地的选择需要考虑哪些因素呢？首先要进行指标细分，上面讨论的是，选择出不出去的指标细分。如果外出，还可以思考去哪里，哪一天去，以什么方式去；有时也会考虑距离、费用、便利性、舒适度、热度等；做出选择时，还可能在不同的景点之间进行对比分析，对比的方法可能有横向对比、纵向对比，有总体指标对比、单指标的对比等。例如，通过比较京内、京郊、京外不同的游玩之地进行选择；考虑应该选择什么样的交通工具，如何安排行程，到了目的地以后吃的东西怎么安排等；再比如查询旅游攻略，或者直接去网红打卡地游玩。旅游攻略也正是通过反复做总体比较和单指标比较、横纵向的比较，为人们做出选择提供信息参考。总之人们在做出选择时，不可避免地会进行不同维度和指标的对比分析，这可能包括横纵向比较、单指标或综合指标的比较分析等。

案例一：购物决策——货比三家比什么？

以购买一部手机为例，人们会考虑哪些指标进行不同手机产品的比较呢？也许包括性价比、功能、品牌、网评、响应速度、性能、续航能力以及外形、手感、颜色等，那么应该选择从以上哪些方面去比较呢？如选择对产品的性价比和外形进行比较。这里的"性价比"和"外形"就可以被理解为细分的指标。在不同指标之间，有的人优先考虑性价比；有的人优先考虑性能、速度等；还有的人优先考虑品牌、颜色、外观等。因此每个人在搜索商品进行比较，并做出购物决策时，思考和比较的指标常常是不同的。细分指标（比什么）往往决定了比较分析的结论。

如果要购买一辆汽车呢？货比三家比什么呢？可以有哪些细分指标？如品牌、价位、性能、可获得性、颜色、外观等。基于指标进行比较，可以是同品牌不同款产品的比较；可以是不同品牌同价位的性能对比；甚至于就是同一款汽车不同颜色的比较。明确了细分指标，就可以开展多指标、多维度的交叉分析。以我本人购买汽车为例，首选以预算区间为价位参照，选定不同品牌同价位车型进行网络性能对比，通过网评数据的分析确立首选品牌；在确立了首选品牌后，对北京市该品牌4S店进行调研，全北京市共12家该品牌的4S店，到店咨询6家，比较同一品牌不同店面到货时间和优惠力度；再次比较同款车型不同颜色的可接受度，最终确定订单。

大家通过公开网站查询汽车车型比较，一般网站会有不同品牌同档次车型的价格、参数配置、口碑、保值率等不同指标的数据对比。各类网站对汽车性能的对比，节省了我们货比三家的时间，为我们做出购车决策提供了数据支持。

比较分析比什么取决于细分指标有什么。如何进行细分呢？首先，需要有明确统一的细分依据，如按照性别划分，人可以分为男性和女性；且单一一次细分，细分的依据必须唯一，如果同时存在两种不同的划分依据，那么应该是两种不同的划分方案。其次，细分的原则有统一、规范、清晰、可定义。其中统一、清晰是保证细分指标明确的前提，可定义是确保细分指标可被理解的前提。只有清晰明了的指标体系，才有利于数据采集和比较分析。

案例二：日活跃用户数 DAU 的指标拆解

日活跃用户数顾名思义就是每天活跃的用户梳理，Daily Active User（DAU）。目前是用于反映网站、互联网应用或网络游戏的运营情况的主要指标。那么这个用户数如何计算呢？首先，需要对这个指标进行拆解（细分），在一般情况下，人们依据用户活跃时长，将用户分为新增用户、老活跃用户和回流用户三类，其中新增用户指标进一步拆解为拉新用户和留存用户等。指标的拆解决定了用户优化的方案。例如，某 App 的 DAU 指标拆解方案（见图3-4），拆解后的指标相互独立、完全穷尽、无重叠。

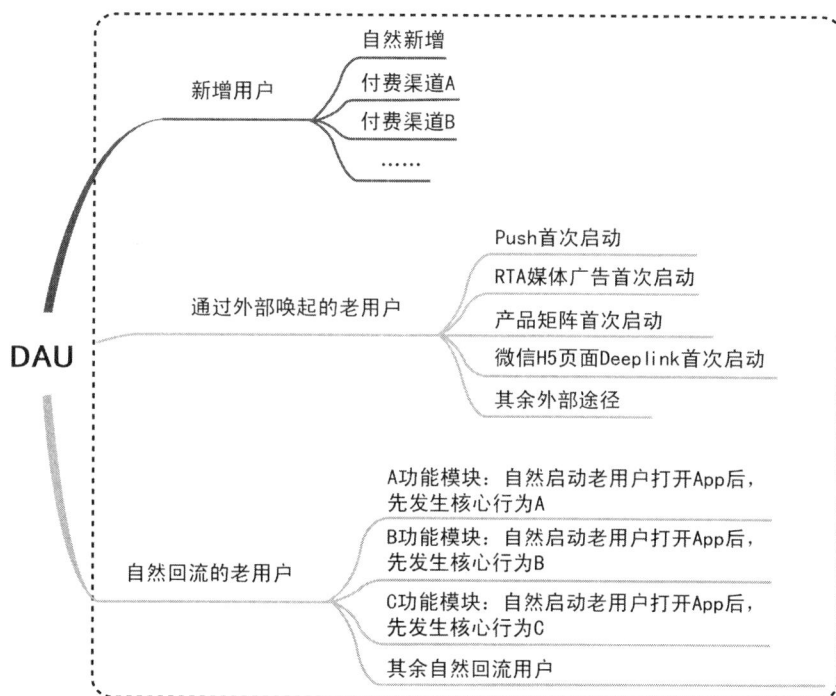

图 3-4 DAU 指标拆解

资料来源：https：//baijiahao. baidu. com/s？id=1690918184685103024&wfr=spider&for=pc.

图 3-4 客户细分的依据是用户活跃时长。除此之外，还有很多种不同的客户细分方法，如 RFM（Recency，Frequency，Monetary）模型分析法就是根据客户活跃程度和交易金额的贡献，进行客户价值细分的一种方法，其中 R 是指最近一次交易时间的间隔，F 是指在最近一段时间内交易的次数，M 是指在最近一段时间内交易的金额。除了用户活跃时长、活跃程度和交易金额，还可以从性别、年龄、状态、其他消费特征和性格特征等不同的分类依据出发进行客户细分。

三、细分的维度

1. 单维度细分

例如，按照性别，人群可以分为男和女；按照年龄可以分为老年、中年、青年、少年；按照身高可以分为高、中、低；等等。

2. 多维度细分

主要包括二维矩阵、三维分组、三维分类和多维交叉。

第一，二维矩阵划分。例如，我们比较不同性别的人对喜爱观看球赛的差异，可以按性别、喜欢与否分为四类，即爱看球赛的男性、不爱看球赛的男性、爱看球赛的女性、不爱看球赛的女性。二维矩阵的划分方法形成了四个象限的类别，在现实生活中应用特别广泛。

第二，三维分组或三维分类法。找出三种关键指标，对每一个指标进行等级划分或者记录数值，进行排列组合的分组或三维立体结构的细分。例如，有效时间管理的三维综合分类法就提出根据工作的紧急程度、重要程度、所需时间三类指标对工作进行归类，且根据每项指标的标准划分了 A，B，C，D 四个等级，因此形成了基于三个维度的排列组织，共计64 种组合（见表3-1）。

表 3-1　时间管理三维四等级分类方法

级别	紧急程度	重要程度	所需时间
A	非常紧急	非常重要	很多时间
B	比较紧急	比较重要	较多时间
C	不紧急	不很重要	较少时间
D	时间无所谓	不重要	很少时间（即办即了）

资料来源：杨树森. 有效管理时间："三维综合分类法"例解［J］. 秘书，2008（10）：32-34.

对于连续性的数值变量和指标，可以采用三维立体结构的分类方法，如图 3-5 所示。

第三，多维交叉分类方法，分类维度越多，分类方案越复杂。目前在实际应用中多维指标拆解法是应用比较广泛的细分与对比方法（猴子·数据分析学院，2020）。例如，我们判定一个学生是否优秀，可以从不同的角度或

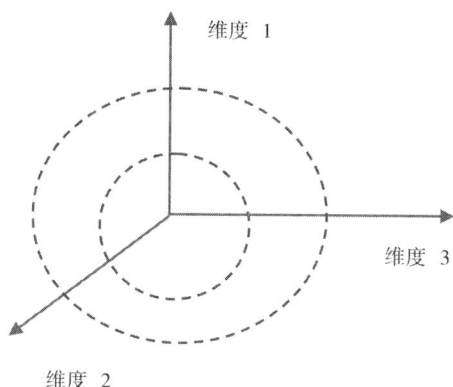

图 3-5 三维分类

资料来源：笔者整理。

视角进行综合评价，这里的角度或视角就是指标拆解的维度（见图 3-6）。

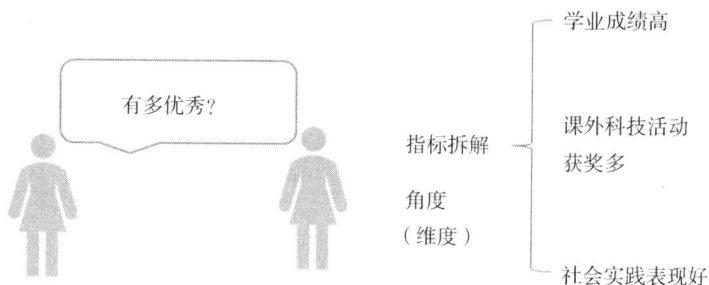

图 3-6 多维指标拆解举例

资料来源：笔者整理。

多维指标拆解的思路：整体拆解成部分，可以看到内部的差异；复杂问题拆解成简单问题，便于分析。即：

· 维度 = 角度

· 问题 = 维度 1 + 维度 2 + …

那么如何拆解呢，两种思路：

·从指标构成来拆解

·从业务流程来拆解

例如，新增用户数可以按照指标构成细分为不同地域、不同门店、不同渠道新增用户数三个维度（见图3-7）。

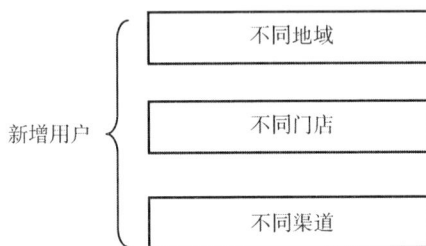

图3-7　指标构成拆解

资料来源：笔者整理。

再以转化率为例，按照核心业务流程进行关键数据指标的拆解。以网购为场景，用户转化的核心业务流程可以是用户登录进入—浏览商品—加入购物车—下单支付等，关键指标数据就可以有登录用户数、浏览用户数、加入购物车的用户数和下单支付用户数等。

四、细分的方法与粒度

（一）分类与聚类

可以用于分类的方法：人为分类、自上而下的分类、有监督分类、无监督分类、半监督分类；自下而上的聚类、自动聚类、分级聚类。

聚类和分类的主要区别在于，聚类是样本点之间相似性的集合，可以理解为样本点根据相似性的"主动抱团"，包括自下而上的聚类、自动聚类、分级聚类等；分类则是人为分类，样本点按照分类专家的主观先验知识（标签或者类别标识）被动分类，包括自上而下的分类、有监督分类、无监督分类、半监督分类等（见图3-8和图3-9）。

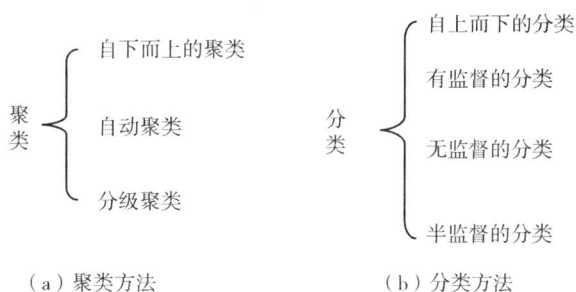

（a）聚类方法　　　　　　　（b）分类方法

图 3-8　聚类和分类方法

资料来源：笔者整理。

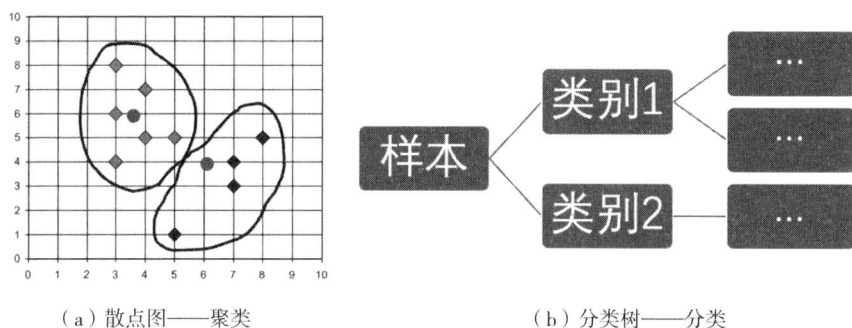

（a）散点图——聚类　　　　　　　（b）分类树——分类

图 3-9　聚类和分类的区别

资料来源：笔者整理。

在计算机支持下的数据智能分析中，可用于分类的算法有 K 近邻（KNN）、决策树、贝叶斯、逻辑回归、支持向量机、随机森林等；可用于聚类的算法有 K 均值（K-Means）、DBSCAN、DPEAK、Mediods、Canopy 等。

（二）分类的粒度

粒度源自物理学概念，指"颗粒的大小"。在数据分析中，粒度是指同一维度下，数据统计的粗细程度，那么分类的粒度就是指分类的细化程度。例如，对用户进行画像分类，可以粗粒度划分为有/无购买行为两类，进一步可以将"有购买行为"细分为初次购买、重复购买，将"无购买行为"划分为有购买意向、可能会购买、不会购买等。在分析购买动机时，可以细分为因为朋友推荐购买的、自己喜欢购买的、喜欢品牌、喜欢样式或款式、喜欢颜色、喜欢功能、不喜欢……这就是一个由粗到细不断拆解的过程。

分析的目的不同，对分类细化程度的要求会有所不同。如果我们希望了解不同年级大学生在图书馆借阅图书的总体情况，可以把学生按年级分类采集借阅量；如果希望了解哪些图书借阅量高，还需要对图书按类别细分，采集不同图书的借阅量。

一般来说，分类算法是在不同的粒度之下进行计算的，而聚类算法则是在统一的粒度之下进行计算的。

第二节　对比思维

一、对比的目标

为什么进行对比分析，往往决定了如何进行对比，因此对比分析是由问题导向的。因为面临什么样的问题，所以需要通过对比分析发现问题背后的内在原因，或找到隐藏在数据背后的逻辑。对比的目标决定了细分的维度和对比的方法。

一般而言，对比分析的目标可能有以下几种：找到问题的原因、找到现象背后的规律、发现不同对象之间的差距、比较不同对象或方案的优劣、寻求改进或优化方案、判断事物发展的趋势等。

案例：故障排查

某汽车充电场站，近期发现有部分汽车在充电过程中存在温度过热的异常数据，需要排查故障原因并分析数据，设置合理的预警阈值。那么如何排查呢？我们打算使用充电场站的所有历史数据进行分析比较，找出故障并排查原因。因此，这里做数据对比的目的就是发现异常数据，找到故障发生的时点数据，并经过对比排查故障原因。那么做哪些对比呢？

首先，需要查找出所有的异常数据。其次，比较异常数据发生前后的设备运行数据（纵向比较）；比较存在异常数据的设备和不存在异常数据的设备（横向比较）；比较同一充电桩、不同汽车的充电数据；比较同一汽车不同充电桩数据；等等。

如果我们的目标并不是故障排查，而是希望了解目前的设备负荷，以确定是否扩容，那就是完全不同的比较思路了。因此，对比的目的和目标决定了对比方式和方法。

除了要明确对比分析的目的，探究对比对象之间是否具有可比性，是一件同等重要的事情。如果对象不具备可比性，那么一切对比分析都将是无效的。例如，我们常常会用百分比作为统计指标进行比较，但却忽略了数据基数；再比如绝对数之间的比较，也应该考虑比例问题，否则也不具备可比性。5人中有1人优秀和10人中有1人优秀，从绝对数上是一样的，但从比例上来看就完全不一样了。可比性是指不同对象的同一数据，在统计时间和空间上的可比程度。分析是否具有可比性与对比对象本身及对比指标是相互关联的，不同的对象在不同对比指标下，是否具有可比性的结论可能不一样。

二、对比的方法

学习对比方法之前，我们先来讨论一个案例。

案例：房屋报价的确定

如果你要换房，或者说有一套房子要出售，那么如何确定符合市场行情的报价呢？市场调查肯定是第一步的，如线上查询并走访房屋中介，了解市场行情及其走势等，这些都是必不可少的。在确定报价过程中，可以采用对比思维进行有效的数据分析，帮助或佐证自己选择合适的定价。下面我们看一个场景。

2019年3月初，房主有一套东南向、高楼中间层的两居室房子要出售。

中介服务人员在实地查看房子后提交分析报告，给出结论：过去三个月同小区两居室的平均售价为330万元，建议报价为330万~340万元。平均售价的计算过程为2018年12月至2019年2月所有在该中介平台成交的同小区两居室房屋的成交价/成交房屋数量。

中介的建议报价低于房主的心理预期。于是，房主也做了数据分析，其对比思路、维度和指标有以下五个结论：

（1）对比去年、前年同期同小区同户型同朝向房源的成交价格。

（2）查看过去一年同小区同户型同朝向房源的历史成交价，计算平均价格。

（3）分季度、月份比较过去一年全年的成交价格，分析变化趋势。

（4）比较自己的房屋与同小区相似户型近期最高成交价、最低成交价的异同。

（5）比较分析历史报价和实际成交价的差距及其离散程度。

经过以上多维度、多视角的分析发现有以下五个结论：

（1）以一年为周期，同小区同户型同朝向房源的平均成交价为350万元，从全年分布来看，1~2月为低谷，成交量较低；3~5月价格开始回升；6~8月价格攀升；9~10月价格最高，同时成交量较多；11~12月成交价开始大幅下降。

（2）去年3月的同小区同户型同朝向的房源成交价与前年同期相比，略有增幅，平均成交价由340万元上升到了350万元。

（3）经过比较自己的房屋和近期相似户型最高成交价380万元的房源、最低成交价315万元的房源发现，成交价较高的房源装修较好、账期较长、税费较低；成交价较低的房源简装、账期较短、税费较高；全朝南两居室户型价位普遍低于东南向两居室户型10万元左右。

（4）通过历史报价和实际成交价之间的比较发现，报价与成交价之间的平均价差为10万元。

（5）因此确定以过去一年的平均成交价及去年同期的成交价为参照，预期成交价格确定为350万元；但考虑到报价和实际成交价的价差一般为10万元左右，故报价确定为360万元。

本案例的最终结果是房屋上线发布一周后，以350万元的价格如期成交。

思考与讨论

1. 以上案例中都采用了哪些对比方法？

2. 中介的数据分析报告和房主的数据分析报告存在哪些差异？

3. 采用时间序列分析法进行数据分析时，我们常常说近期数据比远期数据更有参考价值，那么为什么案例中近三个月成交价的平均值与预期和实际成交价存在较大偏差呢？

如何对比？我们不仅需要思考对比的视角和维度，还需要思考选取什么样的数据范围才是合理的、有参照性的。案例中，中介以"同小区两居室"为比较视角，而房主却是"同小区、同户型、同朝向"的比较视角，且房源分类的维度和粒度也有所不同。不同的对比视角决定了对比指标和方法，那么一般可以使用哪些指标进行对比呢？

（1）衡量整体的大小，可以使用平均值或者中位数，如案例中的成交价分析就使用了过去三个月的平均值和过去一年的平均值；

（2）衡量趋势变化：时间折线图、环比、同比。例如，在案例中"对比去年、前年同期的成交价格"就是在做同比分析，而2019年3月成交价与上一个月（2019年2月）的成交价进行比较就是环比分析。

（3）衡量波动：我们可以使用变异系数。变异系数是衡量资料中各观测值变异程度的统计量。当进行两个或多个资料变异程度的比较时，如果度量单位与平均数相同，可以直接利用标准差来比较。如果单位和（或）平均数不同时，就不能采用标准差比较其变异程度，而需采用标准差与平均数的比值（相对值）来比较。

主要对比方法：内部对比与内外部对比、横向对比与纵向对比、单指标对比与总体对比等。如果以组织为边界，内部也可以有跨越不同部门的横向对比和使用历史数据的纵向对比，可以有单指标的对比，也可以有多指标的对比。例如，横向对比指对同类的两个或两个以上的事物进行的比较，案例中比较相似房源的成交价格即横向对比；纵向对比指对一个事物的历史、现状、未来进行的比较。前者属于与他人比，后者可以理解为与自己比。纵向对比常使用时间序列分析方法；横向对比可以使用平均值、四分位数、中位数（指一组数据由小到大排列，位于中间位置的那个数即中位数；如中间位置有两个数值，则取两个数值的平均值）、标准差、变异系数等统计量进行比较。

（一）时间序列对比分析

时间序列对比分析是把指标数值按照时间先后顺序排列进行对比的方法，包括绝对数数列、相对数数列和平均数数列。构成要素包括时间及其对应数值，表 3-2 就是绝对数数列表。

表 3-2 是以年度为周期的时间序列数值。事实上，时间序列的数值周期可以是年份、季度、月份、周或其他任何时间形式。使用绝对数数列构成的时间序列数据不仅可以简单地进行同比和环比的分析，还可以进行相对数、平均值的计算，或其他统计数值计算的比较。如果表 3-2 不是特定产品的售价，而是某一地区某一类产品的平均售价，则可以统计平均数数列。

表 3-2　某一产品的历史售价（绝对数数列）

年份	售价（元）
2013	5800
2014	5899
2015	5900
2016	5900
2017	6999
2018	5900
2019	5900
2020	6000
2021	5800
2022	5900

资料来源：笔者整理。

有了纵向数值数列，可以计算数值的增长量或分析发展变化趋势（见表 3-3）。

表 3-3 增长量

年份	售价	逐期增长量	累计增长量
2013	5800	—	—
2014	5899	99	99
2015	5900	1	100
2016	5900	0	100
2017	6999	1099	1199
2018	5900	−1099	100
2019	5900	0	100
2020	6000	100	200
2021	5800	−200	0
2022	5900	100	100

资料来源：笔者整理。

其中逐期增长量的计算公式为：B_3-B_2；累计增长量的 Excel 计算公式为：当期售价减去上期售价，假设"售价"为 B_i，i 指期数，即 i = 1，2，…n，则表 3-3 中第 3 期 2015 年的逐期增长量为 $B_3-B_2=5900-5899=1$；累计增长量公式为当期售价减第一期售价，因此表 3-3 中第 3 期 2015 年的累计增长量为 $B_3-B_1=5900-5800=100$，即累计增长量始终以初始值 5800 为基期数据。

此外有了纵向数值数列，可以直观地画出数值变化趋势图，判断历史数据的变化趋势（见图 3-10）；同时，还可以采用时间序列的预测方法进行未来趋势的判断，如简单移动平均法（见表 3-4）。

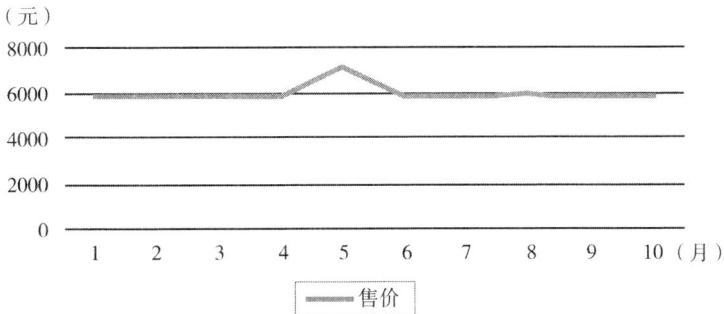

图 3-10 历史趋势变化

资料来源：笔者整理。

表 3-4　简单移动平均法

单位：元

年份	售价	移动平均（T=3）	移动平均（T=4）
2013	5800	—	—
2014	5899	—	—
2015	5900	—	—
2016	5900	5866	—
2017	6999	5900	5875
2018	5900	6266	6175
2019	5900	6266	6175
2020	6000	6266	6175
2021	5800	5933	6200
2022	5900	5900	5900
2023	—	5900	5900

资料来源：笔者整理。

（二）季节变动分析

时间序列数据如果受季节更替等因素影响，呈现出季节性周期变化或以固定周期发生规律性的变化，就可以采用季节指数法进行分析。季节指数的计算方法有很多种，如直接平均法、比率平均法、趋势剔除法、ARIMA 模型法等。我们这里介绍较为简单的直接平均法，帮助大家理解季节变动指数的含义。直接平均法的计算方法是用各时期平均数除以总平均数得到各时期的季节指数。例如，某产品五年的分季度销售额和季节指数计算（见表 3-5）。

表 3-5　季节指数的计算

单位：元

年度	第一季度	第二季度	第三季度	第四季度	全时期总平均数
2016	121283	316553	197294.4	368810	—
2017	130826	357873	212604	430938	—
2018	148187	410334	247408.8	468710	—
2019	158451	589966	260523.2	512754	—
2020	198873	359320	217350	30186	286912.22
平均数	151524.00	406809.20	227036.08	362279.60	—
季节指数	0.53	1.42	0.79	1.26	—

资料来源：笔者整理。

在表3-5中，第七行的平均数即各时期的平均数，如151524.00为第一季度五年的平均数，最后一列的全时期总平均数是五年四个季度全部数据的平均值。季节指数的计算过程：每一个季度的平均数/全时期总平均数=该季度的季节指数，即第一季度的季节指数：151524.00/286912.22=0.53。各季度的季节指数计算出来后，便可以根据不同时期季节指数的比较判断产品销售的旺季和淡季。表3-5中第一季度和第三季度的季节指数小于1，可以理解为淡季；第三季度和第四季度的季节指数大于1，则为旺季。

（三）平均值与四分位数

平均值具有广泛的应用，但也存在一些问题。例如，异常值不敏感，异常数据容易掉进均值陷阱。各类竞赛总分通用的计算得分办法是去掉一个最高分，去掉一个最低分，求平均值，就是为了避免异常数据的干扰。

那么如何识别异常数据呢？我们可以用四分位数找出异常值。

四分位数：将一组数据由小到大排列，最小的那个数值记为下界，也叫下边缘；位于1/4位置的数为下四分位数，记为Q1；位于1/2位置的数为上二分位数，记为Q2；位于3/4位置的数为上四分位数，记为Q3；最大的数值记为上界，也叫上边缘（见图3-11）。

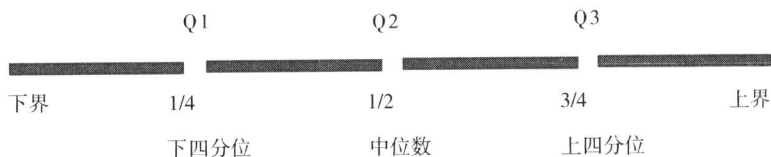

图3-11　四分位数示意图

资料来源：笔者整理。

利用箱图计算四分位数、识别异常值，如图3-12所示。

（四）标准差与变异系数

标准差用来比较数据的离散程度，如果数据之间的差异比较大，那么标准差比较大；如果差异比较小，则标准差比较小。但是使用标准差只能比较

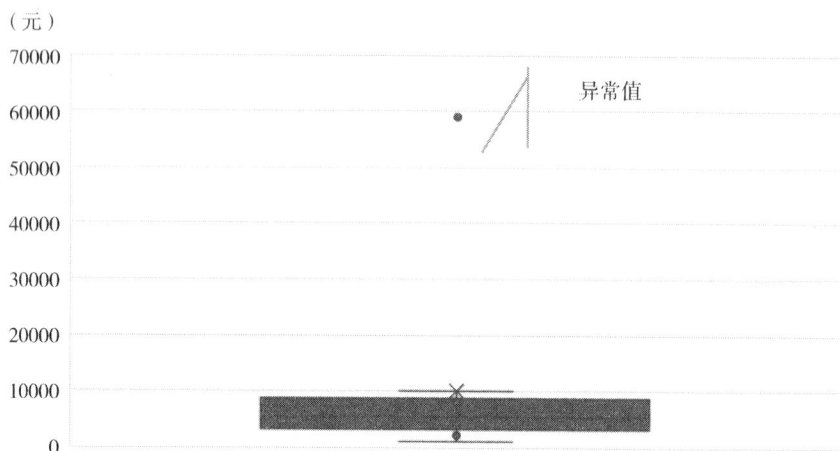

图 3-12　识别异常值

资料来源：笔者整理。

同量纲的数据，对于不同量纲数据的比较，则需要使用变异系数。变异系数可以理解为归一化的标准差。变异系数是标准差与平均数的比值，可以反映不同量纲数据的波动程度。

第三节　案例学习与讨论

案例：货比三家怎么比？

以前怎么比：传统的线下购物场景下，我们一般可以采用到店询价（如11家4S店到店询价6家）和电话咨询等方式；如果是朋友推荐，一般为口口相传模式。

现在怎么比：线上购物的场景下，我们更多地利用网络平台，搜索成本降低，搜索幅度变大；还有朋友推荐（如微商）、朋友砍价（如拼多多）等。

根据斯蒂格勒（Stigler）的搜寻理论，因为价值离散普遍存在，因此人们需要付出搜寻成本，而信息搜寻成本＝时间＋"鞋底"（Shoe），即交通成本和其他搜寻费用。

对于商家而言，选择合适的供应商是非常重要的事情。根据采购理论，企业要支付一定的搜寻成本，通过货比三家，从影响、供应机会和风险等级三个维度识别对自己重要的供应商，大体可以分为四类：日常类供应商、杠杆类供应商、瓶颈类供应商和关键类供应商（见图3-13）。针对不同类别的供应商建立不同的供应关系如维持、盘剥、发展或核心（见表3-6）。

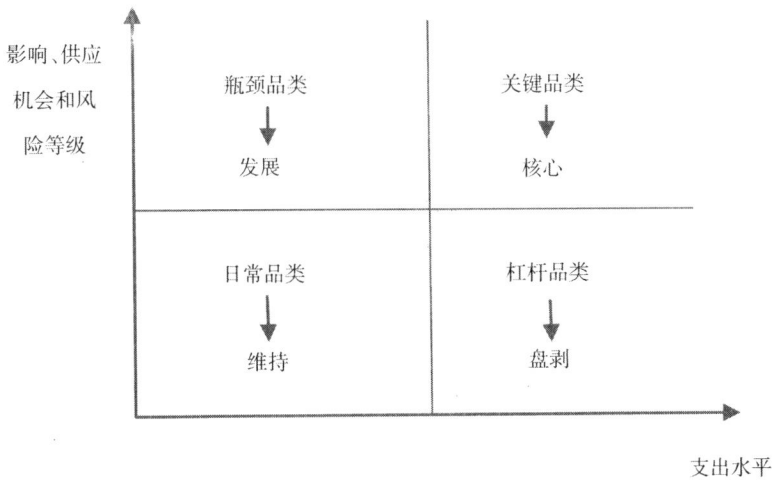

图3-13 供应商分类

资料来源：国际贸易中心（ITC 联合国贸发组织/世界贸易组织）. 如何评估与初选供应商[M]. CFLP中国物流与采购联合会译. 北京：中国物资出版社，2005，8.

表3-6 供应商关系

采购项目分类	供应商对公司业务的不同感知			
	维持	盘剥	发展	核心
日常	优先级别很低的现货采购	—	长期合同	—
杠杆	—	现货采购或定期合同	—	定期合同

续表

采购项目分类	供应商对公司业务的不同感知			
	维持	盘剥	发展	核心
瓶颈	—	—	长期合同	—
关键	—	—	—	合伙关系

资料来源：国际贸易中心（ITC 联合国贸发组织/世界贸易组织）. 如何评估与初选供应商［M］. CFLP 中国物流与采购联合会译. 北京：中国物资出版社，2005，8.

对于个人而言，在网络购物场景中，需要进行个人消费数据的管理。你也许可以问问自己以下问题：每天消费多少？日均消费都包括了哪些方面的支出？比较过经常购买的同一款产品在不同平台的价位变化吗？是否买得心中有数？是否关注过常购的同一款产品在同一平台的价格变化？是否有个人消费数据管理的习惯？是否有过更换常用品购物平台的经历，为什么？请同学们结合自身经历进行思考，回答思考题。

思考题

1. 你是如何确定常用的购物平台的？

2. 你是如何进行货比三家的？是否使用过细分对比分析方法？

3. 你了解哪些帮助消费者进行货比三家的数据产品？

第四章　归纳与演绎思维

第一节　归纳思维

一、归纳思维的概念

从古到今，从西至中，人类留下了许多有趣的数学谜题，其中哥德巴赫猜想被称为世界近代三大数学难题之一。故事源于1742年，德国数学家哥德巴赫写信给赫赫有名的大数学家欧拉，提出了两个猜想：一是任何一个大于2的偶数，都是两个质数①之和，简单地就用1+1来表示；二是每个大于5的奇数，都是3个质数之和。欧拉在回信中也提出另一等价版本，即任何一个大于2的偶数都可写成两个质数之和。但是一直到死，欧拉也无法证明哥德巴赫提出的猜想是对的。

哥德巴赫猜想被称为"数学皇冠上的明珠"，多少年来像磁石一样吸引着世界上为数众多的数学家和数学爱好者。经过英国数学家哈代、李特尔伍德和苏联数学家依·维格拉朵夫等的努力，证明了哥德巴赫提出的第二个猜想。1966年，我国数学家陈景润证明了"1+2"成立，即"任何一个大偶数都可表示成一个素数与另一个素因子不超过两个的数之和"，取得了目前为止世界上研究哥德巴赫第一个猜想的最好成果。然而，目前还尚未有人证明

---

① 质数是大于1的整数，除了它本身和1以外，不能被其他正整数所整除的，称为质数，如2，3，5，7，11……

出"1+1"，这颗耀眼的明珠还在静静地绽放光芒，等待"她"真正主人的到来。

哥德巴赫是如何提出这个令人绞尽脑汁、心劳计绌的猜想的？从逻辑思维方面讲，哥德巴赫猜想的提出就是依靠归纳思维，就第一个猜想来说，其推测形式可以表述为：

4 = 1+3（两质数之和）

6 = 3+3（两质数之和）

8 = 3+5（两质数之和）

10 = 5+5（两质数之和）

12 = 5+7（两质数之和）

······

所以，任何大于2的偶数都是两个质数之和。

可以看出，这种从特殊到一般，推出普遍性结论的方法就是归纳法，即根据大量的已知事实，做出一般性的结论。人类对客观事物的认识是作为一个过程展开的，是从认识个别事物开始，进而认识事物的一般规律。这种从个别或特殊的事物中概括出一类事物的共同本质或普遍规律的思维就是归纳思维。归纳思维的客观基础是一般存在于个别之中。自然界并不存在脱离个别的一般事物，因此只有通过个别，而且必须通过个别才能认识一般。

在运用归纳思维进行推理时，一般有三个基本步骤：

第一步，搜集相关资料。一般来说，搜集资料越多、越全面，推出的普遍结论越可靠。

第二步，整理资料。因为从自然界和实验中获得的资料往往是繁多的，人们难以直接洞察内在所蕴含的规律性，因此需要使用恰当的方法整理资料，这是归纳法极为重要的一步。

第三步，概括抽象。通过对材料进行比较、分析，剔除其非本质的成分，把事物的本质因素及其内在规律揭示出来。

归纳思维不仅被人类广泛地应用于认知层面，还在科学领域中具有重要的地位。1620年，英国哲学家弗朗西斯·培根（Francis Bacon）在《新工具》一书中首次提到了科学主义的归纳方法，该方法被称为"培根方法"。他认为"科学工作者应该像蜜蜂采蜜一样，通过搜集资料，有计划地观察、实验和比较，揭示自然界的奥秘"。迄今为止，归纳思维依然是科学家在进行实验室工作时使用的主要思维之一。

二、归纳思维的分类

归纳思维法有完全归纳法和不完全归纳法两种。

（一）完全归纳法

完全归纳法是在考察了某事物的全部对象以后，发现每一对象皆有某种属性，从而概括出该类事物全部对象都具有该属性的一种逻辑方法。一般说来，运用归纳法认识客观事物时，完全归纳法最可靠，但实际上，只在少数情况下才能做到完全归纳。主要原因有两个：一是因为人们很难在一定时间内完全无遗漏地穷尽同类事物中的所有个别事物，特别是较大范围的同类事物；二是因为完全归纳法赖以凭借的个别事物总是发展变化的，不可能一一枚举穷尽，因而无法做到完全归纳。

因此，在使用完全归纳法时，需要确定是否知晓所研究的那类对象的全部数目，以及是否确知所概括的某一属性确实是该类事物的每一个对象所固有的。只有满足上述条件，才可以使用完全归纳法。同时，只有当研究对象所包括的个体数目不多时，完全归纳法才能派上用场，对于数量极大或无穷多的那一类事物不适用于完全归纳法。数学家高斯的故事相信大家都不陌生。高斯是德国著名数学家、物理学家、天文学家、几何学家、大地测量学家，被认为是世界上重要的数学家之一，享有"数学王子"的美誉。他幼年时就表现出惊人的数学天赋，在读小学时，就快速解决了从 $1+2+3+\cdots+98+99+100$ 等于多少的问题。他所运用的方法就是完全归纳推理，即 $1+100=101$，$2+99=101$，$3+98=101$，$\cdots$，$50+51=101$，用 50 对构造成和为 101 的数列求和得到 5050。那一年，高斯 9 岁。

（二）不完全归纳法

世界上的事物千千万万，不可能穷尽，因此常用的归纳法是不完全归纳法。它是从一个或几个情形的考察中做出一般结论。

不完全归纳法又分为简单枚举归纳法和科学归纳法。

1. 简单枚举归纳法

简单枚举归纳法是根据某类事物的部分对象具有（或不具有）某种属性、有没有发现相反的情况，从而断定该类事物的全部对象具有（或不具有）某种属性的归纳推理。简单枚举法是建立在经验认识基础之上的，通过对大量客观事实的观察，从而对某类事物做出一般性结论的推理形式，因此说这种推理具有或然性。尽管如此，它在人们的实际思维活动中被经常和广泛地运用。

由于简单枚举归纳法没有穷举全部对象，不能保证在没有考察的对象中都不出现例外，因而其可靠性往往会被质疑。但是，作为一种初步的探索方法，即作为提供假说的方法，简单枚举归纳法在科学研究中仍有重要作用。

2. 科学归纳法

科学归纳法是指根据对某类事物的一部分对象的本质属性和因果关系进行分析，揭示它们的内在联系，推出关于这类事物的全部对象的一般性结论。科学归纳法相比于简单枚举归纳法，结论相对更可靠。在不完全归纳法中，有一种十分有用的方法，叫判明因果关系的归纳法，这些方法包括求同法、求异法、共用法（求同求异法）、共变法和剩余法。因为这些方法是由英国著名心理学家和哲学家穆勒在《逻辑体系》中总结的，因此也被称为穆勒五法。

（1）求同法。如果被研究现象出现的若干场合中，只有唯一一个情况是共同的，则这个共同情况与被研究对象间具有因果联系。

其逻辑形式如下：

场合	相关情况	被研究对象
1	A，B，C	a
2	A，D，E	a
3	A，F，G	a
……	……	……

所以，A 是 a 的原因（或结果）

从逻辑形式上来看，在三种场合中，都出现了 a 现象。不同场合下都有 A 条件，所以可以认为 A 条件是 a 现象的原因。

在很多情景下都会用到求同法。1831 年 10 月第一例亚细亚霍乱病例在英国出现，在之后的一年半时间里，共有 52000 人被夺去生命。然而这场令人措手不及的瘟疫大流行在还没有查明原因时就突然平复了，它的消失和突然暴发一样成了当时的未解之谜。当时流行的说法是"瘴气传播"，即通过空气传播病毒。可是约翰·斯诺医生①并不认同，因为他曾负责医治的矿工全都在地下工作，不会接触到瘴气。他认为病毒的传播与肉眼不可见的寄生虫有关，但这个想法不被重视。1853 年伦敦 Soho 区霍乱再次暴发，为了查明传染源，斯诺在该区域内的宽街水泵采集了水的样本，却发现无法通过样本来证明霍乱病毒可能通过水来传播的观点。不死心的斯诺来到登记处，抄下 83 名此次霍乱死者的信息和住址，然后回到宽街去测量每个死者的家和最近的水泵的距离。虽然这些人的情况各异，但一个很重要的共同点是大部分人都住在离宽街水泵很近的区域，且有 61 人都喝过这里的水。在获得了这些数据之后，斯诺制作出了著名的霍乱地图（见图 4-1），并建议关闭宽街的水泵。事实证明，他是正确的。在政府拆除水泵把手之后，霍乱传播的势头也止住了。英国人将斯诺医生评为英国历史上最伟大的内科医生，以此纪念他在寻找霍乱传播原因过程中的坚持和贡献。约翰·斯诺医生在判断霍乱源头时采用的就是求同法。

在商业领域，求同法也被广泛地应用于交叉分析、对比分析中。广告内容分析经常会用这种方法，运营投放了那么多广告，自然想知道那些效果比较好的广告到底有什么特点。我们可以从投放时间、广告内容、活动形式等不同的角度去深入分析这些广告情况。例如，分析的情况是这样的：

广告 1　早上投放　关键字：降价　活动形式：裂变拼团

广告 2　下午投放　关键字：免费　活动形式：裂变拼团

广告 3　晚上投放　关键字：限时　活动形式：裂变拼团

广告 4　下午投放　关键字：限时　活动形式：裂变拼团

① 约翰·斯诺（John Snow，1813~1858 年），英国麻醉学家、流行病学家，被认为是麻醉医学和公共卫生医学的开拓者。

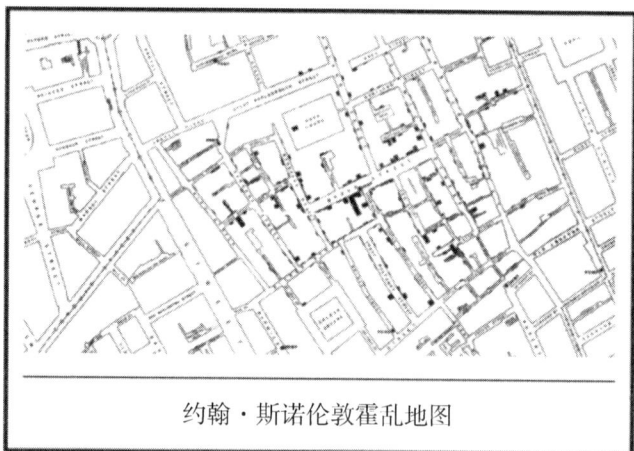

图 4-1　约翰·斯诺伦敦霍乱地图

资料来源：百度图片。

价格转化率比较好的广告，简单分拆了三个条件，发现这几个广告的共同点是活动形式都是裂变拼团。裂变拼团的方式对于广告转化率有着比较好的提升效果，所以之后的营销活动可以考虑多以裂变拼团的方式进行。

（2）求异法。求异法是指如果被研究对象出现或不出现的两个场合中，其他情况完全相同，只有一个情况不同，而这个情况在被研究对象出现的场合中是存在的，在被研究现象不出现的场合中是不存在的，那么这个情况与被研究对象之间就有因果关系。

其逻辑形式如下：

场合	情况	被研究对象
1	A，B，C	a
2	—，B，C	—

所以，A 是 a 的原因（或结果）

在上述两种场合中，场合 1 出现了 a 现象，场合 2 没有出现。观察他们各自的条件，发现场合 1 有 A，B，C 三个条件，而场合 2 只有 B，C 两个条件，所以可以认为是 A 条件导致了 a 现象。

例如，"腐肉生蛆"，这是自古以来就流传的观念。真的是这样吗？第一个用实验来验证这种观念的,是意大利的医生雷地。1668年,他将一块块肉放在一个个容器里,有的容器上盖上细布、有的则不盖,苍蝇能自由飞到不盖布的容器里。结果发现,只有不盖细布的容器里的肉才生蛆。由此,他得出结论:并不是肉会变成蛆,蛆是由苍蝇产在肉上的极细小的卵长成的。这里用的就是求异法。

我们现在知道坏血病是由于人体缺乏维生素C而引起的疾病,在探寻坏血病根源时,最后的结论也是利用了求异法得到的。当年郑和下西洋成为我国历史上的一段辉煌时刻,不久之后西方国家也迎来了大航海时代,就在这个时候有一种名叫坏血病的疾病席卷了整个海上,这种可怕的疾病持续了很多年,夺走了数以万计的生命①,同时也给海上探索蒙上了一层灰暗的阴霾。但让人疑惑的是,我国明朝的郑和七次下西洋以示明朝国力强盛却从未患上此病,究竟是因为什么呢?最后应用求异法发现奥秘就藏在食物里。西方在出海前,都会准备一些易存放的食品,再加上西方人喜欢吃肉类的东西,所以像肉罐头、肉干、鱼干、干香肠、干奶酪、干面包片一类的食物成为他们出海时的首选。这样一来,长时间吃这些肉类的船员,体内就会缺少维生素C,随之就会产生牙龈出血、牙齿松动的症状。严重一点的还会发烧、肌肉骨骼肿痛,这就是患上坏血病的征兆。明朝郑和下西洋通常带的是未经深度加工的初级农产品,如肉干、菜干、谷物、豆类、绿茶等,此外还有富含维生素的耐存储的水果、蔬菜和泡菜,这类食物都含有丰富的维生素C。由此,人们发现只需补充维生素C就可以治疗坏血病。

然而在经济环境下,求异法的应用一般都要借助于A/B测试,因为想要找到只有一个条件不同而其他条件完全相同的业务场景几乎是不可能的。

A/B测试是一种用于提升产品转化率、优化获客成本的数据决策方法,也是精细化运营的一种手段,目前被广泛应用于互联网公司的产品优化。例如,在产品全面迭代之前,为同一个目标制定不少于两个方案,也即实验组和对照组,将用户分流至对应方案内。在保证每组用户特征相同的前提下,根据用户的真实数据反馈(转化率、点击量、留存率等指标),帮助产品决

---

① 大航海时代,西方海员常患坏血病,为何中国海员却未患此病?[EB/OL].[2020-12-17].https://baijiahao.baidu.com/s?id=1686320841622182572&wfr=spider&for=pc.

策。A/B 测试可以控制对照组和实验组的条件，如投放了两组广告，除了广告文案不同，其他完全相同。如果一个用了"限时折扣"，另一个用了"专属优惠"，而最终转化率存在明显差异，那么广告文案就是转化率差异的原因。

（3）共用法。共用法（也叫求同求异法）是指如果在出现所研究的现象的几个场合中，都存在着一个共同条件，而在所研究的现象不出现的几个场合中，都没有这个条件，那么，这个条件就是这种现象的原因。共用法的特点是经过两次求同、一次求异，找到存在因果关系的对应因素。

其逻辑形式如下：

场合	先行情况	被研究对象	
1	A，B，C	a	
2	A，D，E	a	正面事例组
3	A，F，G	a	
……	……	……	
1	—	—	
2	—，E，F	—	负面事例组
3	—，F，G	—	
……	……，G，H	……	

所以，A 是 a 的原因（或结果）

例如，达尔文在研究动物和环境的关系时，他首先用求同法发现，不同类型的动物如果生活在相同的环境里，常常呈现相同的形态。鲨鱼、鱼龙、海豚等本属于不同的种类，但由于长期生活在水中，结果外貌很相似。其次，他再用求同法发现，同类的动物，如果生活在不同的环境里，形态就各不相同。狼、蝙蝠、鲸等都属于哺乳类，但因生活环境不同，体态、习性也不同。最后，他用求异法从上述两种情况的比较中做出结论：生物的生活条件和环境是决定生物形态的原因。

又如，为了调查甲状腺肿大的原因，先到这种病流行的几个地区，发现这些地区的地理环境、经济水平都各不相同，但有一点是相同的，即居民经常食用的食物和饮用的水中缺碘。再到这种病不流行的一些地区去调查，发现这些地区的地理环境和经济水平也各不相同，但有一点是相同的，即居民经常食用的食物和饮用的水中不缺碘。其中"缺碘"是 A，"甲状腺肿大"是 a，所以缺碘可能导致甲状腺肿大。

例如，对广告效果进行数据分析的时候，假如广告文案中包含"限时"的转化率较高，不包含"限时"的转化率则不高，那么我们可以认为，"限时"这个关键词对转化率可能有提升效果。

（4）共变法。共变法是指在被研究现象发生变化的各个场合里，如果其他情况都未变化，只有一个情况发生变化，那么这唯一发生变化的情况就是被研究现象的原因。

其逻辑形式为：

场合	先行情况	被研究对象
1	A1，B，C	a1
2	A2，B，C	a2
3	A3，B，C	a3
……	……	……

所以，A 是 a 的原因（或结果）

共变法多应用于相关分析、逻辑回归分析等。

例如，在其他条件不变的情况下，广告投放量增加，销量就上升，广告投放量减少，销量就下降。那么可以认为广告投放量是 A，销量是 a，广告投放量与销量之间存在因果联系。当然，在使用共变法时需要注意，有时两种现象共变，但实际上并无因果联系。

（5）剩余法。剩余法是指如果已知被研究的某一复杂现象是由另一复杂原因引起的，那么，把其中确认为因果关系的部分减去，所余部分也必属因果关系。即原因的剩余部分，是结果的剩余部分的原因。

其逻辑形式为：

复合情况（A，B，C，D）是被研究现象（a，b，c，d）的原因（或结果）

已知：A 是 a 的原因（或结果）

B 是 b 的原因（或结果）

C 是 c 的原因（或结果）

所以，D 是 d 的原因（或结果）

一般来说，剩余法只能用于研究复合现象的原因。居里夫人发现放射性元素钋和镭，实际上就是用了剩余法。有一次居里夫人和她的丈夫为了弄清一批沥青铀矿样品中是否含有值得提炼的铀，对其含铀量进行了测定，有几块样品的放射性甚至比纯铀的要大，这就意味着，在这些沥青铀矿中一定含有别的放射性元素。同时，这些未知的放射性元素只能是非常少量的，因为用普通的化学分析法不能测出它们来。经过居里夫妇的合力攻关，1898 年 7 月，他们宣布发现了这种新元素，它比纯铀放射性要强 400 倍。为了纪念居里夫人的祖国——波兰，新元素被命名为"钋"（波兰的意思）。1898 年 12 月，居里夫妇又根据实验事实宣布，他们又发现了第二种放射性元素，这种新元素的放射性比钋还强，他们把这种新元素命名为"镭"。剩余法的要求非常苛刻，现象和原因的对应关系必须是明确的，这一点在极度复杂的现实业务场景下很难做到，应用范围也有限。

三、归纳思维在生活中的实际应用

归纳思维是人们最常见的思维形式。有一种说法是几乎我们所有学的知识一开始都来源于"归纳法"。随着人工智能的发展，归纳法被推到了一个极致。现在主流的人工智能算法是用计算机对超大量数据进行复杂归纳。其中，大数据推荐算法、数据驱动型的量化投资交易就是计算机复杂归纳的典型应用。

（一）大数据推荐算法①

随着移动互联网技术和社交网络的发展，每天都有大量包括图片、视频、微博等的信息发布到网上。我们正处于大数据的时代，传统的信息检索技术

---

① 基于大数据的推荐算法综述［EB/OL］．［2019-10-17］．http：//cloud. tencent. com/developer/article/1522632.

已经不能满足用户对信息发现的需求，推荐引擎的出现可以帮用户获取更丰富、更符合个人口味和更加有意义的信息。

个性化推荐主要是根据用户的兴趣和历史行为特点，向用户推荐所需的信息或商品，帮助用户在海量信息中快速发现真正所需的商品、提高用户黏性、促进信息点击和商品销售。推荐系统是基于海量数据挖掘分析的商业智能平台，推荐主要基于以下四个信息：①热门的商品或者新闻；②详细的用户画像信息；③用户历史购买或者阅读等行为信息；④社会化关系。

推荐算法分类主要包括基于流行度的算法、基于内容的算法、基于关联规则的算法、基于协同过滤的算法、基于建模的算法以及混合算法等。这些不同的算法，各有优缺点，也各有适用性。

例如，基于流行度的算法，主要是按某种热度排序对热点商品或者信息进行推荐。这种算法适用于刚注册的新用户，由于新注册的用户在系统中无历史行为，该如何为他们推荐内容是一个很重要的问题，即冷启动问题。基于流行度的算法可以解决新用户冷启动问题，但其缺点也很明显，它无法针对用户提供个性化的推荐。

基于内容的推荐是根据推荐物品或内容的元数据，发现物品或者内容的相关性，然后基于用户以往的喜好记录，给用户推荐相似的物品或内容。这种推算方法易于实现，而且不需要用户数据，因此不存在稀疏性和冷启动问题。同时，基于物品本身特征进行推荐，也不会存在过度推荐热门的问题。

基于协同过滤推荐算法是一种在推荐系统中广泛采用的推荐方法。这种算法基于一个"物以类聚，人以群分"的假设，喜欢相同物品的用户更有可能具有相同的兴趣。基于协同过滤的推荐系统一般应用于有用户评分的系统之中，通过分数去刻画用户对于物品的喜好。协同过滤推荐系统被分化为两种类型：基于用户的推荐和基于物品的推荐。

基于建模的算法主要是使用常用的机器学习算法对目标用户简历推荐算法模型，然后对用户的爱好进行预测推荐以及对推荐的结果打分排序等。这种算法的特点是快速、准确，因此比较适用于实时性比较高的业务，如新闻、广告等。当然，若是需要这种算法达到更好的效果，则需要人工干预反复地进行属性的组合和筛选，也就是我们常说的特征工程。由于新闻的时效性，系统也需要反复更新线上的数学模型，以适应变化。

综观以上各种大数据推荐的算法，都是对以往积累形成的大规模数据，通过多维度、多特性的关联计算，得出各种经验性的规律，这些是如今互联网巨头能够脱颖而出并取得商业成功的关键因素。这些规律其实就是大数据归纳总结的用户行为模式规律。根据这些算法总结的规律，针对每个特定时间、特定场景访问网络服务的用户，都可以给出不同的推荐内容和信息，让用户感觉到网络特别"懂"自己的需求，从而快速促成网络消费行为或者增加用户黏性。

（二）量化投资交易程序

量化交易是指以先进的数学模型替代人为的主观判断，利用计算机技术从庞大的历史数据中深度分析归纳，从中海选能带来超额收益的多种"大概率"事件以制定策略，极大地减小了投资者情绪波动的影响，避免在市场极度狂热或悲观的情况下做出非理性的投资决策。

量化投资和传统的定性投资本质上来说是相同的，两者都是基于市场非有效或弱有效的理论基础。两者的区别在于量化投资管理是"定性思想的量化应用"，更加强调数据。量化交易具有四个方面的特点：

（1）纪律性。根据模型的运行结果进行决策，而不是凭感觉。纪律性既可以克制人性中的贪婪、恐惧和侥幸心理等弱点，又可以克服认知偏差，且可跟踪。

（2）系统性。具体表现为"三多"：一是多层次，包括在大类资产配置、行业选择、精选具体资产三个层次上都有模型；二是多角度，定量投资的核心思想包括宏观周期、市场结构、估值、成长、盈利质量、分析师盈利预测、市场情绪等多个角度；三是多数据，即对海量数据的处理。

（3）套利思想。定量投资通过全面、系统性的扫描捕捉错误定价、错误估值带来的机会，从而发现估值洼地，并通过买入低估资产、卖出高估资产而获利。

（4）概率取胜。一是定量投资不断从历史数据中挖掘有望重复的规律并加以利用；二是依靠组合资产取胜，而不是单个资产取胜。

量化投资技术包括多种具体方法，在投资品种选择、投资时机选择、股指期货套利、商品期货套利、统计套利和算法交易等领域得到广泛应用。

以统计套利为例，统计套利是利用资产价格的历史统计规律进行的套利。其主要思路是先找出相关性最好的若干对投资品种，再找出每一对投资品种的长期均衡关系（协整关系），当某一对品种的价差（协整方程的残差）偏离到一定程度时开始建仓，买进被相对低估的品种、卖空被相对高估的品种，等价差回归均衡后获利了结。股指期货对冲是统计套利较常采用的一种操作策略，即利用不同国家、地区或行业的指数相关性，同时买入、卖出一对指数期货进行交易。在经济全球化条件下，各个国家、地区和行业股票指数的关联性越来越强，从而容易导致股指系统性风险的产生，因此，对指数间的统计套利进行对冲是一种低风险、高收益的交易方式。但统计套利是一种风险套利，其风险在于这种历史统计归纳得出的规律在未来一段时间内是否继续存在。

四、归纳思维的局限性

18 世纪，英国哲学家大卫·休谟在《人类理解研究》一书中提到了归纳问题，该归纳问题又被称为"休谟问题"。他认为"我们不能以先验的知识证明未来就会和过去一致，因为（在逻辑上）可以思考而出的明显事实是，世界早已不是一致的了"。简单来说，休谟提出的就是所谓的"归纳法谬误"，其实是在强调未来的世界未必与过去或者现在的世界相同，所以在过去或现在有效的规律在未来不一定依旧成立，即不能把一定时空边界之内的小概率事件，推而广之为整类事物超时空所共有的规律。

其实，人类所犯的很多错误都是源于把边界之内的规律不恰当地推到了边界之外。归纳法谬误说明了一个可怕的事实：在过去的几千年里，我们一直在使用甚至在未来会继续使用的思维模式并不能准确地诠释事物背后的规律。即使所有前提都是正确的，我们也无法确保总结得到的结果一定为真，而独立可重复性验证规则的存在，只能用来判断归纳结果是否存在，却无法验证结果的正确性。

以下三个经典的案例可以看出归纳思维存在的局限性：

（1）罗素的火鸡。罗素的火鸡说的是英国哲学家伯特兰·罗素关于一只归纳主义者火鸡的故事。在一个火鸡饲养场里，一只火鸡发现，不管是艳阳高照还是狂风暴雨，不管是天热还是天冷，不管是星期三还是星期四，每天上午的9点钟，主人都会准时出现，并给它喂食。于是，它得出了一个惊天大定律：主人总是在上午9点钟给我喂食。时间来到圣诞节的前一天，上午9点，主人又一次准时出现，但是这次主人带来的并不是食物，而是把它变成了食物……

"罗素的火鸡"被用来讽刺那些归纳主义者通过有限的观察，得出自以为正确的结论。因此，在使用归纳法时，特别是从有限的观察中推导出来的结论，一定要慎重。

（2）黑天鹅。17世纪之前，人们从来没有想过世界上除了白天鹅还有其他颜色的天鹅，因为生物学家们在亚洲、欧洲和美洲所发现的天鹅都长着白色的羽毛，于是得出结论：天鹅就是白色的。他们甚至经常用"黑天鹅"来描写和比喻他们认为不可能存在的事物。直到在澳大利亚发现黑天鹅，人们认识天鹅的视野才打开。

（3）量化交易失灵。量化交易，就是利用电脑分析过去金融市场的走势规律，然后归纳得出最佳买卖交易能够获利的触发条件，编写成为自动化交易程序，替代人为主观判断来参与金融市场的交易。可以说在纯归纳法领域，人脑被电脑完全碾压，再天资卓绝的人也不可能记住全球市场所有的历史价格走势，计算机可以轻而易举做到这一点；然而在历史数据回测中成绩优秀的量化金融交易策略，实际交易完全失效的例子比比皆是。

量化交易中的因子就是对股价有直接影响的因素，用来解释股票涨跌和表现的各种原因的归纳。多数量化交易模型需要不断添加因子，如基本面因子、技术因子、量价类因子、高频因子等。但无论添加多少因子，在历史数据中验证通过的策略模型，都无法考虑到实际交易中不断发生的更多不确定性因子。纯归纳法容易失效的原因只有粗浅的六个字——总有意外发生。

从上面三个例子可以看出，归纳法有一个本质上的缺点，通过归纳法得出的结论必须建立在一个"连续性假设"的基础上，它是归纳法得以形成的前提性假设，但这个连续性假设并不是归纳法本身能够证明的。因此，归纳法有出错的概率，所以对采用归纳法得出的结论要心存敬畏。想要避免以偏概全，得出的结论需要进一步用事实验证，从多个角度证实或证伪。

第二节　演绎思维

一、演绎思维的概念

有一家日化企业，其内部的高层领导试图将公司的产品销往非洲中部。然而，在召开内部会议讨论时，许多人针对这个决策提出异议。他们列举出很多理由来反驳董事会的决议，如非洲人生活状况落后、非洲人收入低等。面对种种质疑，高层领导问道："是不是所有人都需要健康的生活方式？"与会人员回答："是。"领导又问道："非洲中部的人是不是人？"答案当然是，那么由此推出的结论就是：非洲中部的人也需要有人为他们提供健康的生活方式。公司产品销往非洲中部是没问题的，关键是需要仔细考量该如何提供。后来，在董事会的坚持下，该公司拿出一部分资金和人力，将其投入开发非洲中部的市场上，并在具体实施中采取了相应的策略，如与当地政府进行实物交换、推广低廉而有效的日化产品等，最终公司在非洲中部的销售获得成功。由此可见，对于企业而言，要解决一些商业问题，运用三段式推理法十分有效（贾太平，2018）。

从一件事物推导出另一件事物，中间存在一个必然的导出，而这个导出的过程所采用的推理方法，实际上就是我们常说的演绎法。

演绎法最早可以追溯到亚里士多德的三段论。所谓三段论，由三个部分组成：大前提、小前提和结论，而这个结论在逻辑上是从大前提和小前提得出来的。大前提是一般性的原则，小前提是一个特殊陈述。欧几里得是第一个将亚里士多德用三段论形式表述的演绎法用于构建实际知识体系的人，欧几里得的几何学正是一门严密的演绎体系，它从为数不多的公理出发推导出众多的定理，再用这些定理去解决实际问题。比起欧几里得几何学中的几何知识，它所蕴含的方法论意义更重大。随后笛卡尔的演绎推理成为西方近代科学发展的重要推理形式，牛顿力学就是例子。麦克斯韦则在1865年分别用归纳法、类比法、演绎法写了三篇文章，推出电磁波的存在，并预言了光是电磁波。

演绎法是从一般到个别的推理方法，是从事物一般性前提出发，通过一定逻辑推导——演绎——得出具体结论的过程，是前提与结论之间有蕴含关系的必然性推理。用演绎法的形式来思考问题和解释各种现象的思维方式，我们称之为演绎思维。

二、演绎推理的形式

演绎推理有三段论、假言推理、选言推理、关系推理等形式，其中三段论推理是主要的演绎推理形式。

所谓三段论，就是由两个含有一个共同项的性质判断作前提，得出一个新的性质判断为结论的演绎推理。三段论是演绎推理的一般模式，包含三个部分：大前提即已知的一般原理；小前提即所研究的特殊情况；结论即根据一般原理，对特殊情况做出判断。最经典的三段论，当属古希腊哲学家亚里士多德的三段论句式：所有人都会死；苏格拉底是人；苏格拉底终会死。

在日常生活中，我们也经常以三段论的形式来表达逻辑推理过程，具体又分为标准式演绎、常见式演绎两种形式。

（一）标准式演绎

标准式演绎即标准的大前提、小前提、结论三段论推理形式。例如，

（1）大前提：所有的企业都要承担社会责任。

（2）小前提：我们公司是一家企业。

（3）结论：我们公司需要承担社会责任。

其中，

（1）结论中的主项叫作小项，用"S"表示，如上文中的"我们公司"。

（2）结论中的谓项叫作大项，用"P"表示，如上文中的"承担社会责任"。

（3）两个前提中共有的项叫作中项，用"M"表示，如上文中的"企业"。

在三段论中，含有大项的前提叫大前提，如上例中的"所有的企业都要承担社会责任"；含有小项的前提叫小前提，如上例中的"我们公司是一家企业"。三段论推理是根据两个前提所表明的中项 M 与大项 P 和小项 S 之间的关系，通过中项 M 的媒介作用，从而推导出确定小项 S 与大项 P 之间关系的结论。用公式表示就是：

（1）大前提：M—P。

（2）小前提：S—M。

（3）结论：S—P。

需要说明的是：不是任何一个三段论推理都是有效的，要想使你的推理有效必须掌握三段论推理的五大原则。

第一，在一个有效的三段论中，只能有三个概念，不能有四个概念。否则犯了"四概念"的错误。例如，

（1）大前提：鲁迅的小说不是一天能够读完的。

（2）小前提：《孔乙己》是鲁迅的小说。

（3）结论：《孔乙己》不是一天能够读完的。

在上述论断中，中项"鲁迅的小说"在大前提中是一个集合的概念，指"所有鲁迅的小说"，而在小前提中，是一个普通的概念，指《孔乙己》这一本小说，中项概念不同。实际上这个三段论犯了"四概念"错误，导致结论不成立。

第二，中项在大前提、小前提中，至少周延一次。周延是指在判断中，所论及的概念包括了这一概念的全部外延，否则称为不周延。例如，

（1）大前提：小麦是可以食用的。

（2）小前提：大米也是可以食用的。

（3）结论：大米是小麦。

在上述论断中，中项"可以食用的"在大前提、小前提中都不周延，即"小麦"和"大米"都只是"可以食用的"范畴的一部分。中项不周延，导致结论不一定成立。

第三，在前提中不周延的项，在结论中也不得周延。如果大项和小项在前提中不周延，而在结论中周延了，那么结论断定的内容会超过前提断定的内容。如果大项在前提中不周延，在结论中却周延，就犯了"大项不当周

延"或"大项扩大"的逻辑错误。类似地，小项如果在前提中不周延，在结论中却周延，那么会犯"小项不当周延"或"小项扩大"的逻辑错误。例如，

（1）大前提：领导工作是政策性很强的工作。

（2）小前提：秘书工作不是领导工作。

（3）结论：秘书工作不是政策性很强的工作。

此例大项"政策性很强的工作"在大前提中不周延，而在结论中变得周延了，因而结论是不可靠的。

第四，两个否定的前提下不能推出结论。三段论的两个前提若都是否定命题，那么在大前提中，大项的外延和中项的外延就会排斥；同样，在小前提中，小项的外延和中项的外延也会排斥，中项就无法发挥它连接大项和小项的作用。例如，

（1）大前提：北京不是小城市。

（2）小前提：上海不是小城市。

（3）结论：？

第五，两个前提中，如果有一个命题是否定命题，那么结论也是否定命题。

否定命题中断定中项和大小项中的一个相排斥，肯定命题中断定中项和大小项中的一个相联系，可以看出：大小项一个跟中项相连，一个跟中项排斥，则这两项之间必须是排斥关系，所以结论是否定的。

（二）常见式演绎

常见式演绎即现象+原因+解决方案。从看得见的现象开始，分析其产生的原因，然后根据这些原因得出对应的解决方案。这是我们日常生活中常见、实用的表达说服方式。可简化为以下推理模式：

用识别现象、分析原因、提出解决方案这三个步骤来横向构建金字塔，就是发现问题、分析问题、解决问题，这是我们在工作中经常使用的一种表达结构。这种表达方式，在职场中的应用很广泛，有极强的说服力，因为它符合演绎推理的过程，它从是什么、为什么、怎么做这三个方面有力地支撑了我们想表达的中心思想（见图4-2）。

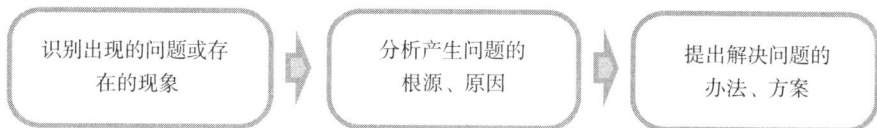

图 4-2　常见式演绎的步骤

资料来源：笔者整理。

例如，

（1）现象：公司本月业绩下滑了三个百分点。

（2）原因：主要是产品质量问题及人员服务能力不足，导致业绩下滑。

（3）解决方案：强化产品质量控制及紧抓业务人员培训。

三、演绎思维在生活中的实际应用

演绎思维的作用主要体现在以下三个方面：一是演绎思维是逻辑证明的工具，是建立理论体系的杠杆。科学定理、定律和命题等是否合理都可以运用演绎法证明。同时，演绎思维对于反驳错误的理论学说也有重要作用。二是演绎思维是做出科学预见、提出假说的重要手段。使用演绎思维把已知的一般原理运用于未知的具体场合，做出正确推论，就可以为科学预言和假说的提出指明正确的途径。三是演绎思维是检验科学假说的一种方法。科学史上有一些假说难以直接在观察实验中得到检验，常常运用演绎法从假说中做出推论。

案例一

想象如下场景：你是一个互联网技术团队的小组负责人，最近因为一个任务比较重的项目有个难点总是难以攻克，团队加班工作了很久也没有思路，很多人都身心疲惫，团队内部关系也越来越紧张，这样下去很容易导致项目延期。有人提议出去团建活动一下，你觉得很好，于是打算向领导提出申请。如果这样提出申请："领导，大家做这个项目太累了，想出去团建活动一下，您看行吗？"这个简单的申请，只说了团队存在的现象，然后直接给出方案需求，欠缺对现象的原因分析。领导无法将"太累了"和"团建活动"的必要性关联起来，反而会觉得你们项目干不好，还想花钱出去团建，还不赶紧踏踏实实做好项目，尽早拿出产品来再说！

但如果你通过阐述现象、分析问题原因、提出解决办法的逻辑思路，向领导提出申请，效果会好很多。

现象：团队工作状态不佳，大家都感觉比较累，内部关系紧张；

原因：最近为攻克技术难关加班较多，身心疲惫，技术思路打不开，容易互相埋怨；

解决办法：组织一次外出团建活动，让大家调整心态，放松一下紧张的情绪，增强团队凝聚力，顺便发散思路。

顺着这个演绎逻辑，组织一下语言，效果就好得多："领导，我们团队同事们的状态有点不佳，有时候互相之间也会出现一些小摩擦，主要是最近接手这个项目后，为了尽快出成果，加班加点工作了不少时间，想突破技术难关。但目前正是瓶颈期，大家都绷得很紧，需要适当调整一下，要不然大家的情绪会有更大的波动，难以形成合力。这个时候如果能开展一下团建活动，对大家调整心态、团队合作会有很大的帮助，思维发散一下也会更快突破技术难关。您看可以吗？"

这样的话，领导知道了目前团队存在的问题，也理解了其中的原因，为了更好地取得成果，大概率会同意你的建议。

案例二

演绎思维是一项非常重要的能力，它不仅可以使我们的结论经得起推敲，同时也帮助我们在构建大前提的过程中，层层拆解业务和需求，从而达到业务精通的境界。随着互联网的发展，出现了不少旅游平台，如携程、飞猪等。旅行社可以在旅游平台上发布旅游产品，而用户在平台上可以比较各个旅行社的旅游产品，最终选择符合用户需求的旅游产品。旅游平台通过线上渠道给旅行社带去更多用户，并从中赚取佣金（猴子·数据分析学院，2020）。图4-3从用户角度绘制了旅游平台的业务流程图。

有一天，经理希望看看投诉对用户下一年复购的影响。对于这一问题，我们就可以采用常见式演绎，即现象+原因+解决方案。

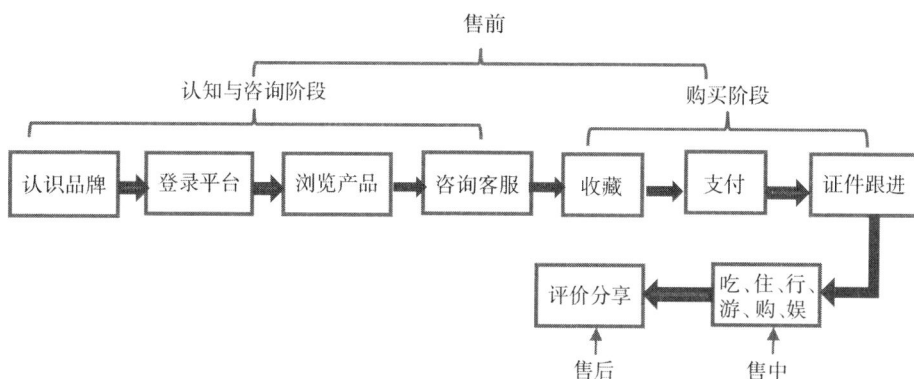

图 4-3 用户出游角度的业务流程

资料来源：根据《数据分析思维》（猴子·数据分析学院，清华大学出版社，2020）第九章整理。

首先，从看得见的现象开始，分析现状。导出去年曾来消费的用户数据以及投诉数，分析用户今年的复购情况。对比分析发现：无投诉的用户组在下一年的复购率为43.5%，而有投诉的用户组下一年的复购率只有26.0%。说明用户投诉少，后续购买的可能性就大。

其次，进一步深入分析用户投诉的原因。对于投诉数据，可以从三个角度去分析：①是否售前销售做得不好？②是否售中的接待服务做得不好？③是否售后服务做得不好？

对投诉数据分类，分别统计出售前、售中、售后投诉在全部投诉中的占比，假设得到的数据如图4-4所示。可以发现绝大多数投诉都是售中，那就可以将分析重点放在对于售中环节的分析。

对售中投诉再进行拆分，看用户会投诉旅途中哪些服务。旅途中的服务主要分为"吃、住、行、游、购、娱"六要素，因为"购物"和"娱乐"的时间安排和行程有关，所以合并成"行程"一类，这样就把六要素浓缩成五类问题，分别是餐饮、酒店、交通、导游、行程。

接下来，我们可以利用细分思维分别统计订单设诉记录，不同的目的地相应的投诉问题也有所不同，因此，可以根据各旅游目的地来分析五类问题在投诉中的占比，并特别标注突出的问题（见表4-1）。

投诉率（%）

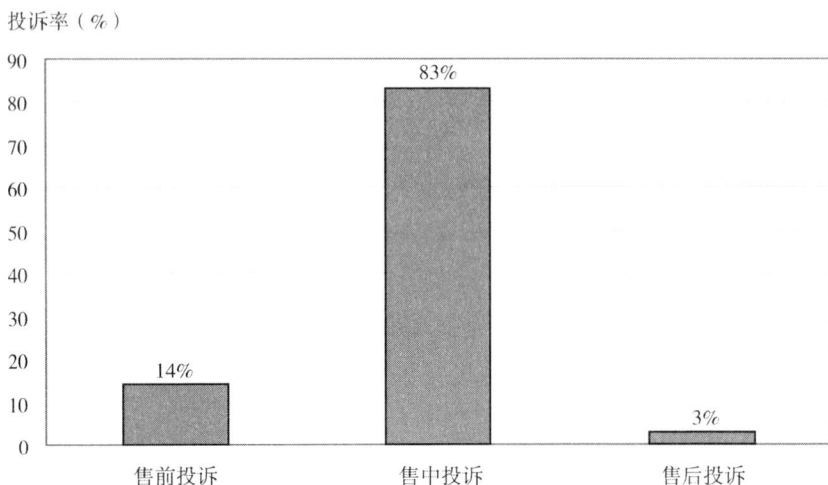

图 4-4　各类投诉占比

资料来源：根据《数据分析思维》（猴子·数据分析学院，清华大学出版社，2020）第九章整理。

表 4-1　投诉占比情况

目的地	投诉率（%）	出游人数（人）	餐饮（%）	酒店（%）	交通（%）	导游（%）	行程（%）	突出的问题
A	2.7	15462	28	35	34	67	50	当地导游服务不好
B	2.3	4808	45	18	12	25	24	餐饮不合口味
C	2.2	12800	24	48	36	22	34	住宿条件较差
D	2.4	20450	15	34	45	29	88	行车时间太长

通过这样的拆解，将售中阶段的接待服务细分为五大类问题，并按照不同目的地为业务人员一一列出投诉情况，使投诉原因得到进一步细化，找出问题的关键，将有助于业务人员明晰业务中存在的突出问题。

最后，针对每个目的地投诉中的突出问题对症下药，提出改进建议。

对于目的地 A，可以提升导游素质，加强全陪导游与当地导游的协调与交涉；

对于目的地 B，可以调整其他餐饮场所；

对于目的地 C，可以提高住宿标准，寻求性价比更高的酒店；

对于目的地 D，可以适当减少行程景点，保证用户休息。

经过演绎法推理的结论才是合理的，它不仅可以让我们得出的结论经得住推敲，同时也会让我们在构建大前提的过程中，层层拆解业务和需求，从而达到业务精通的境界。

案例三：

一般内容行业是以文章、图片、视频等为内容载体，经过不同形式的包装，最终形成满足用户阅读、学习、消遣等需求的产品。业界耳熟能详的内容平台有知乎、小红书、哔哩哔哩、抖音、快手等。

随着移动互联网的发展，用户碎片化时间更充分地被填补了，用户接触内容更加方便，内容的变现越来越直接，信息量越来越大，可视性越来越强，表现形式也越来越丰富。现在试想一下：你是某内容平台的负责人，想了解一下某地区 20~40 岁的人群每天花费在短视频观看的时间是多少。你打算怎么去估计？

再如，某汽车电瓶生产厂声称其生产的电瓶平均寿命为 60 个月、标准差为 6 个月。质检部门决定检验该厂商的说法是否真实，为此随机抽取了 50 个该厂生产的电瓶进行寿命试验，检测结果发现，这 50 个样品组成的样本的平均寿命为 57.5 个月。思考一下，厂商的声称是否可信？

解决以上类似问题，都需要用到统计学中的一个重要定理——中心极限定理（Central Limit Theorems）。那么，什么是中心极限定理呢？中心极限定理指的是给定一个任意分布的总体，每次从这些总体中随机抽取 n 个抽样，一共抽 m 次。然后把这 m 组抽样分别求出平均值。这些平均值的分布接近正态分布。

通俗来说就是一组数据，不管它之前是正态分布、伽马分布、指数分布还是均匀分布，从中随机多次抽取样本（样本量≥30），并分别计算每组样本数的均值，你会发现这些样本均值满足正态分布。

对于第一个问题，我们可以随机调查某地区 500 名（假定样本量）20～40 岁的人员，用这 500 人每天在短视频观看的平均时间来估计其所在总体的平均值。因为根据中心极限定理，任何一个样本的平均值将会约等于其所在总体的平均值，因此我们能够推测，这个包含 500 人的样本的每天平均观看时间约等于总体的平均值。

对于第二个问题来说，我们可以利用中心极限定理进行分析。因为中心极限定理表明，样本平均值是呈正态分布的，我们便可以通过样本平均值概率分布获得推理所需的"超能力"。要做的事情就是测算样本均值为 57.5 个月的可能性有多大，由于涉及具体的概率计算，具体过程略去。通过定理可以推导出如下结论：在容量为 50 的样本中，该样本的平均寿命（57.5 个月）低于 60 个月的概率约为 0.0016，这是一个非常小的概率，正常情况下，只进行一次随机抽样是基本不可能得到这样一个样本的，所以我们有理由怀疑这个样本不是随机的，厂商生产的电瓶寿命不符合其声称。这就好像我们怀疑彩票系统的某位工作人员买了一次彩票就中大奖的原因是他作弊。

四、演绎思维的局限性

在演绎思维中，只要大前提和小前提是正确的，结论就一定正确。然而演绎思维也有其局限性。大哲学家罗素指出，演绎法本质是一个"倒立的金字塔"，它的基础就是一个小点，一旦这个小点有一点点瑕疵，那么金字塔将会全面崩溃。实际上，哪怕小点完美无缺，建筑过程中只要有一点点瑕疵，金字塔也将全面崩溃。

演绎思维的局限性表现在以下两个方面：

一是创造性比较小。由于演绎是从一般到个别的推理，其结论原则上都包括在其前提之中，不可能超出前提的范围，它提供的新知识极为有限。二是结论的可靠性要受到前提的制约。由于演绎推理结论的正确性取决于前提的正确性，而前提是否正确在演绎范围内是无法解决的，这又必须依赖归纳法和其他科学方法得出的一般原理为演绎前提。而归纳结论又有其或然性，所以演绎结论也并不是绝对可靠的，这也要靠归纳事实加以检验。

在演绎法推导的过程中，如何确认前提是正确的呢？我们不妨从以下例子寻找答案。就用户画像来说，每个公司都希望能建立自己的用户画像，以便更好地了解自己的客户。在建立用户画像的过程中，不论我们采用的是机器学习模型还是简单统计描述法，我们的第一步都是通过演绎思维去寻找用户的特征。

假设 A 是房产经纪人，他的工作职责就是开发新客户，完成房屋的出租。如果要为 A 开发出租房用户的用户画像，那我们首先会不断地提出大前提的假设。

假设 1：大学毕业生都有租房需求。

假设 2：本地无房的大学毕业生都有租房需求。

假设 3：本地无房、留在本地工作的大学毕业生都有租房需求。

……

通过不断地修正，得出的假设是逐渐接近于事实的，但貌似不管我们再怎么修正，总是有一些特例与大前提相违背。就拿假设 3 来说，还存在一些毕业生可以住在亲朋好友家里，他们仍然是没有租房需求的；即使把这个考虑进去了，也会有人提出"那些毕业就待在网吧里打游戏的人呢？"如果要把这些特例完全考虑进去肯定是不现实的，光是罗列特例就耗时耗力且得不偿失。这时，就需要我们具备统计思维。学过统计学的人应该不会对置信度陌生。

在统计学中，有个概念叫置信水平。我们要做的就是让大前提满足需要的置信水平。简单来说，就是容许小范围的误差，只要误差是在这范围之内，就可以默认这前提是对的，根据这前提推理出来的结论也就是对的。

正态分布置信区间如图 4-5 所示。

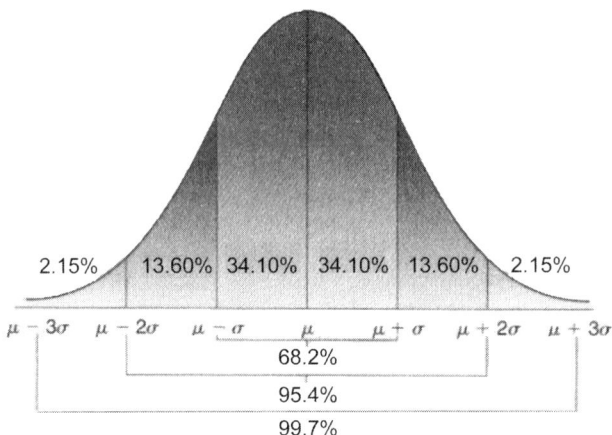

图 4-5 正态分布置信区间

资料来源：百度图片。

第三节　归纳与演绎思维的辩证关系

一、归纳与演绎思维的区别

归纳和演绎是两种不同的思维过程，两者的主要区别有以下五点：

（一）思考的顺序不同

归纳的本质是从"情况"到"结果"再到推出"规则"。推理的起点是从认清现状开始的，通过认清现状，得到可能的结果，再从得到的结果中找出共有的属性，再由这些共同属性得出一般规则、一般规律。

演绎的本质则是从"规则"到"情况"再到"结果"。推理是从规则或结论开始的，由一般规则出发，分析可能出现的情况，再由这些情况，得出可能的结果。

（二）推理过程不同

归纳是从个别到一般的推理过程，演绎是从一般到个别的推理过程，两者过程正好相反，起点和结果也正好相反。

（三）推理所需的前提数量不同

演绎推理前提的数量是确定且相对有限的，即"1个大前提+1个小前提"就可以进行推导；归纳推理前提的数量则是不确定的。完全归纳法需要将所有前提全部纳入推理，不完全归纳法则需要将尽可能多的前提纳入推理，数量越多结论可靠性越大。

（四）前提和结论之间的关系不同

归纳是对现状的总结，是对一些现象的高度凝练，并非把所有现状都进行举证，也并非包括所有的现状和现象。特别是对于不完全归纳，尽管前提是真实的，推理过程也是正确的，但结论不一定完全真实，因为可能有黑天鹅现象出现，即可能会出现一些意外。

演绎是对一般规律的推演，它的前提与结论之间存在着必然的关系，只要前提真实，推理过程正确，结论必然真实。

（五）结论判定的知识范围不同

归纳是由个别事物到一般事物的推理，其结论所判定的知识范围已经超出了前提中包含的知识范围，它是这些现象或事物的高度凝练、高度总结。

演绎是由一般事物到个别事物的推理，其结论所判定的知识范围没有超出前提中的知识范围，而是这些一般规律的具体体现。

二、归纳与演绎思维的联系

正如恩格斯在《自然辩证法》中所指出的："归纳和演绎，正如分析和综合一样，是必然相互联系着的。不应当牺牲一个而把另一个捧到天上去，应当把每一个都用到该用的地方，而要做到这一点，就只有注意它们的相互联系、它们的相互补充。"

演绎是从归纳结束的地方开始的，演绎的一般知识来源于经验归纳的结果。在学习过程中，我们不仅要十分重视演绎推理的前提所依据的一般原理，尤其要重视这些一般性原理是如何从大量实践经验中归纳出来的，才能正确理解和运用一般原理进行演绎推理，得出正确的结论。

人的认识过程，归结起来就是从特殊到一般、从一般到特殊的循环往复的过程。因此，把归纳和演绎结合起来加以运用具有特别重要的意义。在学习中，每一个概念、公式、定理、原理、定律等的掌握与运用，都离不开归纳法和演绎法的综合。

具体来说，归纳和演绎存在四个方面的联系。

（一）归纳和演绎是对同一客观事物个性和共性之间对立统一关系的反映

归纳与演绎的联系如图 4-6 所示。

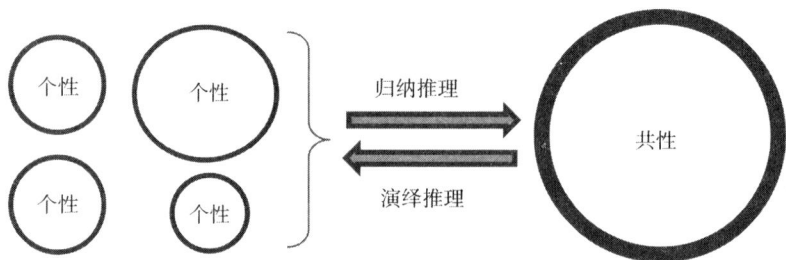

图 4-6　归纳与演绎的联系

资料来源：笔者整理。

（二）演绎必须以归纳为基础，因为演绎是以归纳的结论为大前提的，没有归纳就没有演绎

例如，某路口每周五晚高峰时段都会出现交通拥堵现象。今天是周五，马上到晚高峰时段，所以这个路口很快就会出现交通拥堵现象。

对于这个推论的表述，其演绎三段论结构：①大前提：某路口每周五晚高峰时段都会有交通拥堵现象；②小前提：今天是周五，已经临近晚高峰时段；③结论：这个路口很快就会出现交通拥堵现象。

同样，根据这个大前提，我们还可以推断：下周五的晚高峰，下下周五的晚高峰……这个路口都将出现交通拥堵现象。

这是一个标准的演绎逻辑，通过大前提和小前提，推论出结论，可以用图4-7表示其推论结构。

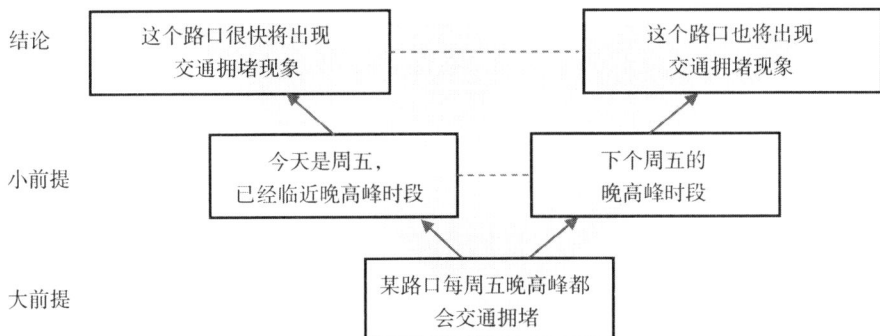

图4-7　标准式演绎

资料来源：笔者整理。

我们分析一下这段演绎的大前提，也就是"某路口每周五晚高峰时段都会有交通拥堵现象"这个论断。这个大前提是怎么来的呢？

这就涉及归纳推理了。通过最简单的事实，就是人们看到之前几个月甚至几年的时间内，每月、每周的周五晚高峰的时间段，这个路口都出现了拥堵现象，无一例外。经过长时间对这个路口周五晚高峰的观察分析，通过不完全归纳推理，最终得出这个结论。这是一个时间结构的归纳推理，可以用图4-8表示其推论结构。

事实上，当我们把这两张结构图拼接起来，会发现第一张图演绎推断的基础大前提和第二张图的归纳结论是一个论断，演绎推理的基础就是归纳推理的结论（见图4-9）。

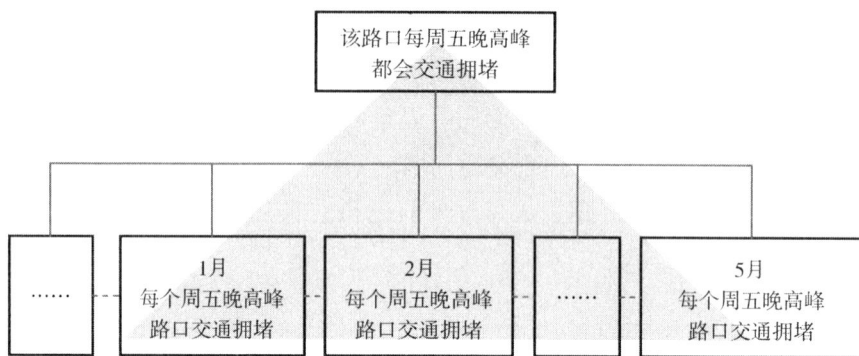

图 4-8　时间结构的归纳推理

资料来源：笔者整理。

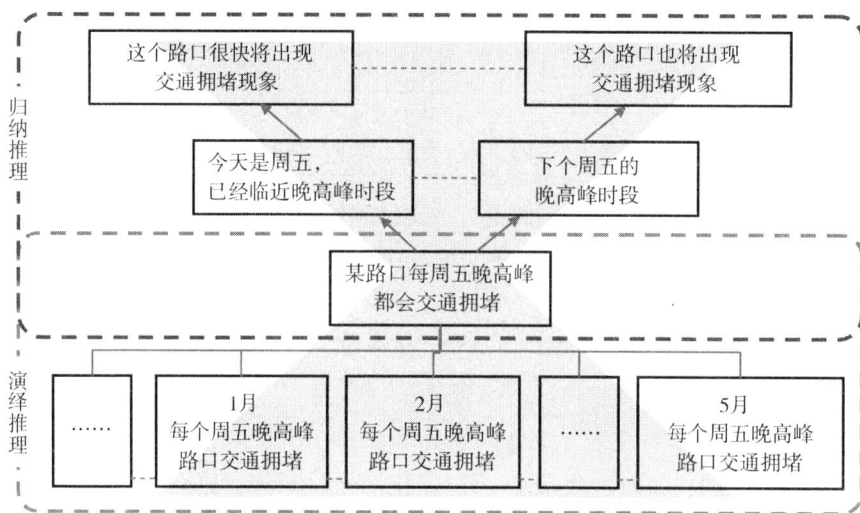

图 4-9　归纳与演绎案例

资料来源：笔者整理。

（三）归纳必须以演绎为指导，因为归纳离不开某种一般性的认识

在日常生活中，我们在为归纳做准备而搜集经验材料时，必须以一定的理论原则为指导，才能按照确定的方向，有目的地进行搜集，否则会迷失方向。

例如，我们要培养阅读习惯，扩展知识视野，树立正确的人生观、价值观、世界观，在选择阅读书目的时候，该如何选择呢？

如果从归纳推理的角度去选择，各大图书城里面的畅销书目应该是一个好的选择方向，因为销量好，肯定是大家喜爱看，说明书本身应该很不错、值得一读。的确，很多经典的好书，总是能够保持较高的畅销度；但实际上，大部分畅销书并不一定适合每个人阅读，可能只是某个出版商或者图书城在低价促销，也可能是近期社会上出现了某个热点，闻风而动的写手们为迎合大众心理仓促出版的热点鸡汤快餐。这就出现一个以什么原则为选择导向的问题。

从演绎的角度来看，那些不断推动科技和社会进步的科学家们闪耀的思想火花、历朝历代那些英雄伟人的成长历程和光辉成就，以及千百年来人类积累下来的知识经典宝库，都是我们人类社会进步的重要因素，这方面的书籍，是当今世界正确的人生观、价值观、世界观载体。培养正确三观，这类书籍是不二选择。另外，在我们成长过程中、长大后，都会面对各种各样的困难、遇到形形色色的社会不良诱惑，要培养面对困难的挫折承受力、辨识能力和自制能力，在正确的引导下，适当了解一些非主流的文化和社会现象，也是非常必要的。通过这些演绎思考，我们选择书目的范围、比例、类型便大致有了方向。

（四）归纳与演绎相互转化、互相渗透

归纳出来的结论，成为演绎的前提，归纳转化为演绎；以一般原理为指导，通过对大量材料的归纳得出一般结论，演绎又转化为归纳。归纳和演绎是相互补充、交替进行的。归纳后随之进行演绎，归纳出的认识成果得到扩大和加深；演绎后随之进行归纳，通过对实际材料的归纳验证和丰富演绎出的结论；两者在一定条件下是可以互相转化、互相渗透的（见图4-10）。

很多归纳法得出的结论，背后是有正确的理论来支持的。苹果熟了，总是会从树上掉到地下，从归纳的角度来看，因为人们每次看到的都是苹果掉下来，而不是飞到天上去，所以苹果熟了肯定要掉下；但从演绎角度来看，苹果落地不是因为前面所有的苹果都掉下来，而是因为万有引力的作用。同样，路口每到周五晚高峰就拥堵，是一个长期观察到的现象，但究其原因，

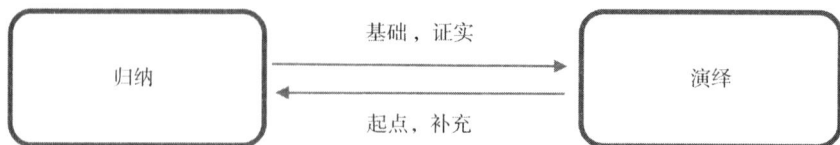

图 4-10　归纳与演绎的关系

资料来源：笔者整理。

可能是每周五晚城里的人习惯从某个必经路口去郊区休假，或者是附近每周五晚上有固定的演艺表演，吸引大家前来观看。

三、归纳与演绎思维在生活中的综合应用

（一）日常生活中一个生动的例子

随着对于归纳法和演绎法研究的深入，两种思维各有长处和局限性，很多时候，在实际应用中将归纳法和演绎法结合起来更有可操作性，推理得出的结论往往也更科学、更有说服力。很常见的排除电脑故障的过程，就可能是归纳法和演绎法综合运用的生动例子。

公司某员工使用的笔记本电脑在使用过程中经常无故花屏。送到信息管理部检查，又好好的没有花屏。拿回来用不一会儿又花屏了，很是奇怪。信息管理部工程师排查了四个原因：

（1）信息管理部使用，无故障；员工工位上使用，偶发故障；怀疑和工位有关。

（2）换一台同型号无故障电脑，到员工工位使用，不出现故障；但插上员工的电源适配器，屏幕偶有闪烁。

（3）排查员工电脑在插上电源适配器和不插电源适配器时的情况，对比发现插上电源适配器，花屏故障就容易出现。

（4）换一个其他同型号的电源适配器，插在员工电脑上，就没有了花屏现象。

到此为止，"无故花屏"故障的直接原因已经找到了。工程师运用"求同求异"归纳法推理，逐个排查可能的影响因素，发现导致花屏的原因是电

源适配器有问题。为员工更换了新的电源适配器后，故障排除。

用归纳法的思维整理这位工程师的分析过程如表4-2所示。

表4-2　电脑花屏原因分析

轮次	使用位置	电脑	是否插电源	电源适配器	有无故障
1	员工工位*	员工电脑	—	—	有
2	其他工位	员工电脑	—	—	无
3	员工工位	同型号无故障电脑	不插电源	—	无
4	员工工位	同型号无故障电脑	插电源**	员工适配器	有类似故障
5	员工工位	员工电脑	不插电源	—	无
6	员工工位	员工电脑	插电源	员工适配器***	有
7	员工工位	员工电脑	插电源	同型号其他适配器	无

资料来源：笔者整理。

看似运用归纳法完美解决了问题，但没过多久，该员工电脑又出现花屏现象。经排查还是更换不久的电源适配器出现问题。当时只查到电源适配器问题，没有考虑为什么同批购买的其他员工电脑电源适配器都没问题，以为是适配器本身质量的特例个案。

维修工程师感觉上次"归纳法"只找到了问题，但并没有找到问题的根源。于是他仔细研究了适配器，发现适配器摸起来麻手，经测试发现是该员工自己购买的插线板严重漏电，导致适配器输入电压不稳定、内部元器件加速老化，一段时间后适配器就不能正常使用了（见图4-11）。把插线板和电源适配器一起更换后再未出现类似故障。维修工程师就是运用演绎法根据这些电器的使用原理找到了问题根源，最终完美解决了员工的烦恼。

归纳法可以引导你注意到某个事物的演变或者某种现象，但并不能解释为什么会出现这种演变或者这种现象，所谓"知其然"；但要做到"知其所以然"，还必须通过演绎法去推导，才能验证归纳法推理的结论是否能够经得起考验。

（二）商业数据分析中的综合应用

在商业活动中，我们经常要进行数据分析，并根据分析结果指导商业实

前面的原因导致后面的结果

$$\longrightarrow$$

| 插线板质量问题、漏电严重、电压不稳会影响电器 | 电源适配器输入电压不稳，内部元器件加速老化 | 经过一段时间电源适配器就无法正常工作 | 笔记本出现花屏 |

$$\longleftarrow$$

根据现象追溯合理的原因

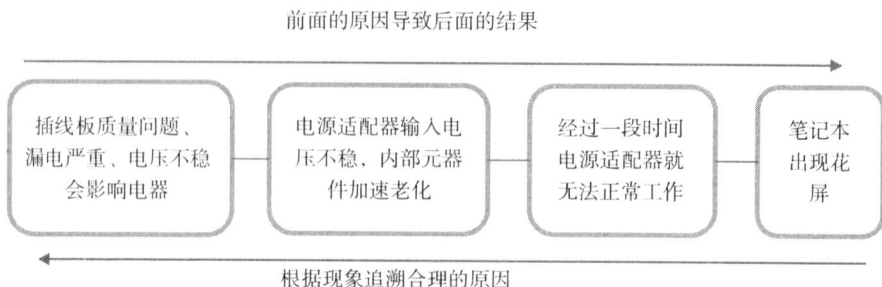

图 4-11　归纳与演绎的关系

资料来源：笔者整理。

践。从海量的商业活动数据中，挖掘出商业成功的秘密并形成经验转变成丰厚的利润，是数据分析专家们孜孜不倦的追求。实际上，在商业数据分析中，归纳法和演绎法思维的有机结合应用，也是非常普遍而且非常必要的。

我们以某餐饮连锁企业为例。该企业去年新开张门店，经营一年以来，效益明显不如其他门店。总经理把任务交给经营管理部门，要求找出原因并相应调整经营策略，提高门店效益。

经营管理部门经理首先派了一个刚入职不久的数据分析员小张去该门店调查经营状况。小张从系统调出该门店开业以来的经营数据，统计每天的进店消费客户数和消费金额，对比公司其他门店，做出了一张经营分析图后，得出了"门店生意不好的原因是每天进店消费的客户数量太少"的结论。

抛开领导会不会满意这个结论，我们先分析小张的推理逻辑。小张统计发现该门店在开业以来绝大部分开业时间的进店消费客户数量都在一个较低值附近上下浮动，得出"该店每天进店客户数量偏少"的结论，运用的就是简单归纳法。同时，他将门店经营效益不佳的原因归结于进店客户数量偏少，隐含的是"客户数量是经营业绩的基础""该门店客户数量少"，所以"该店业绩不佳"的演绎推理（见图 4-12）。

虽然小张用归纳和演绎的方法推导得出了"正确"的结论，但显而易见小张少不了要被领导批评，因为这个结论是明摆着的，对于改善经营决策几乎没有指导意义。于是经理指派经验丰富的老李给小张做指导。

老李在部门工作了多年，对这样的门店经营问题分析比较有经验。他告

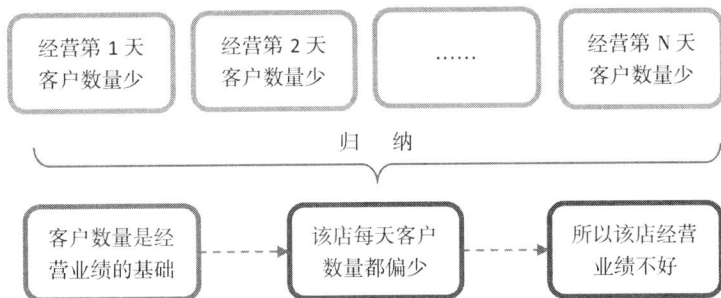

图 4-12　门店效益分析

诉小张，商业数据分析首先要对任务项目做充分理解，搞清楚自己的任务目标是什么；围绕这个任务目标，要分解成哪些具体的任务子项；然后再对这些子项进行分析，什么样的数据指标可以反映这些子项，必要的话要将影响因素多次分解；形成一个清晰的分析框架后，再相应地收集数据，通过结构化的数据分析发现问题所在，并提出相应的对策。也就是常说的商业数据分析三部曲：是什么、为什么、解决方案。

　　具体来说，这次的目标任务是在搞清楚新门店经营效益不佳的根本原因的基础上，指导该门店改变经营策略，最终提高该门店的效益水平。按照演绎法的思路，效益也就是门店的利润 = 营业收入 - 成本税费，所以需要考察收入规模是否偏低？成本是否偏高？客户数量是多是少？客户数量少的话，是新客户很少，还是老客户流失？新客户少的原因是什么？老客户为什么留不住？然后老李通过演绎推理的方法，带领小张用思维导图的方式，逐级深入展开，整理了一份分析逻辑框架（见图 4-13）。

　　小张根据这张分析框架，除了在门店财务系统调阅经营数据，还通过查阅公司存档资料、走访调研周边环境、街头问卷调查、老客户电话回访等多种形式，搜集了大量的数据资料。通过街头随机问卷调查发现，很多人对门店没什么印象，不知道门店所在的位置，甚至很多人没听说过这个门店；老客户电话回访得到的反馈是感觉服务员比较冷淡，主动服务意识不够。于是小张又调查了门店开张宣传、平时的广宣营销活动次数，考察了门店招牌的设置，营业期间考察了服务员的服务状态等，最后归纳总结、分析整理出了导致进店消费客户少的三个主要原因：①新客户增长缓慢。原因是宣传力度

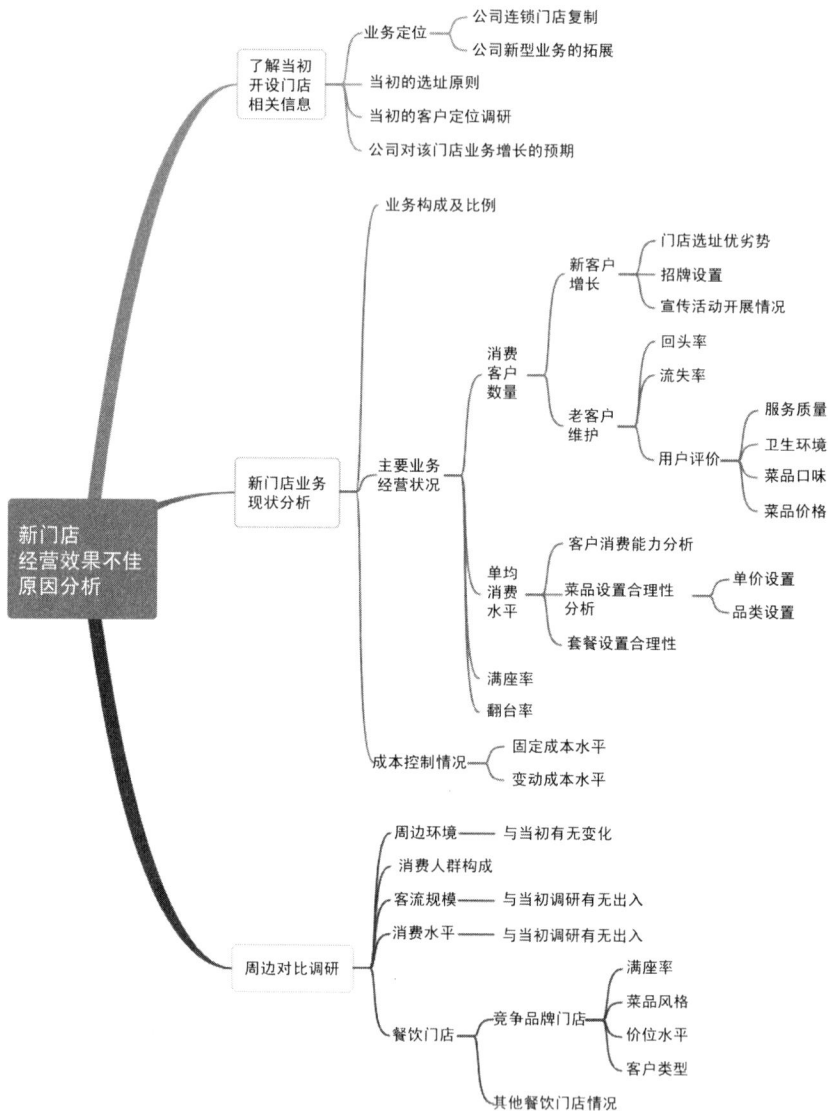

图 4-13　门店经营效果原因分析

资料来源：笔者整理。

不够，同时门店招牌不够醒目，霓虹灯和泛光灯设置不合理，导致晚上营业高峰时段很容易被忽略；装修开业后不久，紧邻的楼座外装进行过改造，增加了大量装饰性的构件，相比之下门店的招牌不够显眼。②老客户回头率偏低。通过问卷调查和老客户回访发现，菜品设置和口味评价尚可，但门店服务质量有待提升，其中服务团队的培训还不够到位，个别服务员素质有待提高。③辐射圈竞争加剧。当初开设门店之前，调研显示辐射圈内同类型竞争品牌门店数量不多，客源有保证；开店后，周边陆续增加了多家餐饮门店，客源被分流了一部分。但调研数据显示，该门店的上座率优于其他新开竞争餐饮门店。

最后，在分析报告中，小李也针对性地给出了改进意见：改善门店招牌的可视性，增强独特性和夜间辨识度；定期在周边社区街道开展新用户推广促销活动，吸引新用户进店消费；加强服务员的业务培训，增强服务意识，招聘高素质服务员，提高服务水平；对老客户推出储值折扣、积分换购、赠礼品、推荐新客户有礼等活动，提高老客户的回头率，降低流失率；继续加强集团连锁品牌的宣传力度。

数据丰富翔实、逻辑清晰、有理有据、改进方案很有针对性的报告得到了公司总经理的认可。公司按照报告建议对门店做了整改，后续业绩得到了明显的提升。

思考题

1. 据报道，2022 年 6 月国内猪肉价格再次上涨，相较于 3 月的最低价 11.8 元/千克，我国猪肉价格上涨到了 16.04 元/千克，约上涨了 35.93%，请利用本章所学的思维方法来分析猪肉价格走势。

2. 机器学习被认为是归纳和演绎配合使用的例证之一，请查找相关资料说明机器学习是如何使用归纳与演绎思维的。

第五章　相关与因果思维

第一节　相关思维

一、导入案例

（一）朴素相关思维：福尔摩斯的推理①

"你好。"福尔摩斯握着我的手热情地说，我觉得他的力气很大。

"我知道，你一定是从阿富汗回来的。"

我惊奇地问："你怎么知道？"

"……我当时一看就知道你是从阿富汗来的。由于长久以来的习惯，一系列的思索飞也似的掠过我的脑际，因此在我得出结论时，竟未觉察得出结论所经的步骤。但是，这中间是有着一定的步骤的。在你这件事上，我的推理过程是这样的：'这一位先生，具有医务工作者的风度，但却是一副军人气概。那么，显见他是个军医。他是刚从热带回来的，因为他脸色黝黑，但是，从他手腕的皮肤黑白分明看来，这并不是他原来的肤色。他面容憔悴，这就清楚地说明他是久病初愈而又历尽了艰苦。他左臂受过伤，现在动作看来还有些僵硬不便。试问，一个英国的军医在热带地方历尽艰苦，并且臂部负过伤，这能在什么地方呢？自然只有在阿富汗了。'这一连串的思想，历

---

① 资料来自《福尔摩斯探案集》。

时不到一秒钟，因此我便脱口说出你是从阿富汗来的，你当时还感到惊讶哩。"

福尔摩斯初见华生，一眼就看出了华生刚从阿富汗回来。福尔摩斯施展的侦查思维是因果思维成为主宰的时代里的一个例外，这是一种朴素的相关思维。

（二）传统相关思维：中医是难以捉摸的玄学

尽管中医关注疾病与养生，但是中医思维从来不限于人体本身，而是更加关注人体与自然环境和社会环境之间的"相关性"，强调从传统文化、自然科学、社会科学等不同层面全方位考察研究人体的生命、健康和疾病。

因为中医学理论采纳了古代的天文、历算、地理、气象、生物、物理、心理等诸多"相关性"学科知识，对人体的组织结构、生理功能、病因、发病、病机、养生进行总结、分析、归纳和整理，经过实践—认识—再实践—再认识的多次循环才形成了一套理论体系。中医所蕴含的思维方式透露出古人认识世界的根本观点和方法，并使其完美地运用到阐释人体的生命活动、病理变化、疾病的防治以及人与自然的关系等重大问题上。

无论是"精气学说"，还是"阴阳五行学说"，都是中医学从不同角度阐释人体生命活动、病理变化及养生防病等重大问题的学说，但它们之间又相互联系、相互补充。其中，精气学说更具"本体论"的性质，奠定了中医学"天人一体"的方法学基础，而阴阳学说和五行学说作为方法论，则构筑了中医学理论体系的基本框架。精气、阴阳、五行学说之间相互联系、相互补充。

中医关注疾病与养生，但是中医思维从来不限于人体本身，而是更加关注人体与自然环境和社会环境之间的"相关性"，强调从传统文化、自然科学、社会科学等不同层面全方位考察研究人体的生命、健康和疾病。中医学的思维方法是典型的相关性思维，对构建中医学特有的理论体系起到决定性的作用。中医看病是一种传统的相关思维的应用。

（三）经典相关思维：Google 公司流感预测

2008 年，谷歌搜索通过对数十亿网络搜索请求的数据进行整合与分析，提前 14 天准确预测了世界各地区的流感暴发。

Google 流感趋势（Google Flu Trends，GFT）是 Google 于 2008 年推出的一款预测流感的产品。Google 认为，某些搜索字词有助于了解流感疫情。Google 流感趋势会根据汇总的 Google 搜索数据，近乎实时地对全球当前的流感疫情进行估测。它的工作原理就是使用经过汇总的谷歌搜索数据估测流感疫情，其预测结果将与美国疾病预防与控制中心（Centers for Disease Control and Prevention，CDC）的监测报告进行比对。

谷歌公司通过对数十亿网络搜索请求的数据进行整合与分析，运用相关思维对世界各地区的流感做出预测。通过挖掘搜索数据的关联价值，获得了巨大成功和关注。

二、概念解析

什么是相关思维？为什么需要相关思维？

从一知十，从十知百，百而万，万而无极。

举一反三，触类旁通。

数据思维是依据数据来认知和反映事物客观规律的一种思维模式，是应用数据观察事物、思考并分析、解决问题的一种量化思维模式。关联性是数据思维的重要特征，相关思维是数据思维在相关关系中的一种具体应用。

相关思维就是建立在相关性分析基础上的一种数据思维方法。相关性只需要知道是什么，无须知道为什么。任何数据都可以被搜集并加以分析，找到其中强相关或弱相关的关系，挖掘事物间存在的联系，无须假设求证。相关关系带来新的思维模式，帮助我们重新认识和解释世界。通过数据关联能够发现隐藏在数据背后的问题，甚至预测未来。

小数据时代，因果关系为发现和解释诸多客观事物、客观数据之间存在的普遍联系而备受重视。然而大数据时代，数据的核心特征之一就是相关性。大数据中的"相关性"，让人类更多地发现和认知了物理世界中"暗藏"已久的人与人、人与物、人与事、物与物、物与事、事与事之间的"关系"，让人类获得最大程度上的信息对称，从而可以更加清晰地认识这个世界。

大数据专家舍恩伯格在《大数据时代》一书中指出，大数据时代处理数据的理念上应有三大转变，这些理念上的变化，引起了人们认识世界和改造世界的思维模式的变革。多数情况下，事件间的联系往往是复杂、分散的。科学研究进展表明，这些分散的现象、事件间并非毫无联系，其中的联系可以被研究。事物间的联系和规律本就分散、零碎，再加上数据量庞大，如果还依靠传统思维模式的研究方法，从提出假设到得出结论来探索其中的奥秘，必然失败。必须转变思路，改变思考、分析、研究的思维方式和研究方法有两个：一是以相关关系为基础探究大数据的规律和联系，找准关联物；二是借助大数据技术收集与事物相关的全部数据，并对数据的联系和规律进行深入挖掘和分析。

通过数据，可能会发现一些貌似毫不相干的事物之间的相关性。很多情况下，一旦完成了相关分析而又不再仅仅满足于这种相关性时，就可能会继续向更深层次的方向挖掘因果关系，找到问题背后的原因。

三、应用流程

如何应用相关思维进行分析与决策，本节将分析其应用流程。

案例：国家电网大数据应用——用电负荷精准预测

2015 年 4 月，国网江苏省电力有限公司（以下简称国网江苏电力）对江苏全省当年的用电高峰做出预测，最终数据与预测数据仅相差 1 天、41 万千瓦。

对于当年夏季高峰用电，国网江苏电力也给出了预测——预计今夏全省最高调度用电负荷需求为 8900 万~9200 万千瓦。

精准预测源于海量数据。依托国家电网有限公司统一部署的大数据平台，江苏省全社会用电信息大数据分析系统从梳理对象入手，构建统一的企业数据模型。数据越多、越细、越真实，采集样本越精细，负荷预测的精准度就越高。据介绍，该系统搭建了 50 个计算节点的大数据平台，将 99 个行业和江苏省 13 个地级市负荷细分为 11781 种负荷特性组合，在此基础上，以气象、节假日等为主要影响因素，以客户信息、历史负荷为源数据，考虑用电客户对峰谷电价、温度、节假日的敏感程度以及生产班次安排等，组建了超过 70 万个负荷影响模型。

相关关系带来的新思维模式，既帮助我们重新认知和解释世界，又推动了我们改变世界的进程。在诸多领域，如生产学习、生活应用，甚至是企事业单位及政府的运作方式中，都得到了广泛应用，并产生了思维方式的变革。看似毫不相干的事物之间，因相关关系而被联系和集中到了一起，推翻了"隔行如隔山"的传统观念，打破了传统思维方式的枷锁。数据是一种新的生产资料，常被比作新的石油！今天，越来越多的企业将具有相关关系特征的诸多数据应用于企业的经营管理。

例如，今日头条的个性化信息推荐、天猫超市的商品布局和分类摆放、电力公司的用电高峰预测、当当网的图书关联推荐等。这些都是通过对消费者诉求和实际情况或者对用户的行为数据（浏览记录、购买记录等）做数据统计和关联分析来发掘问题之间的某种联系及相关关系，并且进行了具体的应用。

亚马逊图书推荐系统依靠分析消费者在阅读、浏览和购买的书籍之间的相关关系，来预测其他阅览同类书籍的消费者的购买需求，进行图书推荐。这个推荐系统提升了亚马逊图书的销售业绩，创造了 1/3 的销售额。

今日头条新闻推荐根据用户喜好而更新新闻的推荐内容，实现主动、精准式内容推送。今日头条算法推荐系统，主要输入三个维度的变量：一是内容特征，每种内容有很多自己的特征，需要分别提取；二是用户特征，包括兴趣标签、职业、年龄、性别、机型等，以及很多模型刻画出的用户隐藏兴趣；三是环境特征，不同时间、不同地点、不同场景（工作/通勤/旅游等），用户对信息的偏好有所不同。

关于相关思维，需要注意防止过度相关、泛相关。例如，有人说，根据数据分析发现"随着冰淇淋销售增长，犯罪率也同步增长。因此，冰淇淋与犯罪有相关性"。很显然这种相关性是无意义的，实际上是因为两者之间没有因果关系，是第三个因素（天气变热）导致的共同结果。

如何应用相关思维做数据分析？

（一）相关分析

相关分析是研究两个或两个以上处于同等地位的随机变量间的相关关系的统计分析方法。相关分析是指对两个或多个具备相关性的变量元素进行分析，从而衡量两个变量因素的相关密切程度。相关性的元素之间需要存在一定的联系或者概率才可以进行相关性分析。例如，人的身高和体重之间；空气中的相对湿度与降雨量之间的相关关系都是相关分析研究的问题。相关分析与回归分析之间的区别：回归分析侧重于研究随机变量间的依赖关系，用一个变量去预测另一个变量；相关分析侧重于发现随机变量间的种种相关特性。相关分析在工业、农业、水文、气象、社会经济和生物学等方面都有应用。

相关分析就是对总体中确实具有联系的标志进行分析，其主体是对总体中具有因果关系标志的分析，是描述客观事物相互间关系的密切程度并用适当的统计指标表示出来的过程。在一段时期内出生率随经济水平上升而上升，这说明两指标间是正相关关系；在另一时期，随着经济水平进一步发展，出现出生率下降的现象，两指标间就是负相关关系。正相关关系（图中实线）和负相关关系（图中虚线）如图 5-1 所示。

为了确定相关变量之间的关系，首先应该收集一些数据，这些数据应该是成对的。例如，每人的身高和体重，然后在直角坐标系上描述这些点，这一组点集称为"散点图"。

根据散点图，当自变量取某一值时，因变量对应为一概率分布，如果对于所有的自变量取值的概率分布都相同，则说明因变量和自变量是没有相关关系的。反之，如果自变量的取值不同，因变量的分布也不同，则说明两者是存在相关关系的。

两个变量之间的相关程度通过相关系数 r 来表示。相关系数 r 的值在 -1 和 1 之间，但可以是此范围内的任何值。正相关时，r 值在 $0 \sim 1$，散点图是斜向上的，这时一个变量增加，另一个变量也增加；负相关时，r 值在 $-1 \sim 0$，散点图是斜向下的，此时一个变量增加，另一个变量将减少。r 的绝对值越接近 1，两个变量的关联程度越强，r 的绝对值越接近 0，两个变量的关联程

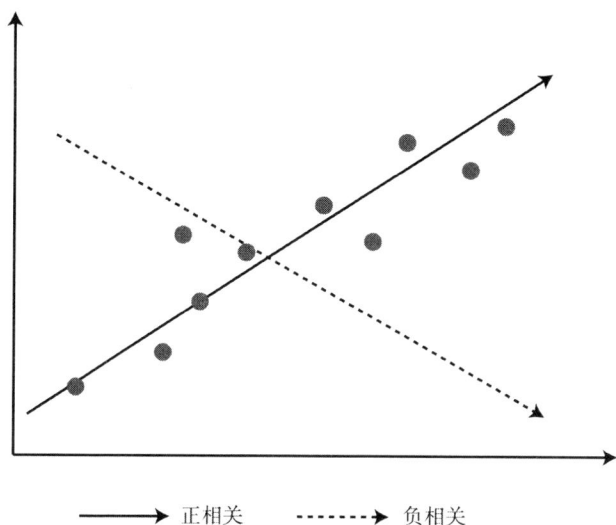

正相关　-------▶ 负相关

图 5-1　线性相关分析

资料来源：笔者整理。

度越弱。

1. 相关关系的分类

从数理的严格定义来说，按相关的程度分为完全相关、不完全相关和不相关三类。

两种依存关系的标志，其中一个标志的数量变化由另一个标志的数量变化确定，则称完全相关，也称函数关系。

两个标志彼此互不影响，其数量变化各自独立，称为不相关。

两个现象之间的关系，介于完全相关与不相关之间称不完全相关。

按相关的方向分为正相关和负相关。

正相关指相关关系表现为因素标志和结果标志的数量变动方向一致。

负相关指相关关系表现为因素标志和结果标志的数量变动方向是相反的。

按相关的形式分为线性相关和非线性相关。

一种现象的一个数值和另一现象相应的数值在直角坐标系中确定为一个点，称为线性相关。

按影响因素的多少分为单相关和复相关。

如果研究的是一个结果标志同某一因素标志相关，就称单相关。

如果分析若干因素标志对结果标志的影响，称为复相关或多元相关。

相关分析与回归分析在实际应用中有密切关系。在回归分析中，关心的是一个随机变量 Y 对另一个（或一组）随机变量 X 的依赖关系的函数形式。然而在相关分析中，所讨论的变量的地位一样，分析侧重于随机变量之间的种种相关特征。例如，以 X、Y 分别记小学生的数学与语文成绩，感兴趣的是两者的关系如何，而不在于由 X 去预测 Y。

确定相关关系的存在、相关关系呈现的形态和方向、相关关系的密切程度，其主要方法是绘制相关图表和计算相关系数。

2. 相关图表和系数

（1）相关表。编制相关表前首先要通过实际调查取得一系列成对的标志值资料作为相关分析的原始数据。

相关表的分类：简单相关表和分组相关表。单变量分组相关表：自变量分组并计算次数，而对应的因变量不分组，只计算其平均值；该表特点：使冗长的资料简化，能够更清晰地反映出两变量之间的相关关系。双变量分组相关表：自变量和因变量都进行分组而制成的相关表，这种表形似棋盘，故又称棋盘式相关表。

（2）相关图。利用直角坐标系第一象限，把自变量置于横轴上，因变量置于纵轴上，而将两变量相对应的变量值用坐标点形式描绘出来，用以表明相关点分布状况的图形。相关图被形象地称为相关散点图。因素标志分了组，结果标志表现为组平均数，所绘制的相关图就是一条折线，这种折线又叫相关曲线。

（3）相关系数。①相关系数是按积差方法计算，同样以两个变量与各自平均值的离差为基础，通过两个离差相乘来反映两个变量之间的相关程度；着重研究线性的单相关系数。②确定相关关系的数学表达式。③确定因变量估计值误差的程度。

简单来说，相关分析就是分析两个事物之间到底有没有关系，具体的关系是怎么样的，能否定量分析，量化程度如何。

如图 5-2 所示，下面以"商品推荐信息对消费者购买行为的影响因素"为例，介绍相关分析的具体内容。基于 TAM 技术接受模型，将消费者的购买行为作为结果变量，将有用性、易用性作为中介变量，前因变量分为推荐信息个性化、推荐信息呈现方式、信息推荐方式、推荐信息编排、推荐信息数量，并提出相关性假设。

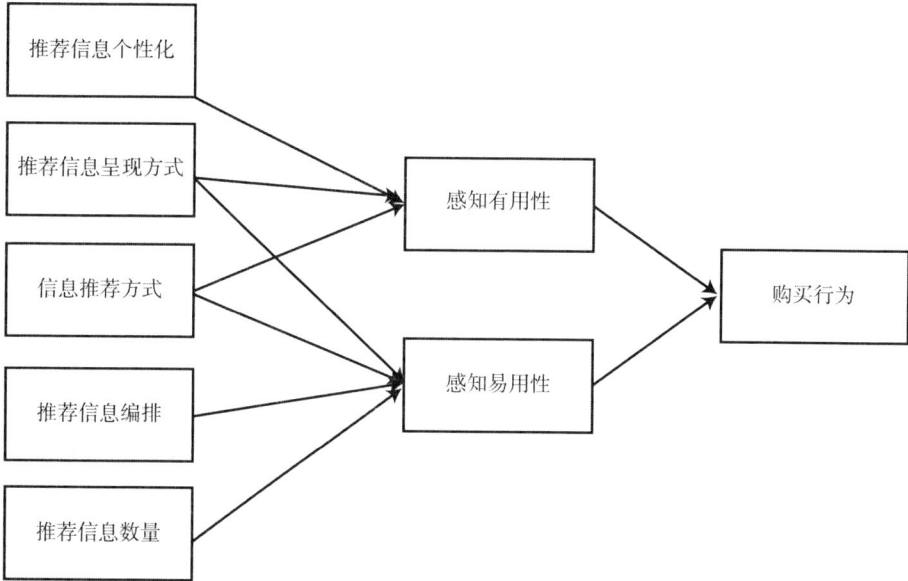

图 5-2　商品推荐信息对消费者购买行为的影响因素模型

资料来源：笔者整理。

在研究模型中，推荐信息个性化体现出了推荐信息和消费者的个人偏好的匹配度，推荐信息的个性化程度越大，消费者的购买意愿越强烈，从而引发消费者的购买行为。因此提出三个假设：

（1）推荐信息个性化与感知有用性正（负）相关。推荐信息的呈现方式是消费者看到推荐内容最直接的方式，可以分为文字、图片、视频等形式呈现，或是这几项混合呈现商品推荐信息的内容，对于顾客对推荐信息的印象有很大的影响，对消费者购买行为十分重要，因此提出假设：

（2）推荐信息的呈现方式与感知有用性正（负）相关。

（3）推荐信息的呈现方式与感知易用性正（负）相关。

信息推荐方式是消费者购物体验中的主要因素，信息推荐方式主要分为弹窗式推荐、广告式推荐、关联式推荐，不同的推荐方式有不同的使用体验。

一般来说，购物网站采用多种多样的方式对用户推送信息，用多种渠道进行推送，因此提出四个假设：

（1）信息推荐方式与感知有用性正（负）相关。

（2）信息推荐方式与感知易用性正（负）相关。

信息编排指信息商品排列方式、信息推荐有没有按分类进行排列等，让消费者在寻找与其偏好相同的商品时更加简单。信息编排直接影响用户体验，有序的编排可以减少用户的搜寻时间，用信息编排变量衡量消费者购买行为，因此提出假设：

（3）推荐信息编排与感知易用性正（负）相关。

信息推荐数量与用户体验感息息相关，一定适宜数量的推荐信息可能会对消费者购买行为有正面作用。信息过载理论认为，有限时间内用户看到的信息数量过多，超出了用户的信息处理能力时，为了降低信息搜寻成本，会主动过滤部分信息。如果信息数据过大，会出现"信息过载"等问题导致用户心理焦虑，降低推荐系统易用性感知，因此提出假设：

（4）信息推荐数量与感知易用性正（负）相关。

在通过调查问卷搜集相关数据，并进行信度、效度检验之后，用相关性分析来验证如上假设。对变量进行相关分析，研究推荐信息个性化、推荐信息呈现方式、信息推荐方式、推荐信息编排、推荐信息数量、有用性、易用性、消费者购买行为之间的相关关系，利用 Pearson 相关系数去表示相关关系的强弱程度（见表5-1）。

表 5-1　相关性分析表

相关性

		推荐信息个性化	推荐信息呈现方式	信息推荐方式	推荐信息编排	推荐信息数量	感知有用性	感知易用性	购买行为
推荐信息个性化	Pearson 相关性	1	0.686**	0.578**	0.493**	0.498**	0.500**	0.378**	0.472**
	显著性（双侧）	—	0.000	0.000	0.000	0.000	0.000	0.000	0.000
	N	200	200	200	200	200	200	200	200
推荐信息呈现方式	Pearson 相关性	0.686**	1	0.628**	0.589**	0.572**	0.464**	0.302**	0.467**
	显著性（双侧）	0.000	—	0.000	0.000	0.000	0.000	0.000	0.000
	N	200	200	200	200	200	200	200	200
信息推荐方式	Pearson 相关性	0.578**	0.628**	1	0.696**	0.642**	0.562**	0.324**	0.572**
	显著性（双侧）	0.000	0.000	—	0.000	0.000	0.000	0.000	0.000
	N	200	200	200	200	200	200	200	200
推荐信息编排	Pearson 相关性	0.493**	0.589**	0.696**	1	0.674**	0.548**	0.401**	0.559**
	显著性（双侧）	0.000	0.000	0.000	—	0.000	0.000	0.000	0.000
	N	200	200	200	200	200	200	200	200
推荐信息数量	Pearson 相关性	0.498**	0.572**	0.642**	0.674**	1	0.579**	0.424**	0.543**
	显著性（双侧）	0.000	0.000	0.000	0.000	—	0.000	0.000	0.000
	N	200	200	200	200	200	200	200	200
感知有用性	Pearson 相关性	0.500**	0.464**	0.562**	0.548**	0.579**	1	0.617**	0.696**
	显著性（双侧）	0.000	0.000	0.000	0.000	0.000	—	0.000	0.000
	N	200	200	200	200	200	200	200	200

续表

		推荐信息个性化	推荐信息呈现方式	信息推荐方式	推荐信息编排	推荐信息数量	感知有用性	感知易用性	购买行为
		相关性							
感知易用性	Pearson 相关性	0.378**	0.302**	0.324**	0.401**	0.424**	0.617**	1	0.617**
	显著性（双侧）	0.000	0.000	0.000	0.000	0.000	0.000	—	0.000
	N	200	200	200	200	200	200	200	200
购买行为	Pearson 相关性	0.472**	0.467**	0.572**	0.559**	0.543**	0.696**	0.617**	1
	显著性（双侧）	0.000	0.000	0.000	0.000	0.000	0.000	0.000	—
	N	200	200	200	200	200	200	200	200

注：** 表示在 0.01 水平（双侧）上显著相关。

资料来源：笔者整理。

从分析得出的数据来看，推荐信息个性化、推荐信息呈现方式、信息推荐方式、推荐信息编排、推荐信息数量、有用性、易用性、消费者购买行为之间的相关系数均大于 0.05，意味着全部呈现显著的相关关系。这些相关性得到验证，说明消费者购买商品时十分注重感知有用性、易用性；推荐信息的个性化能有效提高感知有用性，推荐信息呈现方式的多样性、推荐方式和信息编排的合理性均有助于提高顾客对有用性、易用性的感知；当用户感知到的推荐数量越合理，顾客对于网站的易用性的感知就越高。顾客感知到的有用性和易用性的程度越高，其购买行为就会增加。

（二）关联分析

关联分析是从大量数据中发现频繁项集之间有趣的关联和相关联系。关联分析又称关联挖掘，就是在交易数据、关系数据或其他信息载体中，查找存在于项目集合或对象集合之间的频繁模式、关联、相关性或因果结构。

关联分析是一种简单、实用的分析技术，是发现存在于大量数据集中的关联性或相关性，从而描述了一个事物中某些属性同时出现的规律和模式。

常用关联规则算法包括 Apriori 算法、FP-Growth 算法。以 Apriori 算法为例进行购物篮分析，该过程通过发现顾客放入其购物篮中的不同商品之间的联系，分析顾客的购买习惯。通过了解哪些商品频繁地被顾客同时购买，可以利用这种关联帮助零售商制定营销策略。其他的应用还包括价目表设计、商品促销、商品的排放和基于购买模式的顾客划分。可从数据库中关联分析出如"由于某些事件的发生而引起另外一些事件的发生"之类的规则。例如，"67%的顾客在购买啤酒的同时也会购买尿布"，因此通过合理的啤酒和尿布的货架摆放或捆绑销售可提高超市的服务质量和效益；"'C语言'课程优秀的同学，在学习'数据结构'时为优秀的可能性达88%"，那么就可以通过强化"C语言"的学习来提高教学效果。

讨论题

1. 亚马逊图书推荐系统依靠分析消费者在阅读、浏览和购买的书籍之间的相关关系，来预测其他阅览同类书籍的消费者的购买需求，从而进行图书推荐。请想一想身边还有哪些诸如此类的相关思维应用？

2. 今日头条个性化推荐根据用户喜好更新推荐内容，实现主动、精准式内容推送。这种方式如何应用相关思维？有何利弊？

3. 人工智能只存在相关思维，不存在因果逻辑吗？

第二节　因果思维

一、概念解析

什么是因果？什么是因果思维？大数据在什么情况下更关心相关还是因果？

因果关系通常是指世界上的客观事物，在普遍联系中存在的一种相互影响、相互制约、承前启后的关系。因果思维常用来解释某件事情的原因和结果。

为什么需要因果思维？哲学研究领域及应用范畴中，"有因必有果，有果追其因"的"因果理论"出现频繁，该理论已经成为人类解释和认知世界的一个必不可少的重要工具，可以说因果关系在人类思维模式中占据重要地位。相关性具有无限性，因此是开放的；因果性则具有必然性，因此是严谨的。

人天生重视因果关系，人们基因之中似乎天生就有建立因果联想的能力。例如，我们被一株荆棘刺伤之后，见了其他尖尖的硬东西就会躲开；我们从小就喜欢问"为什么"，得到了一个回答就会觉得快乐。因果关系不仅对我们理解这个世界有很强的说服力，而且对我们的生存也是意义重大。甚至有人认为，因果联想能力才是人类得以成为"万物之灵长"的首要条件之一。离开因果关系，我们对世界的观察就只能是一个一个碎片状、彼此毫无关系的观测语句，通过经验获取知识就成为几乎不可能的事情，这样的世界当然是非常可怕的。

然而，发现因果关系是一件非常困难的事情。要想真正解释因果关系，就必须保证因果关系的主体相同，同时所有的其他环境与条件也都一样，经过对比，才能说明某种状态的因果关系是怎样的。现实生活中，真正的因果性是观测不到的，我们只能从统计学意义上去推测。先有理论，然后才可能推断因果关系，正所谓你有怎样的理论，便有怎样的世界。

　　例如，肺结核曾经是不治之症。医生们做过很多尝试，但都没有找到真正有效的治疗方法，直到 1946 年发现了第二种应用于临床的抗生素——链霉素，才开启了治疗结核病的新纪元。

　　然而，到底是链霉素治好了肺结核，还是其他因素起了作用，科学家们可以做随机对照试验。通过随机选取 15～30 岁的双侧急性肺结核患者，随机地把他们分成两组：一组接受链霉素治疗并卧床休息，这一组就是实验组；另一组仅仅卧床休息，这一组就是对照组。如果实验组的病情得到了显著的改善，那么就证明链霉素对肺结核病大概率是有效的。

　　随机对照试验基本控制了其他因素，但是这种办法并没有完全控制其他因素。不过，假如样本数量足够大，其他因素起作用的概率就非常小了。由此，我们也就找到了因果关系。当然我们要明白，这个因果关系只是概率意义上的因果关系，是大概率成立。用统计学方法寻找概率意义上的因果关系，这在自然科学中有着广泛的应用。如今，这一方法在社会科学中也被大量使用。

二、案例辨析：如何辩证地看待因果关系？

经济生活中经常出现以下三个因果关系：

（一）生产成市决定销售价格

（1）正：产品原材料的成本决定了最终产品的售价，厂家都是先进了货，经过一段生产的过程，然后包装、运送、销售才把钱赚回来。显然是商品的原材料成本决定了产品的最终售价，时间上看是这样的。

（2）反：经济学对于整个价值产生的因果关系的逻辑是相反的，最终产品的供求关系决定了最终产品的售价，而最终产品的售价又反过来决定了生产环节每一种生产要素的成本。

（3）世界上不存在合理的利润率，商人是能赚多少就赚多少的，这种反过来的因果关系，就是由供需倒过来决定生产原材料的关系，才能够解释很多实际现象。

（二）美国联邦储备系统是全球市场利率的决定者

（1）正：几乎在所有的财经新闻里面，我们听到的事实都是，美国联邦储备系统又宣布要调整利率了，宣布以后世界各国和地区的各种利率也会随之进行调整。

（2）反：事实上真正的因果关系是全球无数的个体交易以及现货和期货之间的交易，改变了总体的、全社会的平均利率。由于美国联邦储备系统做了比较多的研究，及时发现和确认了这种变化，它为了自己的联邦基金利率和市场的利率保持一致，就宣布调整自己的联邦基金利率。

（3）由于美国联邦储备系统的认识具有全局性、普遍性、领导性，别人跟随它的调整而调整能够节省大量的研究费用，所以看上去是它决定了全球的利率，但实际上只不过是它向全世界汇报了全球利率的变化方向和幅度。这跟电视台里天气预报节目的主持人向公众预告了第二天的天气，而不是决定了第二天的天气是一样的道理。

（三）教育水平提高会促进社会经济增长

（1）正：很多人普遍认为，国民教育的提高是经济增长的原因之一。受教育程度提高了，人民得到了充分、良好的教育，才会提高经济增长水平。

（2）反：事实上它们之间的关系很可能颠倒过来，是经济增长导致了教育水平的提高，人们生活变得富裕了，才延长了受教育的时间。

（3）回顾我们国家过去多年的经济高速增长，我们看到的事实、我们得到的经验也是这样。许多家庭的致富，先于他们平均教育水平的提高。

三、条件准则

组成因果关系有三个重要条件：一是前一行为和后一结果之间存在必然的联系；二是时间上的顺序性；三是分清是直接原因还是间接原因、是主要原因还是次要原因。

组成因果关系有三个重要准则：

第一，即证明两个变量是共变的。一个变量增长，另一变量也趋向于增长（此为正相关；例如在 SAT 考试中获得高分的学生在大学里也倾向于获得相对较高的 GPA）；一个变量增长，另一变量趋向于下降（此为负相关）。例如，更喜欢在工作中和人打交道的学生，不太可能主修计算机科学和物理等自然学科。

第二，为时序优先性。假定原因（The Presumed Cause）必须先于假定效力出现。关于时序优先性的描述往往会引发因果关系的错误解读。例如，接种疫苗会导致自闭症，是个早已被完全证伪的谣言，却源于由时序优先性推断出因果关系的倾向：因为接种疫苗要早于自闭症症状的显现，在此情境中有人会理所当然地错误地假设是疫苗"导致"了自闭症。若按这种逻辑推理，那么在孩子蹒跚学步期间，任何事物都可以是自闭症的诱因。史蒂芬·平克（Steven Pinker）在《白板》（*The Blank Slate*）一书中写道，假如你睡前定好了两个闹钟，一个 6 点响，另一个 6 点 15 分响。第一个闹钟在第二个闹钟之前准时叫醒了你，你会明显感受到系统性共变和时序优先性，但是这并不意味着第一个闹钟响"导致"了第二个闹钟响。因此，推断因果关系，时序优先性必要但不充分。

第三，要推断因果关系，研究者们必须处理潜在的混杂变量（Confounding Variables），即能以另外一种方式解释假定因果联系的假定原因。

讨论题

1. 蝴蝶效应是相关还是因果？

2. 针对"啤酒与尿布""今日头条个性化信息推荐"案例，结合课堂所讲内容，运用相关思维进行案例分析，总结相关思维的特点及流程。

3. 运用因果思维进行案例分析，讨论总结因果思维的特点及流程。

第六章　联合与全局思维

第一节　联合思维

案例：商业市场开发新产品的数据指标

某商业公司 A 开发了一款新产品，并在市场上成为了畅销产品。另一家公司 B 看到了该新产品可观的市场效应，也效仿并开发了该产品，并希望在市场上能分得一杯羹，获得较高的回报。然而，公司 B 开发的新产品，并未收获如同公司 A 一样的投资者回报，就连开发成本也没有收回。

究其原因，公司 B 在本次商业行动时，只看到了新产品带来的利润，而忽略了对公司的实际市场占有率、客户满意度、竞争对手的竞争程度、公司内部规模，以及运作效率等数据分析，这些数据指标之间存在着千丝万缕的联系（见图 6-1）。

思考题：

如何从数据思维认识商业投资者数据思维的重要性？

一、幸存者偏差的概念

（一）定义

幸存者偏差（Survivorship Bias），又称为幸存者谬误，是指在收集信息

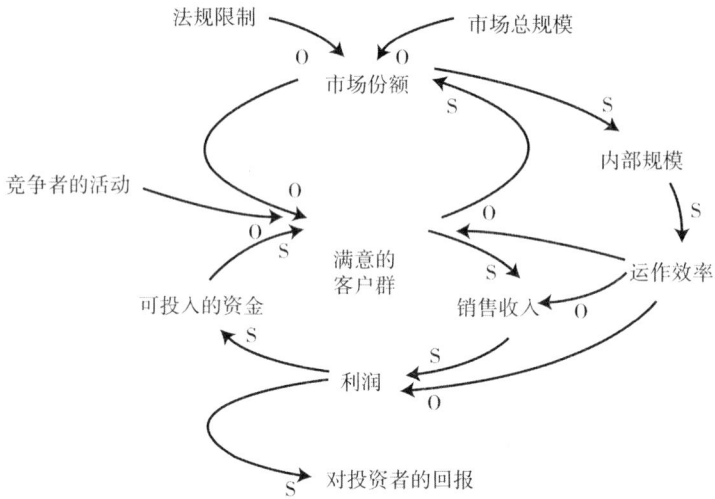

图 6-1　影响投资者回报的数据指标

资料来源：笔者整理。

时，只看到经过某种筛选之后的结果，忽略被筛选掉的关键信息，最终使得出的结论与实际情况存在偏差，是一种以偏概全的思维。幸存者偏差反映的是一种常见逻辑谬误，即只看到了一部分幸存者，既没有意识到筛选的过程，又没有意识到这些幸存者只是极个别的数据。人们认为非常准确的数据，往往属于偏差数据，从而并不能得出一个理性的结论。

以数据集 A 为例，在真实的全集 A 中，我们可观察的数据集里只包括了幸存者的数据，没有把非幸存者的数据包含在内，这样就做成了不准确的回测结果，便产生了偏差下的全集 A。例如，我们有一个策略是寻找过低估值股票并进行买卖，幸存的股票都会因低估值而最终上涨，但幸存者偏差就忽略了非幸存者，好像这样回测效果会特别好。但是，实际效果可能出现很大的偏差（见图 6-2）。

（二）生活中的"幸存者偏差"现象

"幸存者偏差"是统计学中常出现的一种逻辑谬误。统计的目的是通过对收集到的数据进行分析，从而发现事物之间的关联性。通过对数据之间的分析，一般很难找到绝对正确的关联关系，但是可以找到普适性的关联关系。

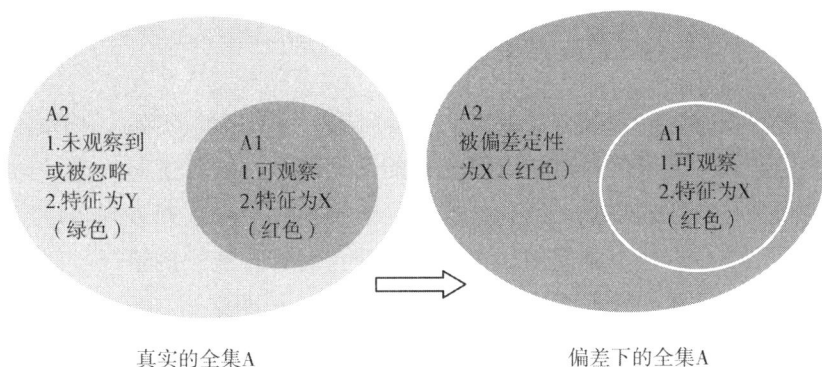

图 6-2 幸存者偏差下的全集 A

资料来源：笔者整理。

为了找到普适性的关联关系，即大多数情况都满足的关系，收集到的数据必须全面，不能只有片面的数据，否则得到的关联关系就会出现偏差。然而幸存者偏差的原因就是数据的片面性，只有"幸存者"的数据被收集和统计，"非幸存者"的数据无法被收集，更无法被统计，但是这些数据客观存在，对于统计学的意义是非常大的，如果在统计时不考虑这些沉默的数据，就可能得到与真相截然不同、甚至完全相反的结论。

投资领域中也多见"幸存者偏差"。股市上经常有被封为"股神"的传奇人物，大部分短平快的小散户都活在"幸存者偏差"思维中，对"股神"买卖股票的理论趋之若鹜。这其中包括指数平滑移动平均线（Moving Average Convergence and Divergence，MACD）如何发现买点、"七日交易法"等理论，这些"股神"大谈某某股票在 MACD 出现买点后股价走牛的现象并拿出多只股票进行验证，这其实就是幸存者验证。如果一个人总能持续创造这种"幸存者偏差"，那他一定不是幸存者，而是那个最终掌握真正逻辑的人。为什么会出现幸存者偏差？原因就是出现在你面前的都是幸存者样本，而非幸存者样本根本没有出现在你的视野，这就造成了一种假象和偏差，对于某些年份突出的基金和私募也不可过于追捧，否则也会落入"幸存者偏差"的逻辑中。

（三）幸存者偏差对数据思维的启示

幸存者偏差容易遗漏有效数据，要避免从一组不完整的数据中得出结论。

幸存者偏差会导致忽视缺乏可见性的数据样本，常常遗漏一些对分析结论有重大影响的有效数据。例如，数据科学家在对当前数据进行客户流失率分析时，可能会忽视一年前网站发生重大变化时客户流失的情况。因此，应避免从一组不完整的数据中得出结论。一组数据中缺少了一些必要情况下的数据，那么对这组数据进行分析从而得出的结论往往是不可靠的，因为这些数据是通过某种预选过程筛选后"存活"下来的结果。

幸存者偏差容易影响数据分析结果准确度，应确保样本数据的随机性。

幸存者偏差是一种倾向，关注在一个过程中成功"幸存"下来而忽略那些由于缺乏可见性而没有成功的人或事。这一性质会扭曲分析过程，导致一种错误的逻辑判断："幸存的数据"具有特殊的特征（相关性证明因果关系）。如果在数据分析中使用的样本是"幸存了某些经历"才被观察到的，会使分析结果产生向上的偏见，从而得出以偏概全的错误结论。因此，在分析数据、决策判断时要想避免"幸存者偏差"，必须确保从总体中抽取的样本是完全随机的，样本和剩余样本不存在显著差异。

二、联合思维的概念

联合思维是指通过运用概率和统计思想，从多角度、多方向的视角思考和分析问题，从而科学地、客观地区分问题属于偶然现象还是必然规律，避免幸存者偏差这一逻辑谬误。

联合思维研究的核心问题在于发现"幸存者偏差"现象中的非幸存者部分。首先要意识到幸存者偏差的存在，树立批判性思维，对观点保持怀疑的态度，通过数据对它进行验证。然后需要建立概率和统计的思维，避免盲从性，扩大认知范围，了解别人常常忽略掉的问题，用概率和统计思想，更客观地区分是偶然现象还是必然规律。

三、联合思维的应用步骤

第一，建立"概率论"思维。"概率论"思维是指一个事物的表现会趋于平均水平，即"均值回归"。根据这个理论，在做判断的时候应该避免盯着某些"小概率事件"不放，而要从更宏观、更客观的角度思考问题。

第二，避免陷入"简单逻辑"。研究证明，因为大脑每天都要处理很多信息，所以其更喜欢按照简单、省力的方式来运作，"简单逻辑"便是一个人在面对某件事情时，不假思索就能出现的思维方式。但必须明确的是，"简单逻辑"有一定的好处，如可以节约精力等，但有时候也可能会让人做出错误的判断，因此，在处理问题时，不妨多问自己一个为什么，多和别人进行交流。

第三，学会拆分任务。"幸存者偏差"逻辑谬误会出现的一个很重要的原因是人们习惯于关注现存的、眼前的事物，即更相信"眼见为实"，而忽略某些隐藏信息和细节。对此，大家可以通过拆分任务的方式，使自己对任务更加明确，如在制定目标的时候，可以将大目标拆分成一个个小目标；在完成任务的时候，可以将大任务拆分成一个个具体的步骤。

例如，在分析 NBA 两位球员投球表现时，主要考察的指标是投中率。按照表 6-1，分别从两位球员的投中分数和总投球数来计算投中率，结果分别是 68.33% 和 56.00%，看上去投中的概率并不是很高，且球员 A 的表现要好于球员 B。但是，如果将两位球员的投球表现拆分为两分球和三分球（见表 6-2）得分情况，球员 B 的两分球和三分球的命中率均要高于球员 A，这种拆分就可以增强认知精准性。

表 6-1 NBA 两位球员投球表现的不同数据思维

NBA 两位球员整体投中率		
	球员 A	球员 B
投中（个）	205	140
总投球数（个）	300	250
投中率（%）	68.33	56.00

资料来源：笔者整理。

表 6-2　NBA 两位球员两分球和三分球情况

NBA 两位球员投球表现	球员 A		球员 B	
	两分球	三分球	两分球	三分球
投中（个）	200	5	90	50
总投球数（个）	250	50	100	150
投中率（%）	80.00	10.00	90.00	33.33

资料来源：笔者整理。

四、联合思维的案例训练

（一）案例训练一：运用贝叶斯公式分析沃德教授对加强飞机防护意见的合理性

"二战"期间沃德教授对加强飞机防护的意见（见本书第一章），可以运用经济学中贝叶斯公式，运用联合思维来检验谁的假设更为合理。

设 X = 飞机被击中的部位，Y =（1，0）表示飞机是否返航。设空战中飞机被击中的部位 X 的分布为 P（X），而返航飞机的 X 分布为条件分布 P（X/Y = 1）。

则有 P（X/Y）= P（X）×P（Y/X）/P（Y）

大多数人们认为，幸存飞机被击中的部位分布 P（X/Y = 1）反映了空战中被击中部位的分布 P（X），则得出的结论是哪里弹痕多就要在哪里加强防护。

但是，沃德教授认为"炮弹不长眼睛"，空战中的 P（X）应该是接近于均匀分布的，所以，P（X/Y = 1）恰恰是正比于 P（Y = 1/X）的，即得出的结论是击中该部位 X 以后的返航概率。

因此，幸存飞机哪里中弹多就表明相应部位不是要害部位，而应该在返航概率较小，即 P（X/Y = 1）较小的地方加强防护，这正是幸存飞机弹痕少的部位。

（二）案例训练二：为何你收到的"个性化推荐"总是槽点满满?

互联网时代，信息量惊人膨胀，也意味着用户必须为信息筛选付出更大成本。个性化推荐技术的出现，意味着这个被信息淹没的时代，用户可以直接获得自己最感兴趣的内容推荐。现实却是虽然这个技术已被广泛应用于各种互联网平台，但离真正读懂大家的心还很远。

例如，今日头条会根据初始的兴趣模型从三个维度呈现内容：一是"内容"，即从资源库中抓取资源信息，从中提取几十个到几百个高维特征，并进行降维、相似计算、聚类、分类等处理，然后根据用户的兴趣模型来推荐这些资源，今日头条每天会抓取并处理超过 100 万个网页，保证内容来源足够充足准确。二是"热门"，也就是互联网和社交网站上出现最多的内容。三是好友动态。当然，用户也可以根据自己的喜好对文章进行顶、踩、转发和收藏等操作，这些用户行为数据会被实时性传送到后台，在用户每次操作后的 30 秒内，系统就会对用户模型进行更新。在冷启动之后，随着用户行为数据的积累，系统为每个用户建立的兴趣模型就越精确，你会感觉到这款产品越来越了解你，你也就会对这款产品越来越信任和依赖，这也是个性化推荐系统希望得到的效果。当我们想看兴趣以外的内容时，却无法在被推荐的区间内找到。

"个性化推荐"是利用复杂的用户数据分析模型实现精准营销。那么，个性化推荐的数据分析逻辑是怎么样的呢？下面简单介绍基于模型的性格推荐算法。

由于用户填写调查问卷需要花费一定的时间，而且问卷中难免会出现主观偏差的问题，因此基于调查问卷的推荐算法在互联网的个性化服务中存在着难以避免的屏障。而基于模型的性格推荐算法希望跨过调查问卷这道屏障，从用户的行为数据中挖掘用户的性格特征，并直接融入推荐算法中进行推荐。

在传统的电商和新闻等推荐任务中，所推荐的物品主要是用户之前没有购买的商品或者之前没有阅读过的新闻，所以协同过滤等模型主要关注用户对新物品的偏好。

举例来说，在餐馆推荐中，用户下一次就餐时可能去之前光顾过的餐馆，也可能去一个新的餐馆。

图 6-3 统计了用户就餐次数和去新餐馆的概率，可以看到，一个用户在 100 次就餐之后，有接近 40% 的概率去一个新的餐馆就餐。

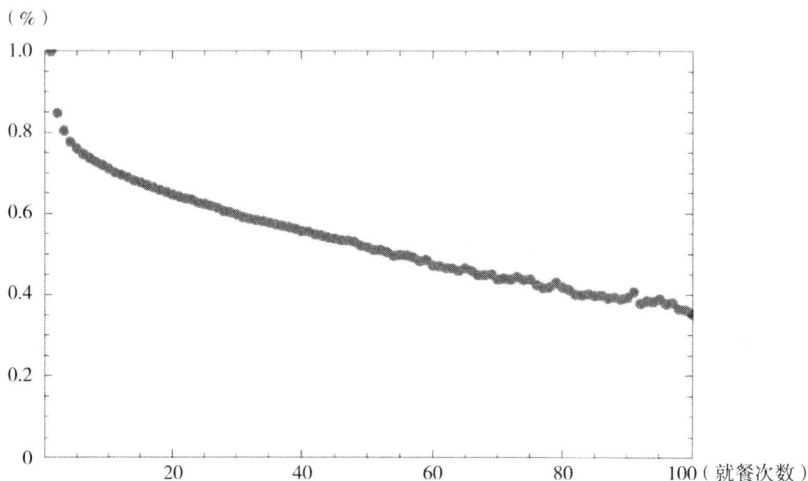

图 6-3　用户就餐次数和去新餐馆的概率统计

资料来源：笔者整理。

因此，为了区分是推荐去过的餐馆还是推荐新餐馆，我们从用户的历史就餐行为中学习用户对新餐馆的偏好，而这正是用户性格中的猎奇特性。在下一次推荐餐馆时，首先预测用户是否会选择新餐馆，针对新餐馆和去过的餐馆分别设计不同的推荐算法。

如果预测用户会去新餐馆时，那么使用基于环境信息的张量分解算法进行推荐；如果预测用户可能会去之前去过的餐馆，那么使用隐马尔科夫模型进行推荐。

尽管随着心理学和计算机研究的不断进展以及两者的深度融合，有效测量用户的性格特征并融入个性化推荐场景大有可为，但是基于性格的个性化推荐算法的研究仍然处于初步阶段，前路挑战重重。这些挑战体现在三个方面：第一，需要克服调查问卷的依赖性，用户行为对性格测量的有效性是该领域需要突破的关键性研究问题；第二，用户可能来自不同的地区甚至国家，目前的研究工作还不能很好地考虑到可能存在的文化差异，如在不同的文化背景下，同样的行为是否反映同样的性格，以及是否应该进行类似的个性化推荐；第三，可解释性是个性化推荐技术很重要的一个评价指标，基于性格的推荐算法如何更好地解释用户对物品的偏好也是该领域的关键性问题。

思考与讨论

运用联合思维方法并结合实际数据，解读上述现象。

第二节　全局思维

案例：EDM 注册转化率骤降的思考

某社交平台推出付费高级功能，并且以电子邮件营销（Email Direct Marketing，EDM）的形式向目标用户推送，用户可以直接点击邮件中的链接完成注册。该渠道的注册转化率一直在 10%～20%，但是当年 8 月下旬开始，注册转化率急剧下降，甚至不到 5%。

思考题

假如你是该公司的数据分析师，你会如何分析这个问题呢？即哪些因素可能造成 EDM 转化率骤降？

案例解析：一个优秀的数据分析师应该具有全局观和专业度，从业务实际出发，综合各个方面的可能性。因此，经过逐一排查 EDM 注册转化率骤降的可能性，将原因锁定在注册流程上：产品经理在注册环节添加了绑定信用卡的内容，导致用户的注册提交意愿大幅度下降，转化率暴跌。

一个看似简单的转化率分析问题，它的背后是数据分析师各方面能力的体现：首先是技术层面，对 ETL（数据抽取—转换—载入）的理解和认识；其次是全局观，对季节性、公司等层面的业务有清晰的了解；最后是专业度，对 EDM 业务的流程、设计等了如指掌。

专题讨论

如果我们要从 A 城市去往 B 城市，有两个方案，你该如何选择？

方案一：直接去车站，有车票就买票前往，没车票再考虑其他方案。

方案二：先打开地图查看 A 城市到 B 城市的最优路径，再确定票务，准备行李前往。

结论：方案二要比方案一周全，从成本上也优化了很多。

案例解析：当我们看不到全局时，意味着我们无法做出最优选择。

一、全局思维的概念

（一）定义

全局思维是指不局限于形成当前状态的直接原因，而是思考问题产生的背景与系统因素，从整个系统的角度去解决问题。全局思维能力就像人类大脑的全局性工作（见图 6-4），蕴含着从全局的、长远的、战略的高度来分析问题和解决问题的能力；是善于从大处着眼、小处着手，以远看近、未雨绸缪、高瞻远瞩、运筹帷幄的能力；是善于抓主要矛盾，驾驭复杂局面、解决复杂问题的能力。

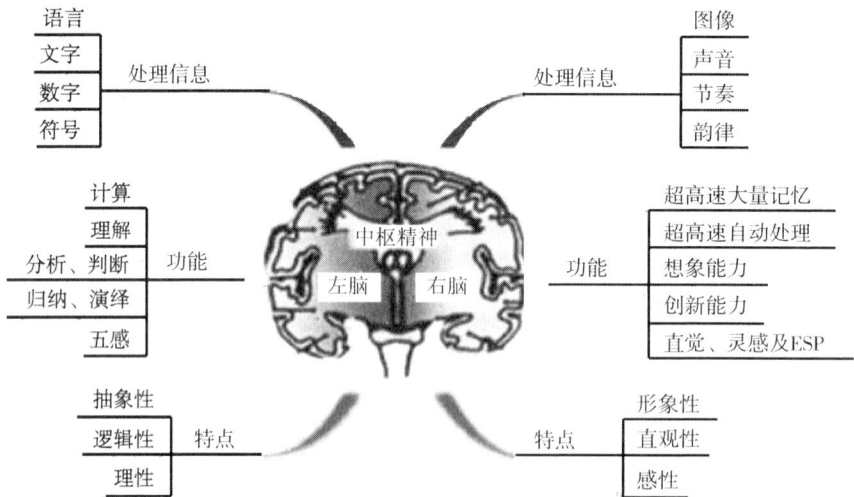

图 6-4　大脑的全局性工作

资料来源：笔者整理。

全局思维就是考虑问题时由点及线、由线及面地放大格局去思考。这是一种从微观拉伸到宏观，再从宏观聚焦到微观的思维过程。全局思维的优点，能帮助我们在生活中透过表象去抓问题的本质关键，避免"一叶障目"。

（二）生活中的"全局思维"

1. ERP 核心功能框架中的"全局思维"

企业资源计划（Enterprise Resource Planning，ERP）系统是一套高度集成的系统，一个部门要想把工作做好，除了本部门的努力之外，还需要其他部门的协同配合。很多企业在使用 ERP 时，部门之间经常会因为数据问题而产生矛盾，其深层原因就是员工对 ERP 的核心功能框架缺乏了解，导致对 ERP 的使用缺乏一种全局思维，这是很常见也很重要的一个问题（见图 6-5）。

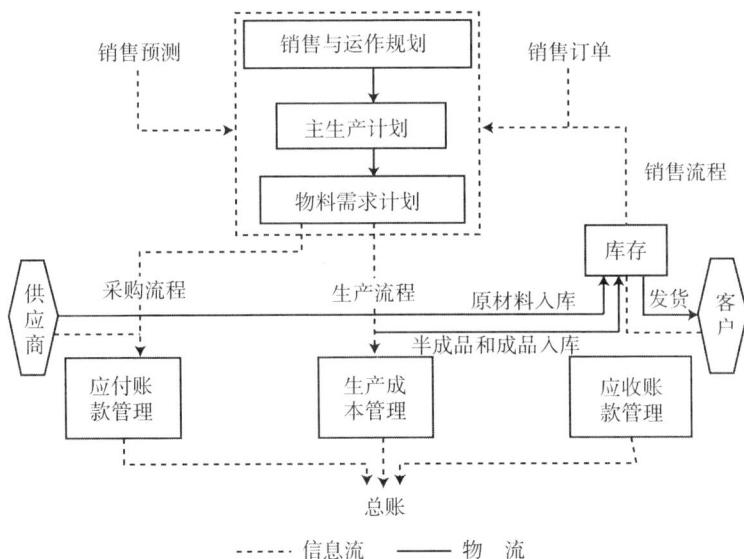

图 6-5 ERP 核心功能框架

资料来源：笔者整理。

2. 博弈论中的"全局思维"

博弈论是指在特定条件制约下，研究多个个体或团队之间在对局中利用相关方的策略，而实施对应策略的学科。其中，博乃博览全局之意，弈则为对弈棋局之说，博弈的思想是谋定而动。博弈论考虑博弈中的个体的预测行为和实际行为，并研究它们的优化策略。其中，全局博弈就是从放松完全信息博弈下参与人的收益结构的共同知识假设。局中人是全局博弈的要素，在一场竞赛或博弈中，每一个有决策权的参与者都是一个局中人。只有两个局中人的博弈现象称为"两人博弈"，而多于两个局中人的博弈称为"多人博弈"。在该模型中，局中人不能准确地观察到博弈的收益，而是假设局中人只能观察到带噪声的收益，并假设在观察到收益信号之前存在一个阶段，任何收益都是可能的。零和博弈中，全局的最优解就是达成共赢。

3. 营销过程中的"全局思维"

营销过程中的全局思维就是不局限在一时一地的盈利，更不是只追求一次促销的成功或失败，而应把营销策略进行全面的布局。例如，有个餐厅刚刚开业，老板打出一个口号"开业前七天，一个菜只需一块钱"。然后就是20个特价菜展示的图片，结果连续两天，天天爆满！但是来的人都点一元的菜，吃完就走，老板不赚钱，所以第三天优惠活动便结束了。后来该老板做了一个很简单的调整：首先，不能让所有的顾客都有资格点，一元的菜，可以规定49元办一个会员卡，会员可以点，这样先过滤掉一部分纯占便宜的人；其次，会员不但可以在开业活动的七天内任意点，还再送10个一元菜，供会员在开业活动结束以后享用。送10个一元菜，其实就是送10张一元特价卡，可以规定每次来只能用一张，这样就给了顾客更多上门的机会和理由。重点是通过这种会员卡，留下了一批会员电话号码，这是最大的价值。假如你有1000个顾客的联系方式，你可以在任意时间搞活动，你可以随时告诉这些顾客优惠活动，如今晚我们每桌免费送10瓶啤酒、今晚我们推出了某种特色菜半价品尝、今天所有菜金会员享受7折优惠等。这样一来，老板可以隔三岔五想个理由告诉顾客来享受优惠，这就是一种全局思维。在营销过程中，应将眼光放得更长远些，从全局视角分析新顾客、回头客信息，为以后的长远盈利做好充分准备。

二、全局思维的应用

(一) 麦肯锡 7S 模型

麦肯锡 7S 模型 (Mckinsey 7S Model, 7S 模型), 是麦肯锡顾问公司研究中心设计的企业组织七要素, 指出了企业在发展过程中必须全面地考虑各方面的情况, 包括结构 (Structure)、制度 (System)、风格 (Style)、员工 (Staff)、技能 (Skill)、战略 (Strategy)、共同价值观 (Shared Values) (见图 6-6)。7S 模型指出了企业在发展过程中必须全面地考虑各方面的情况, 具有全局思维特点。这个模型也表明, 企业仅具有明确的战略和深思熟虑的行动计划是远远不够的, 因为企业还可能会在战略执行过程中失误。因此, 战略只是其中的一个要素。

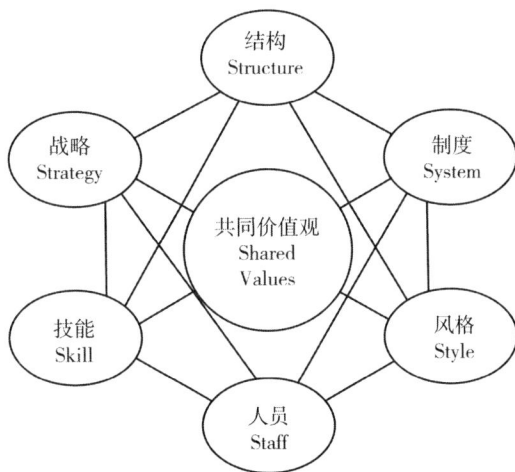

图 6-6　麦肯锡 7S 模型

资料来源: 笔者整理。

在模型中, 战略、结构和制度被认为是企业成功的 "硬件", 风格、人员、技能和共同的价值观被认为是企业成功经营的 "软件"。麦肯锡的 7S 模型提醒世界各国和地区的经理, 软件和硬件同样重要。长期以来忽略的人性,如非理性、固执、直觉、喜欢非正式的组织等，其实都可以加以管理，这与各公司的成败息息相关，绝不能忽略。

（二）思维导图模式

思维导图是培养全局思维的一种高效思维工具，是一种将放射性思考具体化的方法。放射性思考是人类大脑的自然思考方式，每种进入大脑的资料，无论是感觉、记忆还是想法（包括文字、数字、符码、香气、食物、线条、颜色、意象、节奏、音符等）都可以成为一个思考中心，并由此中心向外发散出成千上万的关节点，每一个关节点代表与中心主题的一个连接，而每一个连接又可以成为另一个中心主题，再向外发散出成千上万的关节点，呈现出放射性立体结构，这些关节的连接可以视为人的记忆，也就是个人数据库。

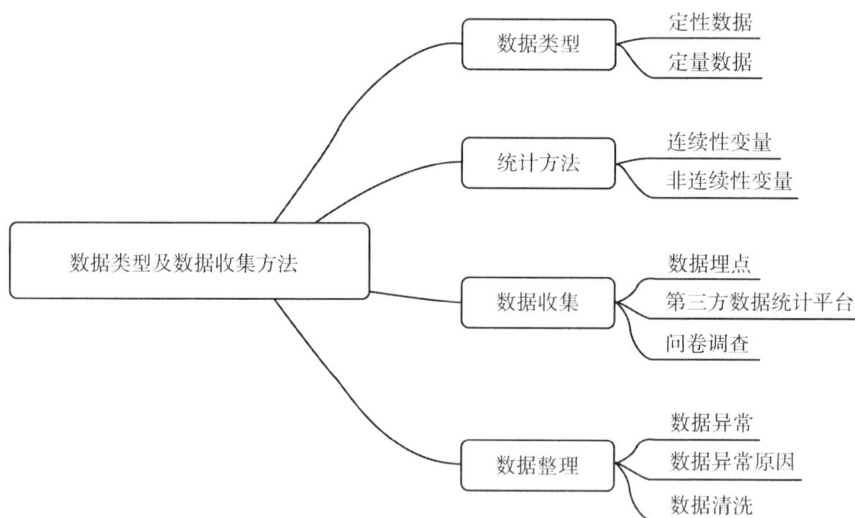

图 6-7　思维导图举例

资料来源：笔者整理。

三、全局思维的三个层次

第一，最基本的全局思维关注系统因素关联性，保证解决方案具备可操作性。在日常项目中，研究建议和界面设计时经常过于关注当前问题，最后导致提出的建议在下一环节容易遇到各种限制，从而被拒绝。

第二，全局思维的第二层次关注价值实现整体性，确保整体利益的最大化。日常工作中，我们常常因为关键绩效指标（KPI）等因素，从自身所处单位利益出发去思考方案，不仅不能带来协同性价值，还可能损害整体利益。

第三，全局思维的最高层次关注内外因素动态性，避免长远利益被忽视。不同发展阶段的自身因素与外界条件都不一样，当前的最优解未必是未来的最优解。

四、全局思维定律

（一）MECE 原则

MECE 原则（Mutually Exclusive Collectively Exhaustive）译为"相互独立，完全穷尽"，即无重复、无遗漏（见图6-8）。

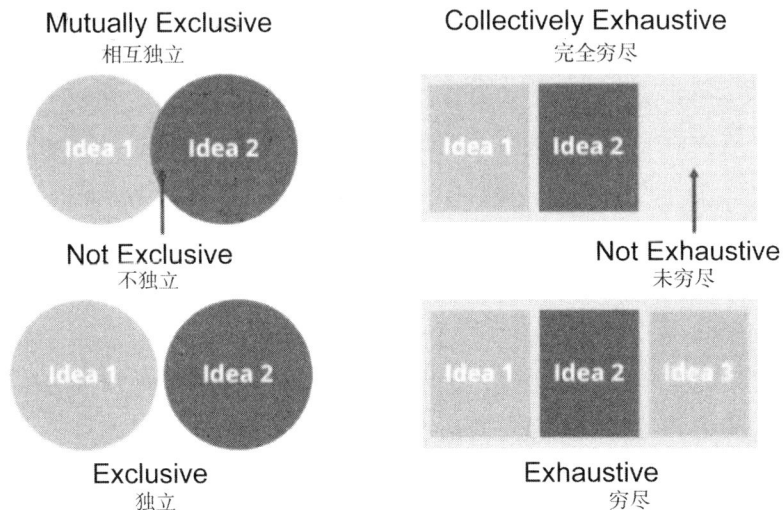

图 6-8　MECE 原则

资料来源：笔者整理。

该定律是麦肯锡的第一个女咨询顾问巴巴拉·明托（Barbara Minto）在金字塔原理（The Minto Pyramid Principle）中提出的一个很重要的原则，是一种很有用的分析问题的套路。

在按照 MECE 原则将某个整体（不论是客观存在的还是概念性的整体）划分为不同的部分时，必须保证划分后的各部分符合两点要求：一是各部分之间相互独立（Mutually Exclusive），"相互独立"意味着问题的细分在同一维度上明确区分、不可重叠；二是所有部分完全穷尽（Collectively Exhaustive），"完全穷尽"意味着全面、周密。

MECE 的常用分类法有五种：

第一，二分法，把信息分成 A 和非 A 两个部分，例如，"国内、国外""他人、自己""已婚、未婚""成年人、未成年人""左、右""收入和支出""专业和业余"；将财政政策分为"扩张性"（Expansionary）和"收缩性"（Contractionary）两类。

第二，过程法，按照事情发展的时间、流程、程序，对信息进行逐一的分类。例如，蜂蜜加工行业的整个价值链。

第三，要素法，把一个整体分成不同的构成部分，可以是从上到下、从外到内等。例如，公司的组织架构图。

第四，公式法，按照公式设计的要素去分类，只要公式成立，那这样的分类就符合 MECE 原则。例如，利润 = 销售额–成本；销售额 = 单价 × 数量。

第五，矩阵法。例如，我们在安排工作时，有一种分类方式，是把你的工作分成重要紧急、重要不紧急、不重要但紧急和不重要也不紧急四种。

（二）墨菲定律

墨菲定律是一种心理忠告，让人们在看清事情发展的最糟糕的后果之后尽量避免事情朝着坏的方面发展；告诉我们要用全局思维考虑事情，把任何可能发生的事情想清楚，提前做好预案，提高事情成功的概率。例如，研究团队发现，在三次重大交易机制改革期间，都发生了明显的市场调整，前期市场在流动性推动下明显上涨，后流动性边际恶化，同时估值在相对高位。机制的改变触发了市场波动加剧，触发了机制中的向下动能，发生了"墨菲定律"。2016 年 1 月 1 日开始实施熔断制度，1 月 4 日，即熔断试行后第一个交易日，指数大跌 6.8%，全月指数跌幅达 25%。墨菲定律的效应是"如果可以向上熔断也可以向下熔断"，那市场一定会选择向下熔断。

五、案例训练

（一）案例训练一：全局思维的四种分析方法

1. 时间—对象—指标分析法

该方法是帮助我们从全局思维的视角，全方位地理解数据指标和口径，确保进行下一步的深度数据分析。例如，向老板汇报广告转化率的问题，错误汇报方式是"转化率提升了 10%"，正确的汇报方式则是"6 月某业务线搜索广告渠道的新 UV 到付费转化率相比 5 月提升了 10%"。这种方式的优点有三个：一是时间明确，6 月比 5 月。二是指标明确，新 UV 到付费转化率的分子是付费用户数，分母是获取的新用户数。三是对象明确，有两个对象，一个是某业务线，不是其他业务线；另一个是搜索广告渠道，而不是信息流等其他渠道。

2. 点—线—面分析法

点是某个节点的一个指标值，线是包含这个点的纵向发展趋势或横向发展趋势对比，面是包含这个点的上一级或上几级的指标值。例如，6 月搜索渠道的用户转化率为 1%，这是点；分析 1~5 月及其他年的 6 月转化率如何，据此判断 6 月搜索渠道的转化趋势是变好了还是变差了，这是线；公司在其他渠道（如信息流、KOL 等）的转化率如何，搜索渠道和其他渠道相比转化率是好还是坏，这也是线；对购买转化率中间的漏斗环节进行下钻拆分，如曝光→点击→下载→收藏→加购→购买，据此判断转化率变好或变坏的原因是什么，这是面。

3. 人—货—场分析法

这是零售行业进行原因定位最常用的分析法，当在分析过程中发现某些重要指标出现波动时，可以从人、货、场的维度去全面、多维度、立体化、逻辑化和全视角地剖析业务原因。例如，当发现客单价下降时，如何进行立体化分析？一般会通过思维导图的方式，将人、货、场的指标逐一列出。

4. 广度—宽度—深度分析法

这也是零售行业最常用的分析方法，也称为三度分析法，该方法一般与"进销存"和"市场营销组合理论"综合分析（见表6-3和表6-4）。

表6-3 广度—宽度—深度分析法与"进销存"的综合分析

	商品采购	商品销售	商品库存
广度	采购的品类总数	销售的品类总数	库存的品类总数
宽度	采购的SKU总数	销售的SKU总数	库存的SKU总数
深度	每个SKU商品的采购数量	每个SKU商品的销售数量	每个SKU商品的库存数量

注：SKU全称是Stock Keeping Unit，指库存保有单位，下同。
资料来源：笔者整理。

表6-4 广度—宽度—深度分析法与市场营销组合理论的综合分析

	渠道	价格	促销
广度	覆盖的渠道数量	价格线的数量	宣传力度，覆盖媒体的范围
宽度	覆盖的区域数量	价格带的宽度	参加促销活动的商品数量
深度	覆盖的客户数	价格带中的产品SKU数量	促销活动的力度

资料来源：笔者整理。

思考题
请结合上述四种方法，运用全局思维列举生活中的数据思维小案例。

（二）案例训练二：以商场楼面"全局图"为例，培养全局思维

假如你在图中的位置A，现在想要去图中的位置B，运用全局的数据思维选择出以下的最优路线（见图6-9）。例如，最快到达位置B的路线；经过最多服装品牌的路线；不经过厕所的路线。

现在，请制定出一套"绕路最少"的路线方案。

训练要求：画出这份方案的全局框架图；运用数据检验你的最优选择；用推理和排除法找到最优解。

图6-9　商场楼面全局

资料来源：笔者整理。

第七章　溯源与逆向思维

引例一：9 岁小女孩的"医学实验"

　　每个人体内都藏有"治愈能量"——这样模板化的修仙术话，久经沙场的我们早已不再相信。在 20 世纪末的美国，这却是一个持续 20 年之久的医疗共识，许多名校专门开设"运转能量"的课程，累计十万人声称掌握了这种能量。掌握触摸治疗的治疗师能够应对各种疾病。他们将手悬停在病人身体上方，而不是真的用手去触摸。然后闭上眼睛，能量就会从他们手掌中喷涌而出，手会有刺痛的感觉，那是"能量的电化"。从业者自称，能量能够让肠胃不适的婴儿平复、缓解阿尔茨海默病、治疗癌症等。够荒诞的吧？更荒诞的是，这场全民狂欢由一个 9 岁的小女孩终结。

　　1996 年，艾米丽看到一个医生发布的触摸治疗视频。9 岁正是一个孩子好奇心旺盛的年龄，借着母亲的护士身份，她从一些护士那了解了能量："如同吃烘焙蛋糕时的满足感""给人的触感就像太妃糖一样"……但艾米丽并没感受到护士所说的能量，她开始质疑："他们真的能感受到什么吗？"当时她正参加四年级科学博览会，正好激发了她设计一个实验验证一番。她设计了一个非常简单的单盲实验：受试者进入一个纸板做的房间，双手从两个洞中伸出，实验员将以掷硬币的方式，确定将手停在受试者的左手或右手上方，而受试者则需通过手发出的"能量"，确定实验员停在哪只手上。同年，实验就正式开始了，许多从业人员受到邀请。可能他们认为这是千载难逢的好机会，能给"触摸治疗"长长威风，15 位从业人员破天荒地参加了调查。

　　艾米丽的研究成了一个小热点，《Scientific American Frontiers》（美国科学前沿）的制片人都主动联系她，希望进一步研究。次年，在摄像机下，13

名从业人员在一天内进行了测试。两次单盲实验，将近 280 轮测试，艾米丽在护士妈妈的帮助下多次排除各种干扰因素。最终结果是仅有 44% 的正确率，比瞎猜还低了 6%。她的最终论文中明确指出：卫生专业人员进一步使用触摸治疗是不合理的。在她父母的指导下，论文包含了大量的文献检索。因为相关的研究几乎为 0，而且实验逻辑也没有任何问题，《美国医学会杂志》最终撇开对年龄的成见，发表了这篇论文。

1999 年，艾米丽被吉尼斯纪录认定为在医学期刊上发表研究论文最年轻的人。

资料来源：https：//wap.sciencenet.cn/blog-2966991-1118651.html.

思考题

1. 本案例中的疗法效果如何运用逆向思维进行检验？
2. 逆向思维在数据分析中起到怎样的作用？

引例二：七喜如何与强大的对手可口可乐展开品牌竞争？

20 世纪 60 年代的美国，正是可口可乐和百事可乐如日中天、一统江湖的时代。然而此时推出的七喜，恰恰就一举突破"两乐"的强大封锁，在品牌竞争中获得了巨大成功。

实际上，这个定位的成功在很大程度上反倒是借助了竞争对手的强大势能。"非可乐"巧妙地利用了可乐在消费者心中的强大力量，当顾客哪天不太想喝可乐时，七喜就成了首要选项。借力这一定位，七喜不仅从"两乐"，更从其他各类饮料中抢夺出来一块较大的市场份额。

当时，莫里斯公司的万宝路香烟和 Lite 啤酒刚刚在市场上大获全胜，他们决定把同样的策略应用于七喜汽水。公司把七喜汽水的广告预算翻了一番，增加到了 4000 万美元，发动了一场"张扬雄心"的战役，立志摆脱"非可乐"的从属定位，要让"美国看好七喜汽水"。然而定位的搁置很快带来了后果，七喜汽水的实际销售情况与新"战略"唱了反调，成为名副其实的"美国看衰七喜汽水"。该年七喜汽水是软饮料业 10 强中唯一销售量下降的，它在软饮料市场中的份额下降了 10%。

那时七喜汽水将重心放在了广告上，告诉人们美国正在"看好七喜汽水"，强调歌曲和舞蹈的感染作用。这和可乐类饮料撞个正着，没有饮料比可口可乐和百事可乐投入更多的广告，也没有谁唱得和跳得比"两乐"更强。

我们从战略角度解释七喜汽水滞销的原因，以及为什么"看好七喜汽水"的策略会失效。七喜汽水最初的成功缘于建立了可乐替代品的定位，因此把生意从姜汁汽水、根汁汽水、橙汁以及其他的可乐替代产品那里夺走。当"非可乐"定位到位之后，七喜已经是第三位的饮料公司了，"战争"的性质也发生了转变，应该是转向进攻战的时候。这时它没有利用好"两乐"的强势，没有从其中的弱势去打攻击战，反而一头撞向了领先者的强势。这也难怪，由一场"战争"转向另一场"战争"，需要重新定位，要想让可口可乐和百事可乐的消费者把目光转向非可乐饮品，就需要对非可乐重新定位，这是全新的课题。

资料来源：http://www.bilbran.com/marketing/187.html.

思考题

1. 如何理解逆向思维在企业经营创新中的作用？
2. 企业在经营创新中运用逆向思维的关键因素是什么？

第一节　逆向思维与数据分析

一、逆向思维的概念

人类的思维具有方向性，存在着正向与反向的差异，由此产生了正向思维与逆向思维两种形式。实践证明，逆向思维是一种重要的思考能力。个人的逆向思维能力，对于全面人才的创造能力及解决问题能力具有非常重大的意义。

正向思维与逆向思维是相对而言的，一般认为，正向思维是指沿着人们的习惯性思考路线去思考，逆向思维则是指逆着人们的习惯性思考路线去思考。正反向思维起源于事物的方向性，客观世界存在着互为逆向的事物，由于事物的正反向，才产生思维的正反向，两者是密切相关的。人们解决问题时，习惯于按照熟悉的常规思维路径去思考，即采用正向思维，有时能找到解决问题的方法，获得令人满意的效果。然而，对于某些问题，尤其是一些特殊问题，从结论往回推，倒过来思考，从求解回到已知条件，反过去想或许会使问题简单化。例如，"司马光砸缸"，有人落水时，常规的思维模式是"救人离水"，而司马光面对紧急险情，运用了逆向思维，果断地用石头把缸砸破，"让水离人"，救了小伙伴性命。

逆向思维法是指为实现某一创新或解决某一因常规思路难以解决的问题，而逆向思考寻求解决问题的方法。实践中有很多事例，利用正向思维不易找到正确答案，一旦运用逆向思维，常常会取得意想不到的效果。例如，以前的工厂效率低下，人围着机器和零件转，每个工人都累得半死，效率还不高。后来有人改善了工序，让人不动零件动，这样逐渐就发展出流水线的概念，生产效率大大提高。这充分展示了逆向思维摆脱常规羁绊的创造性。

三家裁缝店：北京的一条街上同住三家裁缝，手艺都不错。因为住得太近，生意上的竞争很激烈。为了抢生意，都想挂出有吸引力的招牌来招揽顾客。甲挂出的招牌是"北京城里最好的裁缝"，乙挂出的招牌是"全国最好的裁缝"。丙裁缝眼看两位同行相继挂出了这么大气的广告招牌，心想两位同行挂出的招牌都大到这份上了，我能说世界最好的裁缝吗？最后，丙裁缝根据他儿子的思路拟定的招牌挂出以后，果然生意兴隆。你认为丙店拟定的招牌广告词应是什么？本街最好的裁缝！

太稠的番茄酱：美国有一种番茄酱，跟同类产品比起来，浓度太高，特别稠，很多家庭主妇在使用时，总觉得不方便，市场前景不被看好。起初，经销公司想重新研制配方，降低浓度，重新生产，但又觉得十分困难，风险又大。怎么办？产品的缺点其实正是它的优点。浓度高说明番茄酱的成分多，水分少，营养更加丰富，味道更加纯正。于是，他们加大宣传力度，使这种观点家喻户晓。很快，其市场占有率跃居同类产品榜首。

二、逆向思维与数据分析

我们知道孤立的数据没有意义，看数据指标不要只看一个"点"，还要看一条"线"上的前后连接的环节，进而从"面"或"体"的角度去看整个大环境中都有哪些因素相互作用。在数据分析中应用逆向思维追溯数据源的详细记录，然后基于此思考数据源背后可能隐藏的逻辑关系。例如，知道了是物理没考好导致的总成绩差，追溯数据源后了解到是因为本次考试答题卡丢失，从而紧张所致。如果不断用逆向思维去分析，那么对数据的敏感和分析的理解也能逐步加深。

数据分析很有趣，但同时也很有挑战性，借用逆向思维分析数据，无论是生活还是工作，都可以创造出更多的价值。特别是在已经具备比较丰富的数据分析经验基础上，如果想要进一步有所突破，就得打破常规，具有逆向思维的能力。例如，有一天小明去买西红柿："阿姨，这西红柿多少钱一斤？"阿姨："两元五角。"小明挑了 3 个放到秤盘："阿姨，帮我称一下。"阿姨："一斤半，3 元 7 角。"小明去掉其中最大的西红柿："做汤不用那么多。"阿姨："一斤二两，3 元。"小明拿起刚刚去掉的那个最大的西红柿，付了 7 角，扭头就走了。这个故事中本来是阿姨想占小明的便宜，虚报重量。但是，小明利用逆向思维，反而让阿姨吃了哑巴亏。

另外，有时候我们不仅需要使用前面章节介绍过的对比思维和细分思维进行数据分析，还需要基于此思考数据源背后可能隐藏的逻辑关系，应用逆向思维或许会有其他的结论。例如，某公司在全国有五个大区，其中华北大区今年未完成销量任务。我们能够分析出是江苏地区的销量下降了，再细分是南京的销量下降。很多人可能细化到这一步就结束了，因为地区维度已经细分到底了，不能继续细化到某个区、某个街道等。但是如果根据逆向思维，我们需要找到事物本身发生的原因。我们需要对北京地区的销量进行溯源分析，发现销量降低是因为客户数减少，还要继续溯源客户数减少的原因，发现是竞争对手抢走了我们的客户，继续溯源为什么竞争对手能抢走我们的客户，分析发现是竞争对手举办了优惠活动，吸引了大部分的客户，那么我们就要采取一定的措施，如提高优惠力度，将客户重新拉回来。这个就是逆向思维的应用，我们需要真正发现问题的原因。

有时数据分析仅依靠正常的逻辑推理很难解决。例如，王老板花 40 元进了一双鞋，零售价 50 元。一个小伙子来买鞋，拿一张 100 元，王老板找不开，只能去找邻居换了两张 50 元，然后找给了小伙子 50 元。后来邻居发现这个 100 元是假币，王老板又还了邻居 100 元。请问这场交易里，王大爷一共损失多少元？如果我们按照逻辑推理关系去慢慢推算王大爷亏了多少元，恐怕有些困难，因为逻辑关系比较复杂，我们不妨用逆向思维。题中问王老板损失多少元，其实就是问小伙子赚了多少元，因为邻居没赔没赚，所以不考虑他。小伙子赚了多少元？太简单了，就是一双鞋加 50 元！

三、逆向思维的类型

逆向思维方式一般分为四类：结构逆向思维、功能逆向思维、状态逆向思维、因果逆向思维。

（一）结构逆向思维

结构逆向思维指从已有事物的逆向结构形式中去设想，以寻求解决问题新途径的思维方法。一般可以从事物的结构位置、结构材料以及结构类型进行逆向思维。在第四届中国青少年发明创造比赛中获一等奖的"双尖绣花针"，发明者是武汉市的学生王某，他把针孔的位置设计到中间，两端加工成针尖，从而使绣花的速度提高近一半。这是一个结构逆向思维的典型实例。

（二）功能逆向思维

功能逆向思维指从原有事物相反功能方面去设想寻求解决问题的新途径的思维方法。"失败是成功之母"就体现为功能逆向思维。3M 公司的一个职员无意中发现，原来废弃的纸张经过一定的处理可以成为粘贴纸，从而为公司创造了巨额的利润。

（三）状态逆向思维

状态逆向思维指人们根据事物某一状态的逆向方面来认识事物，引发创造发明的思维方法。过去木匠用锯和刨来加工木头，都是木头不动工具动（实际上是人动）。这样做，人的体力消耗较大。为了改变这一状况，人们从工具不动、木头动的角度出发，设计发明了电刨，从而大大提高了效率和工艺水平，减轻了劳动量。从木头静与动加工状态的改变，就可知它与状态逆向思维的内容是紧密相连的。

（四）因果逆向思维

因果逆向思维指从已有事物的因果关系中，变因为果去发现新的现象和规律，寻找解决问题新途径的思维方法。在电的发明史上，从奥斯特的电能生磁到法拉第的磁能生电，它们之间就有着因果逆向思维的联系。爱迪生发现送话器听筒音膜有规律的振动到他发明留声机，近代的无线电广播的播放与接收，录像机的发明与摄像机的发明，这些都属于因果逆向思维的成果。可见，因果逆向思维也是进行发明的有效方法。

四、逆向思维的特点

（一）普遍性

逆向思维在各种领域、各种活动中都有适用性，由于对立统一规律是普遍适用的，而对立统一的形式又是多种多样的，有一种对立统一的形式，相应地就有一种逆向思维的角度，所以逆向思维也有无限种形式。例如，性质上对立两极的转换：软与硬、高与低等；结构、位置上的互换、颠倒：上与下、左与右等；过程上的逆转：气态变液态或液态变气态、电转为磁或磁转为电等。无论哪种方式，只要从一个方面想到与之对立的另一方面，都是逆向思维。

（二）批判性

逆向是与正向比较而言的，正向是指常规的、常识的、公认的或习惯的想法与做法。逆向思维则恰恰相反，是对传统、惯例、常识的反叛，是对常规的挑战。它能够克服思维定式，破除由经验和习惯造成的僵化的认识模式。

（三）新颖性

虽然循规蹈矩的思维和按传统方式解决问题简单，但容易使思路僵化、刻板，摆脱不掉习惯的束缚，得到的往往是一些司空见惯的答案。其实，任何事物都具有多方面属性。由于受过去经验的影响，人们容易看到熟悉的一面，而对另一面却视而不见。逆向思维能克服这一障碍，往往能出人意料，给人耳目一新的感觉。

第二节　溯源思维

一、溯源思维的概念

溯源思维着眼于追溯数据源的详细记录，然后基于此思考数据源背后可能隐藏的逻辑关系，得到新的结论。1997年，欧盟为了控制疯牛病建立并完善了一套食品安全制度，该系统覆盖了从生产、加工、销售直到消费终端的整个过程。一旦发生问题，该系统能够做出迅速反应，对整个生产上下游进行定位，确定问题发端于哪个环节。该系统最核心的设置便是信息采集技术的应用，其采集方法包括射频识别（RFID）、二维码、条形码等手段，通过采集各环节信息，形成一个信息链条。

溯源法在危机处理中的优势和方法迅速被其他行业应用，如食品安全、药品监管、物流配送、电子行业等。该方法的好处是通过大数据体系和数据链条进行宏观管理，如有问题，便于及时定位、精准跟踪、召回产品。此外，财务审查中也有类似做法，称为"倒查法"或者"逆查法"，基本做法就是逆向追踪，以便及时而精准地发现问题、解决问题。

此种方法在教育领域偶有应用，应用方向多为语言类教学，利用这种思维方式解决学习者"知其然不知其所以然"的痛点。例如，在文字学习中，探寻文字来源、演变历史、附加文化、今古不同含义，可以帮助学习者更好地掌握语义和文字应用环境等。这种追根溯源的教学方法有助于学习者建立知识体系、彻底理解知识点并挖掘出现问题的根源，以及提出切实可行的问题解决方案。例如，小明的妈妈通过对比思维，知道了小明的考试成绩不好，通过细分思维，也知道他是英语没考好，但是依然不知道他当时为什么没考好。通过跟小明谈心，详细了解他当时考试的详细情况，发现他当时肚子不舒服，无法集中精力答题，导致很多本来会做的题目都做错了。谈心之后，小明的妈妈对他表示理解，从此更加关心小明的身体状况，他们之间的感情加深了，小明的成绩也变得越来越好。

二、溯源思维与数据分析

如果不断用溯源思维去分析，那么对数据的敏感程度和业务的理解也能逐步加深。作为新手数据分析师或数据运营，在面对数据异常的时候，好多小伙伴都会出现"好像是 A 引起的""好像也和 B 渠道有关""也可能是竞争对手 C 做了竞争动作"等主观臆测。面对数据报表，不知道应该从产品维度、时间维度、地域维度还是渠道维度去拆分。做数据分析很重要的一点是具备结构化的分析思维，通过运用溯源思维方法，能够事半功倍，创造更多有意义的价值。

有一个经典的溯源思维案例：杰斐逊大厦墙面有裂痕，为什么？因为墙面经常冲洗，被腐蚀了。为什么冲洗？冲洗是因为鸟粪多。为什么会有鸟粪？因为蜘蛛多，鸟儿就会过来觅食。为什么蜘蛛多？因为这里阳光好利于繁殖。解决墙面问题，不是用环保清洗剂也不是用电网防蜘蛛，拉上窗帘就行了。这是 5 Why 分析法最直接的应用。在日常工作中，我们经常会出现抓不住问题本质的情况，只是"肤浅"地看到表面问题。对数据分析师来说，要有"打破砂锅问到底"的精神，解决问题之前先要分析问题，挖掘问题的本源，这样问题也就迎刃而解了。

三、溯源思维的特点

溯源法具有双向追溯的特性，既能够由表及里深入剖析、追根溯源，又能由内而外，对可能出现的问题和错误进行预判，有效地解决问题。

我们来看一个故事，看看宝洁公司怎么利用溯源思维挖掘到用户的本质需求，并从本质出发，让一个产品的销售额达到数亿美元。

1996 年，美国宝洁公司曾经研发了一款去除异味的喷雾剂：纺必适。这款喷雾的研发费用高达数百万美金。它的效果也是空前绝后，它无色无味，可以去除几乎所有难闻的气味，连美国国家航空航天局都用它清洁航天飞机内壁。纺必适的项目负责团队都认为这款产品会大获成功，但现实却出人意料。纺必适从第 1 天推出到第 2 个月结束，销量越来越低，最后完全滞销！宝洁公司派出研究消费心理学的调查人员，去查明原因。经过数千次的抽样，他们发现这样一个事实：家里有异味的人，因为常年处于这种味道之中，习惯了这种气味，往往意识不到自己身处异味之中。纺必适的出发点是去除异味，这也就意味着本来最需要这款产品的客户，根本不认为自己需要它。大部分购买了纺必适的用户，在用过一次后就将它丢在一边，因为使用它和不使用它，似乎没有什么大的区别。终于，在一次抽样调查中，他们发现一位家庭主妇的家里非常干净，几乎没有异味，她却是纺必适的忠实粉丝。这位主妇说："我每次打扫完后，都会喷一喷纺必适，它有一种清新的香气，会让我感到非常舒服！"原来问题出在这里！研究人员找到了思路：清新的香气可能才是让人一直使用它的原因，而不单单是清除异味！他们在纺必适中增添了一种香料，并更改了广告词。原先的广告词是"去除你衣服上的异味"，修改后则是"为你的生活带来清新香气"。

研究人员通过对事实与用户需求的挖掘，终于发现人们使用纺必适的真相。就这样一个小小的改变，使纺必适的销量突飞猛进。到了 1998 年，纺必适的销售额已经达到了 2.3 亿美元。他们继续往下探求，为什么清新的香气会让人渴望使用纺必适。最终发现：人们在打扫完房间后，产生了一种对奖赏的渴求，而纺必适的香味为人们带来了奖赏。研究团队再往下深挖，纺必适的销量大增是因为人们养成了习惯：清扫完后都会喷一喷。经过研究，他们总结出习惯的回路：习惯是由暗示、行为、奖赏三个环节构成，由渴求驱动的。这就是利用溯源思维，找到了问题的根本，总结出习惯的回路。

后来宝洁公司将习惯回路作为战略，宣传纺必适的衍生产品，包括空气清新剂、熏香蜡烛、洗衣液等，并使这些产品的销售额每年都超过 10 亿美元。

如果说事物是一座矿山，那么其本源就是矿山最中心的一颗钻石，你突破重重阻碍，绕过各种陷阱，挖掘到最深处，得到这颗钻石，这颗钻石的价值比整座山都珍贵。当你得到这颗钻石后，得到钻石的过程又能成为你挖掘更多矿山的经验。电影《教父》中有一段话：花半秒钟就看透事物本质的人，和花一辈子都看不清事物本质的人，注定是截然不同的命运。如果没有溯源思维，你看的所有问题都会流于表面，并会根据你得出的片面结论推导类似的问题，形成一个负循环，导致在错误的道路上渐行渐远。

第三节　溯源与逆向思维的应用

一、生活中的应用

在日常生活中，有许多通过逆向思维取得成功的例子。

有一道趣味题是这样的：有四个相同的瓶子，怎样摆放才能使其中任意两个瓶口距离都相等呢？可能我们琢磨了很久还找不到答案。那么，办法是什么呢？原来，将三个瓶子放在一个边长适当的正三角形的顶点，将第四个瓶子倒过来放在三角形的中心位置，答案就出来了。将第四个瓶子"倒过来"，多么形象的逆向思维啊！

某时装店的经理不小心将一条高档呢裙烧了一个洞，其身价一落千丈。如果用织补法补救，也只是蒙混过关、欺骗顾客。这位经理突发奇想，干脆在小洞的周围又挖了许多小洞，并精于修饰，将其命名为"凤尾裙"，销路顿开。逆向思维带来了可观的经济效益。无跟袜的诞生与"凤尾裙"异曲同工，因为袜跟容易破，一破就毁了一双袜子，商家运用逆向思维，试制成功无跟袜，创造了非常良好的商机。

逆向思维可以使人年轻。每个人都要走向明年，明年会比今年大一岁，所以今年比明年年轻一岁。对于老年人而言，这样的逆向思维，可以让人越活越年轻；对于年轻人而言，则可以珍惜时间，更加努力。我国古代有这样一个故事：一位母亲有两个儿子，大儿子开染布作坊，小儿子做雨伞生意。这位老母亲每天都愁眉苦脸，下雨天怕大儿子染的布没法晒干；晴天又怕小儿子做的伞没有人买。一位邻居开导她，叫她反过来想：雨天，小儿子的雨伞生意做得红火；晴天，大儿子染的布很快就能晒干。逆向思维使这位老母亲眉开眼笑，活力再现。

在创造发明的路上，更需要逆向思维，逆向思维可以创造出许多意想不到的人间奇迹。洗衣机的脱水缸，它的转轴是软的，用手轻轻一推，脱水缸就东倒西歪。可是脱水缸在高速旋转时，却非常平稳，脱水效果很好。当初设计时，为了解决脱水缸的颤抖和由此产生的噪声问题，工程技术人员想了许多办法，先加粗转轴，无效；后加硬转轴，仍然无效。最后，他们来了个逆向思维，弃硬就软，用软轴代替了硬轴，成功地解决了颤抖和噪声两大问题。这是一个由逆向思维而诞生的创造发明的典型例子。

传统的破冰船，都是依靠自身的重量来压碎冰块的，因此它的头部都采用高硬度材料，而且设计得十分笨重，转向非常不便，所以这种破冰船非常害怕侧向漂来的流水。苏联的科学家运用逆向思维，变向下压冰为向上推冰，即让破冰船潜入水下，依靠浮力从冰下向上破冰。新的破冰船设计得非常灵巧，不仅节约了许多原材料，而且不需要很大的动力，自身的安全性也大幅提高。遇到较坚厚的冰层，破冰船就像海豚那样上下起伏前进，破冰效果非常好，这种破冰船被誉为"20世纪最有前途的破冰船"。

由我国发明家苏卫星发明的"两向旋转发电机"诞生于1994年，同年8月获中国高新科技杯金奖，并受到联合国技术信息促进系统（TIPS）的关注。1996年，丹麦某公司曾想以300万元人民币买断其专利，可见其发明价值巨大。说到"两向旋转发电机"的发明，也应归功于逆向思维。翻阅国内外科技文献，发电机共同的构造是各有一个定子和一个转子，定子不动，转子转动。然而苏卫星发明的"两向旋转发电机"定子也转动，发电效率比普通发电机提高了四倍。

二、经济中的应用——相反理论

投资买卖决定全部基于群众的行为。该理论表明不论股市及期货市场，当所有人都看好时，就是牛市开始到顶时。当人人看淡时，熊市已经见底。只要你和群众意见相反的话，致富机会永远存在。相反理论并非一定大部分人看好，我们就要看淡，或大众看淡我们便要看好。相反理论会考虑这些看好看淡比例的趋势，这是一个动态概念。当市场由牛市转入熊市时，每个人都看好，都觉察到价位会上升，就会尽量买入，升势消耗了买家的购买力，直到想买入的都已经买入了，牛市就会在所有人的看好中完结。相反，在熊市转入牛市时，所有看淡的人士都想沽货，直到他们全部都沽了货，市场已经再无看淡的人采取行动，市场就会在所有人沽清货时到达谷底。

小材料：逆向思维适用于现货投资吗？

现货投资进行之前的任何严密的分析都是必要的，很多分析方法也正在被投资者使用。心理分析方法就是利用逆向思维进行分析的一种，我们来看看它的优势。

成功的投资者往往都会有成功的奥秘。作为一个现货投资者，需要有逆向思维，这和投机层面的顺势而为正好相反。逆向思维既有市场走势上的，又有情绪上的。从市场层面来看，大多数人都采用追涨杀跌的操作方法，也就是右侧顺势交易，但这样做的人，结果大都是亏损的，不恋战的投资朋友可能会有比较好的收益。

现货投资通常采取左侧交易，也就是逆市交易。通常情况下，这种交易免不了会被套牢一段时间，即买入后，市价会继续走低，而卖出后，金银价格通常也会继续涨一些。但左侧交易中却蕴含了极为深刻的投资哲理，那就是不抄底和逃顶。抄底需要先预测一个假想中的底部，也就是等一个市场或者金银价格的底部看起来已经形成的时候追涨买入，如果错了，肯定是金银价格还有新低，而自己买在了高位要蒙受损失；逃顶与抄底相似，需要等到金银价格从高位回落一段后，认为金银价格见顶后卖出，如果错了，那么肯定金银价格还有更高，而自己卖在了低位。金银价格在一般情况下很难预测，或者说预测的成功率较低，所以上述方法的成功率注定也不高，但它们却被大多数人采用，因为这种做法符合一般人的思维方式，而且就算在生活中，大多数人也难以走出惯常的思维局限。逆势则正相反，金银价格下跌很多，直至某个价位时，贵金属投资者认为金银价格低估而买进，即使因为市场大势等原因，金银价格继续下行，但对贵金属投资者来说，更低的价格意味着更好的买入机会，投资者可以选择继续加仓。

如果金银价格终于上涨，而且涨了很多，甚至涨到了贵金属投资者认为超出投资价值范围，投资者将其卖出。此时，由于市场情绪高涨，金银价格可能还会继续上涨，但终究价格的泡沫会破灭，金银价格会回归价值，在回归过程发生之前，黄金白银投资者已经平仓，兑现了利润。情绪上逆势，和巴菲特说的"在别人恐惧时贪婪，在别人贪婪时恐惧"是一个意思，这里的别人当然指的是大多数人。正因为在情绪和交易上的双重逆向，价值投资者才注定是少数的，因为你站的地方永远是大多数人的对立面。

三、企业经营创新中的应用

创新是企业家的基本职能，也是现代企业经营管理的生命，因此现代企业家创新能力的培养，关键是要掌握创造性的思维方法。学会并且自觉运用创造性的逆向思维方法，对于一个现代企业经营管理者来说有着重要的意义。

（一）运用溯源与逆向思维有助于产品开发创新

企业的核心问题是产品问题。随着工业和科学技术的发展，现在的商品已不再是供不应求，而常常是供大于求；顾客的消费需求也越来越复杂多样；商品的生命周期日益缩短；市场竞争日趋激烈；产品换代日新月异。不断改进原有产品、开发新产品是每个企业家必须面对的重要课题。

运用逆向思维有助于创新、发明新产品。消除灰尘常用"吹"的办法，赫伯布斯反过来思考，发明了吸尘器；用刀削铅笔，动刀不动笔，反过来思考，动笔不动刀，就有了卷笔刀；声音引起震动，爱迪生反过来思考，发明了留声机；声音转变为电信号，贝尔反过来思考，把电信号还原成声音，发明了电话。这些新产品的创造发明都是运用逆向思维的结果，运用逆向思维"挑人之短"，有助于开发新产品。从心理学和行为学的角度分析，每个企业都很看重、欣赏，甚至陶醉于自己的产品，而对其产品的不足和局限往往忽视或不愿正视。如果我们的企业管理者能一反常态，拿出勇气找找自身产品存在的不足，就可以及时发现问题，从而改进原有产品，推出新产品。

（二）运用溯源与逆向思维有助于开辟新的市场

创造开辟新的市场是企业家的职能之一。如果企业家能运用逆向思维，在人们不屑一顾或意想不到的领域或方面去思考，就能独辟蹊径，打开通向成功的大门。运用逆向思维逆热而求"冷"，可以开辟新的市场。第二次世界大战以后，日本的经济发展很快，当时很多公司都把目光投向某些利润颇丰的领域和产品上，投向具有广阔市场的人们急需的生产和生活用品上。许多经营者都梦想成为钢铁大王、汽车大王、电器大王，然而日本尼西奇公司董事长多川博却独具慧眼，逆"热"而求"冷"，有意避开蜂拥而至的热门领域，专心开发被人忽视的冷门领域，为他人所不为，将市场相对狭小、看似利润低微但竞争阻力较小的婴儿尿垫作为企业的专营产品，成立了尼西奇尿布公司。"尼西奇尿垫"投放市场后，深受妈妈们的欢迎。不久，公司就在竞争中站稳了脚跟，垄断了日本尿垫市场，并使产品远销70多个国家和地区，同丰田汽车一样在世界享有盛名。这种逆"热"而求"冷"，开辟新市场的逆向思维方法，已被越来越多的经营者运用。当许多服装设计师、服装厂和服装店都把目光投向身材苗条的中青年顾客，纷纷设计生产标准型号的新装时，有的经营者却"反弹琵琶"，把目光转向了那些身材异常肥胖的顾客；当许多经营者的目光盯着儿童时，有的经营者却把注意力转向了老年人，产生了"曲径通幽"的效果。

（三）溯源与逆向思维有助于管理创新

自泰勒的"科学管理"诞生以来，虽然管理科学从古典管理学派到现代管理学派已经经历了无数次的革新，但现代社会已进入了高度信息化的社会，企业的生命力关键在于它的市场反应能力，一些现存的管理模式和管理方法却难以实现这种应变。因此，不断革新现存的管理模式和管理方法，实现管理创新是每个企业家的神圣职责。运用逆向思维，不同于常规和经验思维，去寻找解决问题的办法，是企业家实现管理创新的有效途径。例如，运用逆向思维创造有效的激励方式。通常在一般的企业里，会议室、办公室、接待室总是挂着琳琅满目的锦旗、放着闪闪发光的奖杯、贴着大大小小的奖状，以示企业的成就以及激励职工的工作热情和自豪感。然而有一家企业，由于管理上的漏洞，酿成了一次大事故，该厂一反常态，把这天定为"厂耻"，每年这一天都要重揭"疮疤"，告诫全厂职工尽职尽责，切莫重蹈覆辙。

（四）溯源与逆向思维有助于企业经营方法创新

经营技巧和经营方法是市场营销的关键，也直接影响到产品价值的实现。

在经营谋略中，有意识地以反常规的手段和技巧在经营中出奇制胜，是一个现代企业家应该具备和必须具备的能力。在动物园，通常都是把动物关在笼子里、屋子里或围起来让人观赏。海南东山湖野生动物园的管理者不是把动物关起来让人观赏，而是把游客"关起来"，游客乘车观赏在园内自由活动的动物。这种别开生面的方式，赢得了国内外众多游客的青睐，成为海南旅游业有名的景观之一。

在一般人看来，当产品畅销时，厂家应在生产能力许可的条件下尽量扩大生产规模，提高质量，满足市场需要。但中国台湾有家名为"美味香"的店铺因生产一种真材实料、风味独特、味道香美的烟熏制的火腿而远近闻名，尽管价格较高，但仍十分抢手，每天熏制的火腿刚一出炉便被抢购一空。在火腿供不应求的情况下，老板却违背常理，既不进一步提高质量，又不增加销售量，始终坚持限量生产，让想买的顾客不一定都买得到。这种"欲擒故纵"的经营技巧，不仅没有失去顾客，反而刺激了顾客的购买欲，顺利实现了经营目的，生意长盛不衰。

（五）运用溯源与逆向思维有助于企业和产品形象创新

企业公共关系的目标是树立良好的企业形象和产品形象，提高其知名度和美誉度。随着社会主义市场经济的发展，众多的企业越来越注意企业和产品形象，纷纷以各种各样的溢美之词来宣传自己及所拥有的产品是如何的真善美，以此获得公众的注意和青睐。就在众多的经营者和企业进行刻意吸引、拉拢、取悦公众的正面宣传时，也有的经营者故意逆"美"而求"丑"，出人意料地以丑的名称、愚的形象或自揭其"短"的手法吸引公众。

有位日本商人，在别的商人绞尽脑汁以最美丽动听的词藻来装饰本店的招牌时，他却反其道而行之，独出心裁地为自己的商店取了一个"老板无主意"的店名。这一反常而自愚的丑名，一下引起许多人的注意，纷纷为商店老板经营项目出谋划策。结果这家商店成为了很多企业展销新产品的场所，商店为此名声大噪，其经济效益也极为可观。还有一家汽车经营公司的推销员，在给顾客推销一辆车时，在介绍了该车的型号、车速、性能、耗油、价格等方面的情况及诸多的优势后，一反常规，竟自揭其短，指出该车门的拉手处的漆有一点小小的痕迹。结果，顾客不仅没有因车的这点毛病而放弃买车的意图，反而感到此推销员的介绍很客观、实在，欣然买下了那辆车。当然这种自丑、自愚和自揭其短的做法不过是吸引公众注意力的一种"诱饵"。它必须以优良的企业素质和产品质量为坚实的基础，否则，就会适得其反。

　　总而言之，逆向思维对于企业家研究消费动态、开发适销对路的产品、开辟新的市场、创造新的营销方式和革新内部管理等都有不可低估的作用。每个企业经营管理者都应努力学会并自觉运用这种思维方式，培养和提高自己的创新能力，在市场竞争中出奇制胜。

四、大数据时代的应用

　　大数据对普通人有什么意义？最近一段时间，"大数据时代""互联网思维"持续成为微博、微信上非常热门的话题，大有"分享不谈大数据，读尽诗书也枉然"的势头。对于公关、广告公司而言，大数据、互联网思维是一种全新的技术引领的理念，但是对于普通人而言，大数据时代究竟意味着什么？

（一）判断资源价值

　　广告主用媒体资源价值制定广告投放策略，普通人可以通过广告投放来判断媒体资源价值。我们大多数人都有这样的情况，某电视台新出了一档火爆的电视栏目，朋友推荐了一本自己不怎么清楚的专业杂志，我们到底怎么判断这个栏目或者杂志的专业度呢？很多人是通过百度、百科、相关宣传介绍了解该栏目或者杂志的专业度。

　　这有没有错？没有错。毕竟很多基本信息都可以通过百度、官网了解，但是你有没有发现这种情况，如重庆的四家报纸——《重庆晨报》《重庆晚报》《重庆时报》《重庆商报》，每一家都宣传自己是重庆最好的报纸，无论是发行还是广告收入都是第一。这种情况下，我们应该如何判断呢？其实，媒体自己宣传可能会夸大，但是在媒体上的广告投放却是真金白银。企业选择在一个电视栏目投放广告，一定是认真了解了受众的学历、年龄、收入、爱好以及收视率，所以，通过一个电视节目中植入广告的水平就可以判断该节目的水平，以此类推。

（二）判断消费者行为

企业通过大数据分析了解消费者行为，进行相关产品和服务的推荐，普通人可以通过推送和推荐信息来判断自身行为。现代生活中，社交活动越来越多，认识的朋友也越来越多，但是对于自己的认识却越来越不够，很多人反映，经常莫名的郁闷和苦恼，不知道自己最近学习和工作思路对不对。那么，大数据时代的逆向思维或许可以给你一些启发。

说到逆向思维，我们先来考虑正常思维。每个人使用网络都会产生数据和痕迹，背后反映的是一个人的收入、阶层、消费理念、兴趣爱好、文化程度等。企业通过收集这些数据，进行一系列的分析和匹配，最终推送给你"他们觉得你应该需要的商品或者服务"。

因此，你可以通过商家的推送来逆向思考你自己关注的东西，如果你经常收到一些乱七八糟的信息，或者各种游戏、无聊低级趣味的推荐，这说明你最近一段时间的关注点是在这些方面的，如果你经常收到一些专业书籍、会议邀请、知识推荐之类的信息，这反映的是另外一种信息。

我们不一定每个人都是企业家或品牌代理人，不一定都会使用这些理论去从事运营和推广，但我们每个人一定都是消费者，我们可以通过逆向使用大数据和互联网思维去更好地理解、判断、辅助分析事物。

（三）突破大数据发展的瓶颈

大数据已经上升为国家战略，社会各界对大数据的期待上升到了前所未有的高度。大数据是新资源、新技术和新理念的综合体。从资源视角来看，大数据是新资源，体现了一种全新的资源观。摩尔定律仍然有效，计算存储和传输数据的能力在以指数速度增长，分布式计算、存储和数据技术的革新不断涌现，互联网企业对"数据废气"（Data Exhaust）的挖掘利用大获成功，引发全社会开始重新审视"数据废气"的价值，开始把数据当作一种独特的战略资源。

从技术视角来看，大数据代表了新一代数据管理技术。传统的数据管理与分析技术以结构化数据为对象、在小数据集上进行分析、以集中式架构为主，成本高昂。与"贵族化"的数据分析技术相比，源于互联网的，面向多源异构数据、在超大规模数据集上进行分析、以分布式架构为主的新一代数据管理技术与开源软件潮流叠加，在大幅提高处理效率的同时（数据分析从T+1到T+0甚至实时），成百倍地降低了数据存储和管理成本。底层技术的变革释放了上层应用的创新活力。

从理念的视角来看，大数据提供了一种全新的思维角度。大数据的应用，赋予了"实事求是"新的内涵：一是"数据驱动"，即经营管理决策可以自下而上地由数据来驱动，甚至像量化股票交易、实时竞价广告等场景中那样，可以由机器根据数据直接决策；二是"数据闭环"，观察互联网行业大数据案例，它们往往能够构造起包括数据采集、建模分析、效果评估、反馈修正各个环节在内的完整的"数据闭环"，从而能够不断地自我升级，螺旋上升。

大数据本身既能形成新兴产业，又能推动其他产业发展和社会进步，战略重要性毋庸置疑。从狭义来看，围绕大数据采集、存储、管理和挖掘，正在逐渐形成一个小的产业生态（狭义大数据产业）。从广义来看，大数据具有通用技术的属性，能够提升运作效率，提高决策水平，从而形成由数据驱动经济发展的大生态。据华沙社会经济研究所测算，欧盟中26国因大数据的引进，至2022年将获得1.9%的额外GDP增长。美国麦肯锡公司预计到2022年美国大数据应用带来的增加值将占2022年GDP的2%~4%。中国信息通信研究院采用华沙社会经济研究所相同的模型，测算2020年大数据对我国GDP的增量贡献约为0.53%~1.25%，2022年的增量贡献最高将达到1.9%。大数据的应用对社会治理水平的提升也能起到明显的推动作用。

身处大数据热潮中，既要充分认识大数据的潜力，积极把握技术进步带来的机遇，又要认清大数据的局限性，警惕大数据万能论。运用溯源与逆向思维来进行思考，可以发现大数据分析至少有以下四点值得思考：

第一，大数据尚难对人的行为做出精确预测。在大数据是否能准确预测人类行为的问题上，还存在重大分歧。《黑天鹅》指出人类的行为不可预测，而《爆发》一书则根据对以往历史经验的总结，指出人类行为93%可预测。麻省理工学院罗伯特·莱格伯恩（Roberto Rigobon）教授称，虽然华尔街一直重视数据分析，但基于海量数据分析的对冲基金在全球都是失败的。"对于人和事件，如果放到越大的空间和时间范围，那么越可以精确预测。如果放到越小的空间和时间范围，那么越不可以精确预测。例如，我们几乎可以在 100% 的程度上预测一个人在 24 小时的时间范围内会吃饭；但如果精确到某一分钟，那么几乎不可能预测准确。"大数据无法预测人类行为，归根结底还是因为人具有"自由意志"，人会根据预测结果（如下个月的股票价格、明天的交通拥堵情况）改变自身行为，从而使得预测失效。

第二，大数据相关关系不能替代因果关系。舍恩伯格在《大数据时代》中说："我们没有必要非得知道现象背后的原因，而是要让数据自己发声"，"相关关系能够帮助我们更好地了解这个世界"。追寻相关关系和因果关系，是人类思维的两种重要方式，而用大数据进行预测往往依靠相关性，也就是说，很多情况下知道"是什么"即可，不必知道"为什么"。相关关系的运用在互联网推荐、精准广告等方面得到了实际应用。然而，在很多时候，如疾病诊断、工厂故障分析等场景下，需要根据确定的（或置信度非常高的）结论来决策，仅凭相关关系是远远不够的。换言之，大数据中相关关系的应用需要区分场景，有时候数据无法自己说话，需要追本溯源。

第三，大数据来源不均衡会让数据"说谎"。有人说数据不会撒谎。实际上，如果忽视数据来源的不均衡性，数据分析结果就会"骗人"。中国互联网络信息中心 2015 年的统计数据显示，我国网民城乡分布严重不均，农村网民虽然迅猛增长，但仍不及城市新增网民数量的 1/10。社交网络用户的性别分布也同样有很严重的倾斜，腾讯公司 2020 年初的报告显示，微信用户的男女比例为 1.8∶1，男性用户约占了 64.3%，而女性用户则只有 35.7%。如果利用网络大数据进行民意调查，却不把样本分布的不均衡性考虑进去，就可能使得某些群体未得到充分代表，而某些群体因使用率高，其意见或特征被过分放大，这种不均匀的数据来源会导致分析结果存在偏见和盲区。

第四，大数据无法消灭信息不对称现象。有人说，大数据有助于消灭信息不对称。虽然从全社会来看，大数据的全面采集和融合应用有望在局部缓和信息不对称程度，但是在互联网世界中，马太效应很显著，拥有大数据资源和掌握大数据分析能力的企业，往往会在大数据时代占据更加有利的地位、占有更多数据，从而更容易形成一批数据寡头，产生新的不平等，造成新的信息不对称。因此，大数据无法消灭信息不对称，反而更有可能助推数据寡头的出现。如果这种数据垄断地位被企业滥用，将会威胁个人、企业甚至国家利益。在大数据时代，如何进一步弥合数据鸿沟、防止数据"霸权"的滥用，将会成为一个重要的新课题。热潮之下，对大数据的反思还需要不断深入，才能使我们保持清醒的头脑。

从以上应用可以看出，培养正确的溯源与逆向思维能力，是做好数据分析的必备条件，这也是很多人相对比较欠缺的一种能力。要想成为一个有洞察力的人，就要多学习、多思考、多总结、多实践，通过刻意练习，举一反三，把逆向思维与数据分析结合，应用到日常的工作和生活中，逐渐提升数据分析的思维能力。

第四节　数据分析中溯源与逆向思维的培养

一、培养溯源与逆向思维的优势

优势一：在日常生活中，常规思维难以解决的问题，通过逆向思维却可能轻松破解。

例一：关于给网球充气。网球与足球、篮球不一样，足球、篮球有打气孔，可以用打气针头充气。网球没有打气孔，漏气后球就软了、瘪了。如何给瘪了的网球充气呢？专业人士首先分析了网球为什么会漏气？气从哪里漏到哪里？我们知道，网球内部气体压强高，外部大气压强低，气体就会从压强高的地方往压强低的地方扩散，也就是从网球内部往外部漏气，最后网球内外压强一致，就没有了足够的弹性。怎么让球内压强增加呢？运用逆向思维，专业人士考虑让气体从球外往球内扩散。怎么做呢？那就是把软了的网球放进一个钢筒中，往钢筒内打气，使钢筒内气体的压强远远大于网球内部的压强，这时高压钢筒内的气体就会往网球内"漏气"，经过一定的时间，网球便会硬起来了。

气体从外向里漏的逆向思维使没有打气孔的网球同样可以实现充气。很显然，通过逆向思维，把不可能变为了可能。

优势二：逆向思维会使你独辟蹊径，出奇制胜。

例二：有两个人一起出差，其中一个人逛街时看到大街上有一老妇在卖一只黑色的铁猫。这只铁猫的眼睛很漂亮，经仔细观察，他发现铁猫眼睛是由宝石做成的。于是他不动声色地对老妇说："能不能只卖一双眼珠。"老妇起初不同意，但他愿意花整只铁猫的价格，老妇便把猫眼珠取出来卖给了他。他回到旅馆，欣喜若狂地对同伴们说："我捡了一个大便宜。用了很少钱买了两颗宝石。"同伴问了前因后果，问他那个卖铁猫的老妇还在不在？他说那个老妇正等着有人买她的那只少了眼珠的铁猫。同伴便取了钱寻找那个老妇，一会儿，他把铁猫抱了回来。他分析这只铁猫肯定价值不菲。于是用锤子往铁猫身上敲，铁屑掉落后发现铁猫的内质竟然是由黄金铸成的。买走铁猫玉眼的人是按正常思维走的，铁猫的玉眼很值钱，取走便是。但同伴却通过逆向思维断定：既然猫的眼睛是宝石做的，那么它的身体肯定不会是铁的。正是这种逆向思维使同伴摒弃了铁猫的表象，发现了猫的黄金内质。

优势三：逆向思维会使你在多种解决问题的方法中获得最佳方法和途径。

例三：有一位赶马车的脚夫，驱赶着一匹马，拉着一平板车煤要上一个坡。无奈路长、坡陡、马懒，马拉着车上了整个坡的1/3就再也不愿意前进了，任脚夫抽打，马只是原地打转。脚夫这时招呼同行马车停下，从同伴处借来两匹马相助。按常规的思维方式，一匹马拉不上坡，另加两匹马来帮助拉，那肯定是来帮忙拉车的。但脚夫并不是把牵引绳系在车上，而是将牵引绳系在自己那匹马的脖子上。这时，只听脚夫一声吆喝，借的两匹马拉着懒马的脖子，懒马拉着装煤的车子，很快便上了坡。对脚夫这种做法你可能会感到疑惑，用借的两匹马拉自己的懒马，仍然是自己的懒马在使劲，另两匹马不但使不上劲，而且还有可能拉伤自己的马。脚夫就是运用了逆向思维。

思考一：这匹马的力量同其他马的力量差不多，车上装的煤也差不多，别的马能上去，这匹马也应当能上去，上不去的原因是这匹马懒惰，也就是说，是态度问题，而不是能力问题。

思考二：使用两匹马拉住懒马的脖子，就逼使懒马必须尽最大的力量，拼命拉着煤车前进。否则，脖子就可能被外的两匹马拉断，求生欲使得懒马必须积极主动地拉车上坡。

思考三：如果让另外两匹马帮助拉车，虽然可以顺利地将车拉上坡，但让马尝到偷懒的甜头后，再遇到上坡时一定还会坐等别的马帮忙。系住它的脖子让另外两匹马教训它一下，则可以使其记住偷懒所吃的苦头，以后上坡时不敢再偷懒，从而根治该马的懒病。我们不能不承认，马夫运用逆向思维解决懒马问题的招数实在是高人一筹。

优势四：生活中自觉运用逆向思维，能将复杂问题简单化，使办事效率成倍提高。

例四：某企业要通过差额选举确定代表人选，规定从 23 名候选人中选出 21 名。常规操作方法是按出席会议的人数发出选票，上列 23 位候选人名单。投票人拿到选票后"择出"自己同意的那 21 位候选人，投票后，由监票人进行唱票统计，最后 21 位最高得票者当选。对于这种司空见惯的做法，谁都没有异议。但是，这是一种效率低下的做法。对于这个问题，采用逆向思维，完全可以这样来做：当拿到选票后，"择出"自己不同意的那两位，唱票时，每张选票也只唱两次，最后，谁的"票多"谁就落选。这样，每一位代表所花的时间只有原来的 1/10，每一张选票的唱票时间也只有原来的 1/10，选举效率大幅提高。这种做法不但提高了效率，而且也有助于提高候选人和代表的压力感和责任感。选取赞成的 21 位时，很多人都是从前往后打钩，只要不是很不顺眼就按着顺序往下钩，最后的结果往往是居于最后面位置的两位候选人落选的可能性更大。这种做法使得落选人压力不是很大，因为自己的地理位置不佳。当代表从 23 位候选人中择出 2 位自己认为是不合适的人时，候选人压力大增，他必须十分注重自己的形象，改进自己的不足。对代表来说，必须经过慎重思考，负责任地表达自己的意见。

二、数据分析中溯源与逆向思维的培养

（一）提升对数据的敏感度

首先，养成对数据的深究，知道数据是怎么来的。理解数据、理解业务便于我们进行数据采集及分析溯源，对结论和成果有着一定的数据保证，同时也要判断数据来源的可靠性。

其次，梳理数据指标有哪些维度。理解评估标准，不同业务有不同的关

键业务指标，利用思维导图积累相关业务的指标体系，多总结、多问为什么；指标体系经常用于数据细分找原因，知道数据构成才能更快地拆分数据，找到异常原因。

最后，了解数据是如何说明业务的，找到业务背后的基本逻辑。在数据的日常工作中带入业务思维，要知道数据指标在业务中代表什么，业务数据正常水平是怎么样的，受节假日或者活动营销影响的数据又是怎么样的，要多对比，结合环比、同比明白数据高低的意义。

（二）养成对数据指标及问题的拆解习惯

拆解问题是把复杂的问题分解成若干的小问题进行解答。溯源思维的关键点就是找到真正的问题，需要我们有着将复杂问题拆解为小问题，甚至常识性问题的能力。将一个整体的问题分解为多个小的问题，将小的问题逐个击破，再将答案组合起来。所有的小问题都找到答案后，工作起来条理就会非常清晰，也就不会在任务开始后浪费时间。拆解能力决定了能否有效处理和解决复杂事务，简单来说，就是把一个复杂问题拆解成一个个基础元素，通过研究这些元素，控制和改变基本的元素进而解决复杂的问题。

（三）悬置判断，获得足够证据再下定论

悬置判断是指在对事物还没有完全了解的情况下，避免先入为主的判断影响自己的决策。很多人在看待问题时，不是为了寻找真相，而是为了寻找证据证明自己脑海中设想出来的答案。在得到足够证据之前，我们对一件事物或人的看法应该先悬置起来，避免先入为主下定义。我们应该搜集多维度信息，将事实和证据罗列出来，去拆解问题，找到问题的根源。

（四）第一性原理，从市质出发解决问题

古希腊哲学家亚里士多德提出了著名的"第一性原理"：在每一系统的探索中，存在一个最基本的命题或假设，不能被省略或删除，也不能被违反。数据分析人员可以根据追溯数据源的详细记录，然后基于此思考数据源背后可能隐藏的逻辑关系，或许会有意外的洞察。如果你经常运用溯源思维，就能提升数据的敏感度，并加深对业务的理解。只有达到事物的本质，看透一

件事物，我们才能从事物中推导出正确的结论，指导我们进行正确的行为。真正厉害的人在看待问题时，都会找到事物的本质，再从本质出发解决事物。如何找到事物的第一性原理并运用它呢？这就要谈到归纳法和演绎法。

归纳法是指从有限的事物中归纳出具有共性的特征，并将这些特征提升为普适定律，进而应用于无限的事物，即从结果总结原理。演绎法是指提出不证自明的公理，构建一个简单的逻辑系统，再将这一逻辑系统应用和扩展到各个领域，即从原理推导过程。简单地说，就是通过归纳法得出结论，通过演绎法，将得出的结论用于证明类似的事物。

（五）多熟悉各种数据分析模型

数据模型其实是各种数据分析经验的抽象集合，你拥有了更多的数据模型，也就拥有了更多的认知"数据"世界的工具。在斯科特·佩奇的《模型思维》一书中，提到了 20 多个思维模型，我们在数据分析过程中可能会经常用到的主要有 AARRR（海盗模型）、漏斗模型、Google's HEART、金字塔模型、RFM 模型、用户生命周期模型、滑梯模型、消费者行为模型等。

对于数据分析人员来说溯源与逆向思维的培养是非常重要的，因为能透过事物看本质的人，与一辈子都看不清事物本质的人，注定有截然不同的命运。如果没有溯源思维，你看的所有问题都会流于表面，并会根据你得出的片面的结论来推导类似问题，这样就形成了一个负循环，导致在错误的道路上渐行渐远，所以培养数据分析思维至关重要。

第八章 数据赋能与决策

引例一：数字化扶贫新渠道：
大别山下的"白领"和"福尔摩斯"们

手指在键盘上跳跃，鼠标不停点击，在记者注视着的不到 5 分钟内，近 50 条商品信息在孔珍珍审核下快速划过屏幕。

在这个位于大别山脚下的电商扶贫基地内，32 岁的孔珍珍是一名商品审核专家。一年前还是留守妇女的她，如今每天处理近万条来自二手交易平台的商品内容。她觉得，如今自己不仅是"白领"，更是在人工智能算法加持下的"福尔摩斯"。

近年来，河南省光山县通过与国内大型互联网平台合作，引入内容审核、人工智能标注等对学历要求不高的新型数字化岗位，不仅提高了当地居民收入、培育了劳动技能，还提升了互联网平台内容的社会治理水平，建立起了数字化"造血"扶贫新机制。

像孔珍珍这样的商品审核专家，光山县还有数百位。他们每天和海量的商品信息打交道，拦截违禁商品、侦测非法信息，虽然辛苦，但是却有着"斗智斗勇"的乐趣，收入也大幅提高。

"比如'飞天壁画，支持面交'这样的描述，加上一幅壁画的商品图，一般人不知道这是干什么的，但我们就知道这个人的真实目的是卖酒。"孔珍珍说，出于食品安全考虑，她所在的电商平台禁止二手食品买卖，类似"53 度""贵州香水"这样的商品信息是他们审核的重点。

在人工智能初审的帮助下，存在疑点的商品会被交由审核专家二次审核。一年多来，孔珍珍遇到不懂的，就会主动搜索，与同事分享，技能水平不断提升。如今，她能在 1 小时内审核 700~800 条商品信息，已经晋升为内容审核质检员，收入也涨了。

"下午 4 点就能下班，赚钱和照顾家人、孩子都不耽误。"孔珍珍说，今年五月她丈夫遭遇事故不幸骨折，现在她每月收入最高时能有七八千元，平均四千元左右，家里的收入基本都靠她了。

对于人工智能的发展而言，内容审核员并非可有可无，而是互联网社会化治理中的重要一环。"人工智能的发展还面临'最后一公里'的难题，机器学习需要更大的样本库，而网络新暗语、图片还在层出不穷。"互联网平台治理高级风险策略专家华茜说。

今年 3 月，某互联网平台在光山县审核员们的帮助下，整理出了近 300 个涉嫌发布色情内容的账号，这批账号发布的商品多为吊带裙、丝袜等内衣商品。这些账号看起来既有 40 岁的家庭妇女，又有刚满 16 岁的学生，但几乎都使用同一品牌的手机登录。

"从统计学角度，近 300 个独立个体使用同样的设备登录，是极小概率事件。更大的可能是系统性行为。"协助案件侦办的平台风险治理专家邱林说。

警方介入后，该"黑产"团伙被破获，该团伙通过在国内各大论坛、社交平台、电商社群发布色情信息，诱导网民注册使用色情应用，并牟取暴利。

据统计，过去 3 个月，在算法与人工结合的审核模式下，孔珍珍工作的二手交易平台拦截疑似违禁商品信息 400 余万条。该平台计划未来一年内新增 300% 的内容审核力量，其中大量岗位都位于欠发达地区，将为数字化"造血"扶贫提供有力支撑。

资料来源：http：//baijiahao. baidu. com/s？id = 1684497744949393570&wfr = spider&for = pc.

思考题

1. 孔珍珍从留守妇女如何转向商品审核专家？哪种技术或产品帮助她实现了转变？

2. 从孔珍珍的案例中，如何理解数据赋能的作用？

3. 数据思维在孔珍珍工作中是如何体现的？

引例二：从 TikTok 案例看"个性化信息服务"如何成为战略资产？

TikTok 是 2016 年北京字节跳动公司推出的一款面对海外市场的短视频 App，同年在中国的互联网推出"抖音"App。2020 年，TikTok 受到美国政府打压，一系列进展中的事件引人注目。

2020 年 6 月底，印度以保护其互联网用户的利益为由，封禁了 59 款 App，其中就包括 TikTok。然而这可能就是整个事件的导火索，或者只是一个开始。

2020 年 7 月 8 日，时任美国总统特朗普称，美方正考虑禁止 TikTok 在美运营。20 日，美国众议院通过一项针对 TikTok 的法案，该法案禁止联邦雇员在政府的设备上使用 TikTok。22 日美国参议院通过一项类似法案。8 月 1 日，特朗普宣布计划动用行政命令禁止 TikTok 在美运营。9 月 27 日晚，美国哥伦比亚特区联邦地区法院裁决，暂缓原计划当地时间 9 月 27 日 23 时 59 分执行的美国政府要求国内应用商店下架短视频应用 TikTok 的行政令。12 月 16 日，美上诉法院对特朗普政府早前推行的禁令提出质疑，美国巡回法院法官帕特里夏·米利特在听证会上表示，早前特朗普政府推行禁令的依据是"相当狭隘的间接监管定义"。

在此过程中，为了争夺 TikTok，美国的脸书、微软、甲骨文、沃尔玛等科技巨头和特朗普政府"狼狈为奸"，"磨刀霍霍向猪羊"。8 月 27 日，海外媒体传出消息，字节跳动出售 TikTok 在北美、澳大利亚和新西兰业务的交易可能会在未来 48 小时内达成。交易规模可能在 200 亿~300 亿美元，最后买家可能为微软、甲骨文或沃尔玛。

在此重要时刻，我国商务部、科技部于 8 月 28 日发布了调整之后的《中国禁止出口限制出口技术目录》（以下简称《目录》）。调整之后的《目录》第二项限制出口部分第（十五）计算机服务业增加了"基于数据分析的个性化信息推送服务技术"。此举被认为是针对此次 TikTok 出售案而推出的条款。对此，有专家表示，字节跳动的国际业务能够取得快速发展，依靠的是其国内强大的技术支撑，它源源不断地向境外公司提供最新的核心算法服务，就是一种典型的技术服务出口。如果它的国际业务要继续顺利运营，无论其新的所有者和运营者是谁，很可能都需要从中国境内向境外转让软件代码或其使用权，也可能需要从中国境内向境外提供技术服务。

也就是说，TikTok 正是基于大数据的分析，准确地向用户推送各种相关视频。同时，字节跳动作为 TikTok 的股东之一，很可能是此技术的发明者和拥有者，对这些技术拥有所有权。正因为如此，字节跳动出售 TikTok 业务应当得到相关部门的许可批准，除非其拟定出售的业务不包含此技术。

简言之，TikTok 的出售已经不仅仅是字节跳动公司的意志，还要符合中国相关部门的标准才可通过。

资料来源：https：//tech. ifeng. com/c/7zM6vwGnGdL.

思考题

1. 美国以"国家安全"的理由打压 TikTok，其背后真实的理由是什么？

2. "基于数据分析的个性化信息推送服务技术"为什么会列入国家限制出口目录？其背后的数据基础是什么？

3. 你如果使用过抖音等短视频服务，能否体会到数据分析支持下的个性化信息服务？请列举论述。

第一节　数据赋能

一、数据思维概述

数据是数字经济的血液。未来，随着企业、机构、政府等对数据资源开发利用水平的不断提高，以数据驱动的新产品设计等服务创新将不断涌现。利用数据提高精准程度，如肿瘤检测企业利用大数据分析致癌原因，实现对患者的精准医疗；利用数据优化资源配置，如 ZARA 以数据为核心打造极速供应链系统，对每天每个店铺每个款型的销售了如指掌，很容易预测下一季的爆款产品；利用数据为企业赋能，如阿里巴巴推出生意参谋、阿里指数等一系列数据产品，帮助韩都衣舍、三只松鼠、良品铺子等众多商家提升运营效率和获客能力。随着数字经济的发展，商科人才的数据思维得到了高度的重视和推崇，甚至被有些人誉为未来"企业管理的第一思维"。

那么，什么是数据化思维呢？有学者提出，数据思维是根据数据来思考事物的一种思维模式，是一种量化的、重视事实、追求真理的思维模式。数据思维与数字化密切相关，却并不是将事物单纯地数字化，它要求形成定性结论的基础是数据，但并不排斥定性的描述和结论。我们经常看到，很多报告引用了一系列数据：2017年第三季度，某品牌在江苏地区的三个销售代理商分别完成销售额130.4万元、210.5万元、98.6万元，共计439.5万元；去年同期他们分别完成销售额110.2万元、150.3万元、96.3万元，共计356.8万元（该品牌在江苏地区只有三个代理商）。

以上报告列举了很多经营数据，但并没有最终结论。第三季度总销售额439.5万元是多还是少？三个代理商的销售额占比是否合理？和竞争对手相比，发展速度如何？只有数据没有结论，这显然不是数据思维。如果根据数据进行一定的分析并得出某些结论，则显得更为"数据思维"一些：2017年第三季度，某品牌在江苏地区的三个销售代理商A、B、C分别完成销售额130.4万元、210.5万元、98.6万元，共计439.5万元；去年同期他们分别完成销售额110.2万元、150.3万元、96.3万元，共计356.8万元。总体同比增长了23.2%，虽有明显增长，但并未达到预期的30%。根据市场调研数据，竞争对手今年第三季度实现38%的增长，而其中在C代理商所负责的区域，竞争对手达到200%的爆发式增长，销售额达到320万~350万元。公司需要对C代理商进行重点关注，做出适当调整（该品牌在江苏地区只有三个代理商）。

可以看出，数据思维强调对事物的判断或者决策应该依赖反映客观世界的数据，而不是经验或主观臆断。数字化数据能够为决策判断提供更多的细节和更深的规律性，一般来说能够帮助决策者加强事物的认知，从而做出更为科学和准确的决策。随着数字经济的发展，人们拥有的数字化数据越来越多，"大数据"彻底改变了以往决策过程中数据成本过高的困境，甚至由于企业运营建构在数字化基础设施上，大数据成为企业运营的实时数字化映象，这个时候利用数据科学进行数据分析实现商业决策，既是必要的，又是必需的。

二、赋能与数据赋能

数据赋能的概念多见于商业情境。互联网时代背景下，信息技术飞速发展，数据逐渐成为企业获取竞争优势的一项重要资源，数据及数据技术对各行业既成的业态及形态的赋能影响开始受到广泛关注。在企业实践层面，近年来，阿里巴巴、腾讯、京东等大型平台企业都在强调平台的赋能价值，运用数据技术和数据赋能为赋能对象提供支持和帮助，强调用数据服务助力平台商家的业务发展，实现共同受益。

实际上，数据赋能既能助力企业或平台，又能助力普通用户；既可以为企业的商业决策提供帮助，又能够为个体的日常行动提供支持。本章选择日常生活工作中个人、团队和组织三个层面的案例，展示数据思维对于赋能对象在能力方面的提升和决策效率方面的改善。

（一）赋能的概念

赋能就是给某个对象赋予某种能量。通俗来讲就是，你觉得你不能，但我使你能。它最早是心理学中的词汇，旨在通过言行、态度、环境的改变给予他人正能量，最大限度地发挥个人才智和潜能。管理学上的赋能，是通过组织、流程的有效设计，使得企业的组织和个人能够敏捷、有效完成工作目标，从而有效达成组织的使命和战略目标。赋能包括组织赋能和个人赋能。

管理学上的赋能概念根植于人力资源管理的授权赋能（Empowerment）概念，指授予企业员工额外的权利，是企业组织主动自上向下由集权向分权的过程。这个过程需要依托工作环境和条件，提供信息和工作资源等支持进而提升员工的能力，一般指将权力分配给组织体系中处于不利地位的成员（Eylon，1998；Kanter，2010；Spreitzer，2007）。

赋能理论亦被称为赋权理论，是发展社会学中的一个重要理论范式。"赋权"作为一种学术概念，最初由美国著名社会学者巴巴拉·所罗门提出，指以某种路径或方式来增强社会个体对自我行为的掌控力，强化其在社会工作、生活中的自我效能感的过程。在西方发展社会学的现实语境中，赋权的对象往往是社会的弱势群体或个人；赋权的目的是改变弱者的"无权者"地位或"无力感"状态；赋权的方式是通过创设条件、改变路径、消除障碍等为弱者创造机会、激发潜能、提供支撑，增强其行动自主性和自我存在感。赋能理论作为一种理论范式，被广泛引入政治学、心理学、组织行为学等各个领域，并不断催生出"技术赋能""制度赋能""权力赋能"等新的理论范式。但是，无论赋能的概念和范式如何变换，其核心内涵始终是通过一定的途径、手段或方法，赋予行动主体某种能力、能量或权力的过程。

授权赋能包括结构赋能、资源赋能和心理赋能三种。

第一，结构赋能是组织层面的流程和权力设计，强调建立赋能机制，有权力的人可以将权力授予无权力的人。例如，拥有免单权的海底捞服务员，就受益于这种结构赋能。海底捞基于信任机制，为最基层的服务员授予送菜、打折直至整单免费的权力，使一线员工有动力、有能力在第一时间处理客户问题，以高品质服务赢得了较高的客户满意度。

第二，资源赋能的本质是配置，将相关资源提供给赋能对象，使其完成之前不能完成的工作。当前为什么短视频平台如此火爆？因为视频平台一方面通过技术创新大大降低了视频创作的能力门槛，另一方面通过提供流量数据让创作者能够实时了解到动态热点、用户需求等。这实质上就是一种资源赋能，数字技术、用户大数据都是平台拥有的关键资源，将其开放给平台用户，能够极大地提升用户的能力和创作积极性，实现价值共创。

第三，心理赋能的本质属性是在工作时感受到的价值、影响力、竞争力与主动性，通过激发内心的积极性和能动性，产生新的动力。金一南提出真正的力量，首先来自内心；一个人，一支队伍，如果内心缺乏力量而期待通过外部力量弥补，那么不管外部力量多么壮观，恐怕都难以支撑。现实工作中存在大量实例：我们没有实施相关的行动，其原因不是我们缺乏技能，而是我们缺乏内心动力。一旦团队或者员工个人有了"不达目的誓不罢休"的决心，以及顽强的坚持，所欠缺的能力往往能迅速补充到位，然后期望的行为就会发生，目标得以达成。"破釜沉舟"就是经典的心理赋能故事。

三种赋能形式，既相互独立又互为支撑。如果人们获得了某种授权，或者获得了某种难得的资源，这既体现为结构或资源赋能，同时又有心理的增强，这些因素可以共同作用于能力增长。本章最后的阅读资料，反映了钉钉对员工个体的结构赋能、资源赋能和心理赋能三种赋能机制，比较形象地展示了数字化赋能的内部关系和实现过程。

(二) 数据赋能

首先重温一下 "大别山下的数字扶贫案例"。"孔珍珍们" 是如何从留守妇女转向商品审核专家的? 哪种技术或产品帮助她们实现了这种转变呢? 本书认为，这个留守妇女赋能为 "白领" 和 "福尔摩斯" 的过程，可以归纳为三种赋能形式，它们是数字技术赋能、平台赋能、数据赋能。在数字经济时代的今天，这三种赋能概念比较普遍。

具体来看，什么是数字技术赋能? 众所周知，以计算机技术、互联网技术为核心的新一代数字技术得到了广泛应用，由此引来了一系列天翻地覆的变化。在我国，数字乡村建设成就卓著，为乡村振兴奠定了坚实的基础。因为有了互联网和数字技术，孔珍珍获得了超越往常一个普通留守妇女的能力，不需要离开乡村就可以实现 "白领" 工作，正是数字技术带来的赋能效应。

什么是平台赋能呢? 大家知道，数字经济诞生了大量的平台型公司，它们普遍共同的特征就是突破了时空局限，无论是平台的生产服务提供者，还是用户或消费者，都不再有传统企业的明确边界，而是可以把更广范围的劳动者纳入生产经营过程中，甚至生产者、消费者的身份也不再明显，因此有了 "产消者" 概念。有时我们亦称它为众包模式。这种平台化经营，让大别山脚下的乡亲们具有了参与生产经营的机会，所以是平台赋能。

什么是数据赋能呢? "孔珍珍们" 通过互联网技术和平台模式参与二手交易平台的经营过程，主要担任商品审核专家，每天和海量的商品信息打交道，拦截违禁商品、侦测非法信息。在人工智能初审的帮助下，存在疑点的商品被交由审核专家二次审核。这期间其实有着大数据与人工智能的支持，是这些数据资源和高效的能力工具帮她获得了对违禁商品、非法信息的 "火眼金睛"，因此是典型的数据赋能。

数据赋能是资源赋能的一种，即通过为赋能对象提供充分的数据资源，帮助其获得解决复杂问题的能力，提升其解决问题的效能和水平等。数据是客观事物及其运动规律的描述与表达，数据具有细节、事实、可量化、可操作等特征，所以数据赋能的本质就是通过数据对事物本质及其运动规律有更为丰富的认知。

例如，人工智能的棋局对弈，并不像人类那样去学习如何"做眼""点眼""劫""围""断"，而是构造一个价值网络（Value Network）和策略网络（Policy Network）探索哪个位置同时具备高潜在价值和高可能性，进而决定最佳落子位置。人工智能定量化地计算围棋落子的潜在价值和可能性，完全是利用了海量历史棋局的数据，从中探究落子的深层价值规律，也是数据资源提供的能力来源。

1. 数据赋能的经典案例

利用数据实现赋能的案例古已有之。

在不使用现代工具的情况下，如何估算地球的周长？环球旅行吗？对于公元前的某个古人来说，这也许是不可能完成的任务。然而古希腊人埃拉托色尼（Eratosthenes，公元前276~前194年）天才地将天文学和测地学结合起来，通过观测不同城市正午阴影的不同长度，并应用简单的几何学知识，测出地球周长，其计算结果与真实值之间的误差在3%之内。

在没有直接的统计数据时，如何估算一个城市的钢琴调音师有多少？获得诺贝尔物理学奖的恩利克·费米（Enrico Fermi）应用数据思维将一个复杂问题分解为一系列便于操作的小问题，以最直接的方法迅速解决问题，这就是非常实用的"费米问题"思维方式。

一个9岁小女孩，如何利用简单的统计实验揭穿一度广泛流行的医学谎言？每个人体内都藏有"治愈能量"——这样模板化的修仙术话，久经沙场的我们早已不再相信。在20世纪末的美国，这却是一个持续20年之久的医疗共识，许多名校专门开设"运转能量"的课程，累计十万人声称掌握了这种能量。掌握触摸治疗的治疗师，能够应对各种疾病。在《美国医学会杂志》上发表论文的最年轻的女孩艾米丽在9岁时设计了一个实验，揭穿了在医学界不断普及的关于"抚触疗法"的谎言（道格拉斯，2017）。

在"出租车司机上MBA课"的案例中（本章阅读材料），司机把每天出租车运营的数据进行了科学统计，按载客时间和空驶时间计算运营成本，这样的数据分析让他对自己的工作有了更为精细的了解和掌握。数据思维赋予了他更科学更强大的运营决策能力，能够比其他司机做出更好的选择，从而实现了突出的绩效。

这些案例提示我们，数据思维或量化思维对于我们认识世界特别重要，利用一些数字及其逻辑关系和相关运算，我们就可以获得更多的认知、观察到更多的细节、解决很多的难题，这就是数据赋能的本质。数据赋能其实就是利用数据思维提升解决问题的能力，首先应该是数据意识（信息敏感力），即要意识到数据，更多的细节数据能够为我们呈现更多的信息；其次是数据分析（信息转化力），即能够对获得的数据进行逻辑性处理，获得不一样的洞察；最后是数据决断（信息决策力），即利用数据分析结果和问题情境做出决策判断，指导实际行动。

2. 大数据时代的数据赋能

可以说，数据思维并不是新概念，定性定量相结合的决策方法也早已有之。那么，为什么现在把"数据思维"重新定位在一个更高的层面呢？这显然与当前的大数据时代密切相关。之前，由于数据采集和处理的成本很高，如何利用很少的样本数据得到相对准确的分析结果、如何控制样本数据的质量、如何从局部推断全局等需求促进了统计学的诞生。现在，随着数字经济的发展，数据成本大幅降低，数字世界无限接近客观世界的完全表达，"大数据"成为企业日常运营的基础资料，这种情况下，数据思维被赋予了新的内涵和更多的期望。

但是，随着数据的丰富程度越来越高，人们关于"大数据"的认知有时会走向极端。例如，舍恩伯格和库克耶在《大数据时代：生活、工作与思维的大变革》中，阐述了以下三个重要观点以示思维变革：

第一，"不是随机样本，而是全体数据"。当数据处理技术已经发生了翻天覆地的变化时，在大数据时代进行抽样分析就像在汽车时代骑马一样。小数据时代的随机采样，追求用最少的数据获得最多的信息，而大数据时代开启了全数据模式，"样本＝总体"。

第二，"不是精确性，而是混杂性"。执迷于精确性是信息缺乏时代和模拟时代的产物。只有 5% 的数据是有框架且能适用于传统数据库的；如果不接受混乱，剩下 95% 的非框架数据都无法被利用，只有接受不精确性，我们才能打开一扇从未涉足的世界的窗户。纷繁的数据越多越好，大数据的简单算法比小数据的复杂算法更有效。

第三，"不是因果关系，而是相关关系"。在大数据时代，我们知道"是什么"就够了，不必非得知道现象背后的原因——"为什么"，要让数据自己"发声"。预测的关键是"是什么",而不是"为什么"。

2013 年出版的这本书,显然对"大数据"时代过于乐观。现在来看,面对各种纷繁复杂的实践问题,"大数据"还无法为我们提供必要的"全样本",我们掌握的数据仍然只是客观事物的一部分或一个方面,"样本"与"全体"的关系仍然需要审慎地去理解和推断。混杂的大数据也不会自己"发声",需要我们在诸多的数据中采用一定的规范选择数据和使用数据。应用数据挖掘等方法得到的分析结果呈现的"是什么"远远无法揭示客观事物的底层规律,我们必须把这些"信息"层面的东西结合具体情境进行解读和推理,得到更重要的"知识"和"智慧"。这一点已经得到了学界很多人的批评和纠正。

那么,新时代的数据思维是什么样子呢?

案例一:围棋"棋子位置的潜在价值和可能性"
对"做眼""点眼""劫""围""断"的替代

围棋棋子分黑白两色,各有 180 枚。弈棋有对子局和让子局之分,采用包围与反包围的基本战术,故称围棋。传统的人与人之间围棋对弈,运用"做眼""点眼""劫""围""断"等技法吃子占位,战胜对手。下围棋局势千变万化,搏斗激烈紧张,而且由于它将科学、艺术和竞技三者融为一体,既可以提高人们的逻辑思维能力,又可以陶冶情操,因而几千年来长盛不衰,并逐渐发展为一种国际性的文化竞技活动。人类要成为世界顶尖的棋手,既需要有一定的天赋,又需要全情投入,经过几十年艰苦努力才能达到一个较高的水平。

然而人工智能完全颠覆了人类棋手的成长路径,运用大容量存储、高速计算和深度学习算法,AlphaGo 一夜之间的进步抵得过人类的几十年。AlphaGo 下棋,并不像人类一样去学习如何"做眼""点眼""劫""围""断",而是构造一个价值网络(Value Network)和策略网络(Policy Network)探索哪个位置同时具备高潜在价值和高可能性,进而决定最佳落子位置。在它的眼中,根本没有什么"眼"或"劫"的存在,它也并没有理解围棋的美学与策略,只不过是找出了两个美丽且强大的函数来决定它的落子。

可以说，AlphaGo 定量化地计算围棋落子的潜在价值和可能性，完全替代了人类下棋时的局势判断、做眼、点眼、布局中盘，它没有那么复杂的艺术和美学，它就是数据思维。

案例二：女装时尚潮流的量化表达

什么是时尚？有人认为时尚即简单，与其奢华浪费，不如朴素节俭；有时时尚只是为了标新立异；给人焕然一新拥有时尚风范的感觉，现实中很多与时尚不同步的人被指为老土、落伍。所谓时尚，是时与尚的结合体，"时"乃时间、时下，即在一个时间段内；"尚"则有崇尚、高尚、高品位、领先的意思。

以女装为例，"时尚"对于商家和消费者双方都很重要。商家需要了解今年流行什么，这季什么热销，赌错了款，一年的努力就白搭了；消费者，尤其是时尚女性，更需要了解今年的潮流和时尚，那么，如何把握"时尚"呢？"时尚"能否量化呢？

虽然不可能完全量化时尚，但网购盛行的数字经济时代，人们的"时尚"感觉被数字化地存储在商家的销售数据中，为量化时尚提供了可能。例如，我们可以对主要的几个时装购物网站上月销售量排名靠前的女装商品（如连衣裙）进行研究，通过统计分析探究影响连衣裙销量的影响因素，为销售方捕捉流行趋势、了解买家需求、有效定位市场、合理管理库存；为消费者洞悉潮流动态、了解卖家情况并且增加网购经验提供数量化的指导参考。

时尚元素可以应用词频图的方式明确显示出来（见图 8-1 和图 8-2）；然而进一步的数据分析可以看出，"韩版"连衣裙颇受 35～39 周岁年龄段女士喜欢，但是对 18～24 周岁女士的吸引力却较弱。这也是时尚研究中的数据思维。

案例三：图像数据与 PM 2.5 识别

我们都知道，雾霾的主要成分是 PM 2.5，即细颗粒物，它指环境空气中空气动力学当量直径小于等于 2.5 微米的颗粒物。PM 2.5 能较长时间悬浮于

图 8-1　网售女装词频图

资料来源：王汉生 . 数据思维：从数据分析到商业价值［M］. 北京：中国人民大学出版社，2017.

图 8-2　连衣裙数据分析词频图

资料来源：王汉生 . 数据思维：从数据分析到商业价值［M］. 北京：中国人民大学出版社，2017.

空气中，其在空气中含量浓度越高，则空气污染越严重。鉴于污染问题的严重性，自 2013 年 1 月起，京津冀、长三角、珠三角等重点地区共 74 个城市已经开始按照《环境空气质量标准》（GB3095—2012）对包含 PM 2.5 在内的空气首要污染物开展监测和评价。截至 2016 年 11 月底，全国共设 1436 个国家空气质量监测站点，由国家统一运行维护，监测数据直报国家并对外公开。但事实上，全国大量的监测站点数据质量难以保证，有的监测站点因为维护不善存在大量数据缺失、数据质量参差不齐的现象，造假事件更是屡屡发生。

北京大学王汉生教授"狗熊会"团队找到了另一种更为客观并且特别方便的 PM 2.5 识别方法，就是对环境拍照产生的图像数据。通过实时图像与官方 PM 2.5 值的实时关联，经过图像的灰度、清晰度、饱和度、高频含量及其回归分析，建立了图像与 PM 2.5 之间的回归模型，能够有效地通过定点图像识别实际环境中的 PM 2.5 值。这也是一种典型的数据思维。

总结来看，大数据时代的数据思维，就是充分利用可得的数字、文本、图像等"大数据"对客观事物或实际问题进行量化表达、解读和分析，从而更为客观、科学地分析问题、解决问题。借用 $Y = f(X)$，$X = \{x_i, i = n\}$ 函数式，数据思维的关键点有两个，一是因变量代表的问题本质，即如何确定一个量化的目标变量 Y；二是自变量与因变量之间的数量关系探究，即有哪些 X 的数据。简单地说，是实现这个函数的大数据解决方案。

以围棋为例，人类无论如何"做眼""打劫"，每个落子都是追求最后的胜利，因此，特定棋局下每个落子位置与最终胜局之间就有了价值函数。落子的价值就是决策变量 Y，它可以根据当前棋面上黑白子的位置相互关系（x_i）及其历史概率（学习了那么多盘棋呢）进行定量计算。以女装时尚分析为例，所谓时尚，当然就是特定时间段内最多人喜欢的那些元素，可以转化为销量 Y 与女装元素（款式、版型、颜色等各种 x_i）之间的函数关系。

（三）平台赋能

互联网时代，平台型组织大量涌现。基于大数据分析的平台企业，完全突破了传统双边市场、多边市场的"中介"角色，在实现多元主体连接的基础上，为它们提供了大量数字技术赋能和数据赋能，助力多元主体的价值共创。在平台情境下，数据赋能是赋能范畴下资源赋能的核心，通过提升人、物、信息间的连接能力、数据分析能力（信息交换、信息处理和信息共享）和信息运用能力（用户行为感知、动态资源分配、灵活分析服务）促进平台企业的价值共创（周文辉等，2018）。

在平台赋能过程中，实现赋能的主体有多个方面。

首先，平台本身被数据赋能。例如，连尚文学响应"全民阅读"国家战略，率先在网络阅读领域推出免费阅读模式，很快在行业内排名第三，它的运营决策具有典型的数据思维。不同的人群具有不同的阅读喜好，男性读者与女性读者关注的阅读题材就有显著不同。在传统模式甚至是网络文学的收费模式下，内容生产的主导是编辑而非用户，阅读是千人一面，商家无法根据个体需求提供"一对一"服务。在连尚的免费模式中，则是应用大数据技术和人工智能辅助收集用户特征和阅读习惯进行客户画像，然后依据阅读需求反向激活大规模创作者群体，海量作者匹配海量读者，内容生产的主导成为读者自己，大大提升了用户的阅读效率和消费体验。传统模式下，文学编辑在选题、故事结构、线索脉络等方面具有绝对的话语权和决策权，而连尚文学的这些决策更多地源于用户、读者的偏好，源于数据分析和理性决策，编辑的职能被部分地替代了。

其次，参与价值共创的产消型用户被数据赋能。例如，在连尚文学，有一部分用户既是一般的阅读用户，同时又参与文学创作，成为生产消费合一的用户。这些用户在创作过程中，会得到平台提供的创作工具的支持，也会得到自己作品被用户消费时的运营数据。用户在创作中实时获得市场用户数据，能够帮助自己实现创作决策，写出更符合用户需求的作品。

最后，普通用户的被赋能。还以连尚文学为例，每个普通用户在阅读作品时，可以观察到该作品的总体消费情况、评价情况、点赞转发等，甚至发现同样兴趣的朋友，既是阅读本身，又是社交活动。这些数据大大提升了用户的阅读和观看体验，将用户行为纳入平台价值共创过程中，实现多元主体价值。平台企业对普通用户的赋能，是推动价值共创商业模式创新的重要手段。

连尚文学的案例表明，商业模式一方面可以依托数据进行量化表达，另一方面也会实现传统模式的变革。所谓商业模式的量化表达，即可以根据商业利益的本质建立目标函数，如基于用户体验的用户转化率、留存率等；所谓商业模式的变革，即商业函数的相关变量及其关系发生了一定的变化，生产函数整体得以改写，如传统编辑权威被用户画像替代。

第二节　数据决策

一、价值共创

商业也是生活的一部分。本部分我们就初步认识一个商业场景下的价值共创、模式创新的概念，为大家以后有机会学习数据思维的商业应用奠定一些基础。

（一）价值创造逻辑的变化

随着第五次信息技术革命的到来，人类社会大幅度地从工业经济步入信息经济、知识经济、数字经济时代，经济生产要素之间的关系也发生了较大的变化。这个过程中，价值创造逻辑先后历经了商品主导逻辑、服务主导逻辑和顾客主导逻辑三个阶段，体现为价值提供、价值共同生产、价值共同创造的发展脉络。

商品主导逻辑是一种基于有形的资源、价值和交易关系的经济模式，是传统工业时代的营销思维，即具有"生产性"的商品处于主导地位。商品和服务以一个恒定的方向从生产者向消费者流动，以换取金钱，原材料经过价值链被逐渐生产成商品的过程中，价值在不断增加，通过市场交换，商品转移到消费者手中，消费者在使用商品满足某种需要的过程中销毁价值。企业依托最终输出的商品，是价值的创造者、提供者，消费者在价值创造链之外，是价值的消耗者。

服务主导逻辑的背景是信息技术发展与经济方式的改变，经济活动的中心从商品形态向服务形态转移，形成了以无形服务、交换过程和关系营销为中心的服务主导逻辑。服务主导逻辑将交易的基本形态从产出转移到服务过程，对价值功能的聚焦从亚当·斯密所提倡的交换价值转移到使用价值上，强调消费者的主动角色、知识的基础性、互动的重要性和价值的情景性。服务是一切经济交换的基础，商品则是提供服务的分销机制，并通过商品所提供的服务来驱动价值生产。消费者被纳入价值创造的逻辑链中，成为价值的共同生产者。

用户主导逻辑则进一步关注用户（而非传统的消费者）在价值创造过程中的地位和作用。数字经济时代，商品市场极大丰富，消费者选择空间更大，转换成本大幅降低，在与企业的博弈中由被动变为主动；数字技术的深度应用，消除了企业与用户、用户与用户之间的时空障碍，数字技术赋能下使得用户有了参与价值生产或创造过程的可能性。用户主导逻辑认为企业应当从用户中获得资源来创造价值，企业和用户共同参与才是价值创造的基础。对于企业而言，与用户之间不再是简单的输出产品、换取利润的关系，而是一种通过交互共同实现高质量、高效率价值创造的合作关系，用户得到高质量产品，企业获取更多利润。在这种情况下，企业必须将用户需求和使用信息纳入创新研发、战略决策和运营管理，将用户作为关键元素嵌入价值创造过程。数字技术的发展为这种价值共创提供了可能，实际上发挥了关键作用。这就是 21 世纪初，普拉哈拉德和拉马斯瓦米提出的"价值共创"（Value Co-Creation）概念，他们认为企业未来的竞争将依赖于一种新的价值创造方法。在价值共创系统中，用户和企业的角色被重新定义，不再是简单的买卖关系，而是合作共赢的伙伴。

价值共创可以划分为两类。在"B+C"型的价值共创中，企业将用户纳入自己主导的价值创造过程，通过用户参与不断完善产品或服务。例如，小米当年的发烧友，为产品的更新迭代提出了很多建议，公司根据这些建议改良产品，因此生产更多受欢迎的产品。整个过程中企业不再是产品价值的核心，用户也不再是被动地接受，双方变成了合作关系。在"C+C"型的共创系统中，企业搭建互动平台，将消费者、生产者纳入一个群体，实现用户与用户之间的价值共创。例如，抖音平台上，大家都是抖音用户，但有人发布视频、生产内容（获得粉丝、知名度、经济收益），有人观看视频、消费内容（获得好心情、学到东西），平台也获得了自己的收益。

普拉哈拉德在《竞争大未来》的结尾指出，企业的竞争力至少经历了四个阶段的变化：1990 年前，企业的竞争力来自内部各单位的组合和协同；1990 年后，公司是各种竞争力的组合；1995 年后供应商和合作者成了竞争力的源泉；2000 年后，竞争力的源泉则是消费者、用户及其社区。也就是说，企业的进化史，其实就是一部不断打破各种边界的历史，先是打破内部经营单位的孤岛，然后打破供应商与合作者的边界，最后要打破的是消费者和企业的界限。当然，最后的突破可能是最难的，因为需要最大限度地突破旧有观念并重新组织资源，通过理解用户主导逻辑、数字技术优势、平台经济效应，可以实现模式创新。

（二）数据分析与价值共创

数据分析能够带来商业价值，这已经成为共识。全球零售业巨头沃尔玛在对消费者购物行为分析时发现，"啤酒与尿布"经常被一起购买。经过进一步的观察和分析发现，一些年轻的男性顾客为了准备周末出行而购买婴儿尿片时，常常会顺便搭配几瓶自己喜欢的啤酒来犒劳自己。这样的分析结果就可以应用于商业策略来推进啤酒和尿布及其他商品的销量，从而带来更多的利润：把两者摆在一起促销，甚至在两者之间摆放更多年轻男人的爱好商品。

信用卡的直接营销活动，通常仅有大约 2% 的回应率。美国的梅隆银行在 1997 年设定了争取 20 万新户头的目标，为此计划向 1000 万名可能的顾客邮寄邀请函，这意味着需要花费一笔很大的营销费用。能不能想个办法提高效率和节省成本？这家银行利用数据挖掘技术对信用卡的历史数据进行了分析，产生了 3000 个最可能顾客的模式和精选子集，其回应率可以提高到12%。这个回应率使得这家银行只需发出 200 万份邀请函即可获得他们想要的 20 万名顾客的回应，而不是原定的向 1000 万人发出信函。这已经是较早的精准营销案例了。

美国的视频网站 Netflix 从创立开始，就意识到数据的重要性。在他们的网站上，用户每天产生高达三千多万个行为，如收藏、推荐、回放、暂停等；Netflix 的订阅用户每天还会给出 400 万个评分、300 万次搜索请求、询问剧集播放时间和设备等。这些都被 Netflix 转化成代码，当作内容生产的元素记录下来。早些年，这些数据被 Netflix 用来进行精准推荐，随着数据挖掘技术的日渐成熟，Netflix 开始将其用于倒推前台的影片生产。

2013 年，Netflix 的工程师们发现，喜欢 BBC 剧、导演大卫·芬奇

（David Fincher）和老戏骨凯文·史派西（Kevin Spacey）的用户存在交集，一部影片如果同时满足这几个要素，就可能大卖。Netflix 决定赌一把，他们花 1 亿美元买下了一部早在 1990 年就播出的 BBC 电视剧《纸牌屋》的版权（几乎是美国一般电视剧价钱的两倍），并请来大卫·芬奇担任导演，凯文·史派西担当男主角。事实证明，他们赌对了——《纸牌屋》不仅是 Netflix 网站有史以来观看量最高的剧集，也在美国及四十多个国家和地区大热。《纸牌屋》开启了大数据对于影视产业的全面渗透。

全球复杂网络权威、物理学家巴拉巴西通过研究提出，93%的人类行为是可以预测的。这是一种颠覆性的结论，如果真有 93%的人类行为可以被预测，这还意味着，我们的商业行为同样可以进入可掌控的范围——这就是数据里的秘密。今天，人类社会迈入大数据时代，数字经济深入社会生活方方面面的各个角落，人类的饮食、娱乐、出行、交流、学习、投资等各类数据都有了一定的数字化记录。如果说人类行为可以预测 93%，那么商家利用数据分析去捕捉这些可预测的人类行为并商业化运营，就已经足够它们触摸到一个足够大的市场空间。大数据最重要的特点就是数据成为一种资源和生产要素，《纸牌屋》的爆红，让 Netflix 赚得盆满钵盈，也开启了大数据在影视产业应用的成功之路。国内共享经济和互联网企业的风起云涌，更是得益于中国这个庞大市场和大规模的用户群体。因此，每个产业必须适应这种新的信息生产方式，生产、分析、解读数据，探索一条为用户提供分众化服务和体验的发展之路，这将成为未来产业竞争的核心要素。

二、大数据时代的数据决策

（一）决策的概念

前面我们学习了数据赋能，实际上就是利用数据能够描述更多细节、事实等特性，提升人们解决复杂问题的能力。在这个过程中，利用数据进行决策也是赋能的重要体现，即决策能力因为数据有了明显提升，决策结果因为有了数据更为精准和科学。

那么，什么是决策呢？管理学家德鲁克这样描述决策：决策是一种判断，是若干项方案中的选择。所谓选择，通常不是"是"与"非"间的选择，最多只是"大概是对的"与"也许是错的"之间的选择。然而绝大多数的选择，都是任何一项方案均不一定优于其他方案时的选择。通俗点说，决策就是为实现某一特定目标，借助一定的科学手段和方法，从两个或两个以上的可行方案中选择一个最优方案，并组织实施的全部行为过程。这个定义中有四个关键词：一是特定目标，决策必须是有目的的，是要解决问题的；二是可行方案，所有方案都是可行的，才需要评价选择；三是两个或两个以上；四是最优方案。实际上，往往最后的选择也不是真正的"最优方案"，而是所有可能方案中最折中、最可行的那个。

我们看一个经典的个人决策示例。在大学校园里，很多同学面临着毕业去向的问题，经常会纠结：要不要考研？要不要到国外读研究生？该去哪个国家读研究生呢？找什么样的工作？去哪个城市就业？

要做出这个决策，就需要进一步梳理清楚这些要素：谁在做决策，是学生本人，还是家庭共同决策？期望是什么，是不是为了搞清楚未来几年努力的方向或领域？有几种选择？这些方案之间独立性、相关性怎么样？受哪些约束，如能力因素、经济因素等？有哪些外部因素需要考虑，如社会、政治、安全等？在选择比较时采用哪些具体的指标、准则和方法？决策结果如何衡量？这些就构成了决策的七要素，即决策主体、期望目标、备选方案、内部约束、环境状态、准则与方法、后果指标。

针对决策问题和需要厘清的七个要素，决策需要四个重要步骤，即正确认识问题、制定备选方案、评价备选方案、选择最优方案。在决策过程中，第一步正确认识问题非常重要。如果问题分析不清楚，找不准决策点或问题属性和归类不准确，如是常规决策问题，还是偶发问题，就有可能决策失误，甚至产生重大的影响。

下面我们通过一个案例理解问题界定的重要性。2012年8月26日凌晨2时，包茂高速公路延安境内，一辆卧铺大客车正面追尾碰撞重型半挂货车。事故造成大客车内36人死亡、3人受伤，直接经济损失3000多万元。据国家有关部门统计，我国当年运行的卧铺客车共3.7万辆，数量不及客运车总数的1%，但在2004~2011年，全国一次死亡10人以上的道路事故中，卧铺车事故共计38起，占到事故总数的20%。据此有人提出，卧铺客车如此高的事故率，应该禁止。卧铺客车该退出市场吗？现在虽然随着高铁、飞机、私家车等多种出行方式的发展，长途卧铺客车确实已经逐渐淡出人们的视野，但在当时的情境下以高事故率取消它的决策建议，确实是失之偏颇的。长途卧铺客车事故原因是多方面的，有天气、道路、人为等多种因素（见图8-3），车型并非事故的主要原因。在当时甚至现在都具有一定市场需求的情况下，单纯地以取消这种车型和运输方式来避免事故，实际上有点"无的放矢"或者"因噎废食"了。所以，准确界定这个问题可以是"如何减少长途卧铺客车的事故率"，而不是"如何减少客运车的事故率"。

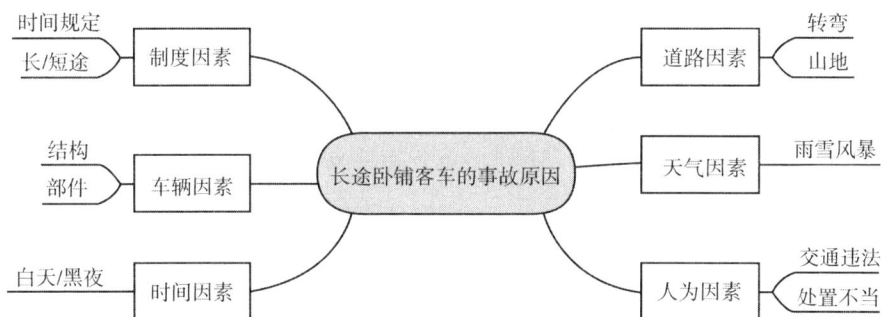

图8-3　长途卧铺客车事故的影响因素

资料来源：笔者整理。

如何做出有效、科学的决策呢？首先依赖于决策者对决策问题相关的信息、知识、经验等的掌握程度。其次，除了这些理性条件，很多时候决策还与决策者的思维、认知、价值观和态度等主观因素密切相关。例如，个人对于职业的选择，如果目标是追求优渥的物质条件，就会主要比较不同职业和不同企业的收入、福利等方面；如果目标是学术追求，当然更多考虑读研究生的选择。再比如，价值观对决策的影响。什么是价值观呢？价值观是人认定事物、辨别是非的一种思维或取向，体现出对人、事、物的重要性或价值性的判断。有时我们感觉价值观比较虚无，不太好明确把握，其实在我们多次提到的出租车司机上MBA课的案例中，这位司机以时间而非距离计算成本，也是一种价值观的体现：时间价值远远大于距离价值。

（二）大数据决策

在大数据背景下，如何利用数据赋能实现科学决策呢？

1. 数据决策

首先我们了解一下数据决策，也就是在决策过程中充分利用数据思维帮助进行方案的评价和选择。例如，出租车司机案例中，乘客按经验和计费逻辑，去火车站肯定是选择直线方案；司机按数据，建议一个距离远 4 千米、时间节省 25 分钟的高架线路方案。从乘客角度，只要支付的费用不变，节省时间何乐而不为呢？从司机角度，多跑 4 千米仅需要多支付 1 元多的油钱，但节省的 25 分钟却值 17 元多（因为他每小时的成本是 34.5 元）。根据司机的数据思维，高架方案的收益远大于直线方案，当然选择高架路线了。

按照决策理论分解，案例中决策者是司机，预期目标是收益最大，备选方案是直线、高架两个方案，内部约束是司机及车的各项资源条件，线路状况、乘客支付意愿等属于环境状态，决策准则与方法主要体现在每小时 34.5元成本，以及由此展开的计算，最后的后果指标是双方满意度，当然不能仅仅是司机的收益，还要包括乘客的感受。

司机以独特的价值观、数据思维和创新意识，突破了习惯和大众认知，根据数据计算找出运营中的关键参数——基于时间的成本核算，并以此主导日常决策。此处的关键参数是与当时的出租车只按运行距离收费的规则密切相关的。今天来看，出租车在低速等候状态下也会产生费用，司机的时间成本函数可能就不一样了。此外，在数字技术支持下，今天既有网约车等多元化出行方案，又有实时获得的路况数据和时长，这种情况下如何利用大数据进行实时决策，可能会产生不一样的案例。

2. 大数据情景下的决策

大数据情景下，决策者能够实时获得最新的数据，能够进行详尽的大数据分析，从而对决策问题就有了更为精准、客观和实时的认知，辅助决策的效率自然大为提升。

用户需要出行时，在地图 App 广泛应用的情况下，用户选择目的地后，会看到大数据支持下的备选方案。备选方案由交通方式和路线双重决定，如在驾车方式下提供不同时间、距离参数的备选方案，由用户根据自身意愿选择（见图8-4）。现代依赖地图软件进行出行决策是典型的大数据决策场景，它集成了大量城市地理数据、交通数据、商业数据和治理数据，也有大众出行数据、消费数据等，更有人工智能和云计算的支持。这也是一个价值共创的典型场景，每个用户在应用这个系统辅助自己决策的同时也为它贡献数据、创造价值。

（a）驾车出行方案　　　（b）公共交通出行方案

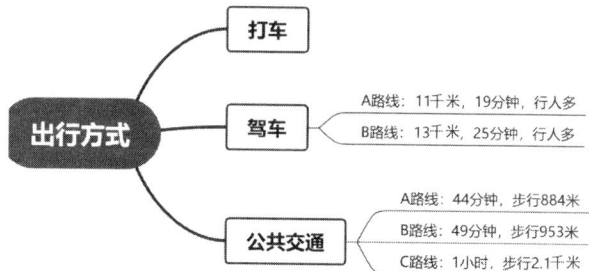

（c）三种出行方案

图8-4　地图App的出行方案

资料来源：笔者整理。

决策是为了实现特定的目标，根据客观的可能性，在占有一定信息、数据和经验的基础上，借助一定的工具和方法，对影响目标实现的诸因素进行分析、计算和判断选优，对未来行动做出决定。本质上讲，决策通常是目标驱动的行为，是目标导向下的问题求解过程。大数据决策便是以大数据为主要驱动的决策方式。大数据已经成为人们获取对事物和问题更深层次认知的决策资源，有五大固有的特性和潜在趋势。

第一，动态特性。大数据是对事物客观表象和演化规律的抽象表达，人们的每一步行动都将影响事物的发展进程，并由大数据反馈到决策过程。例如，人们出行首选畅通路线，但当选择的人多了，畅通路线很可能马上堵塞起来，这是大数据技术的快速、准确、实时特性的必然结果。因此，大数据决策下的动态性更为明显，其决策模式将更多地由相对静态或多步骤模式转变为对决策问题动态描述的渐进式求解模式。导航状态下，系统会不断推送新路线、新方案，正是这种动态特性的真实写照。

第二，全局特性。大数据的跨视角、跨媒介、跨行业等多源特性创造了信息的交叉、互补与综合运用的条件，这促使人们进一步提升问题求解的关联意识和全局意识。仍以交通出行为例，传统决策都是根据个人经验选择出行方式、判断路况，推测到达时间。大数据状态下，每人都依据高度集成数据的 App，对全网路况、多种交通方式、多种出行需求等具备掌握和分析能力，全局特性十分明显。什么地方拥堵、为什么拥堵、通过需要多少时间，以前根本不可能知道的信息，现在一清二楚。

第三，不确定性。一般而言，决策的不确定性源于三个方面：一是决策信息不完整；二是分析能力不足；三是问题过于复杂。大数据虽然大、多、快，但上述三方面的不确定性仍不可能完全解决。当然，针对交通出行这样的简单决策，大数据的不确定性并不明显，反而显得更为确定。但在更复杂的问题面前，由于数据完整性、动态性、精确性方面的不足，在诸如多源异构数据融合分析、不确定性知识发现及大数据关联分析等方面仍颇具挑战。

第四，相关分析更适宜。在过往的数据分析中，人们往往假设数据的精确性，并通过反复试验的手段探索事物之间的因果关系。在大数据环境下，细节数据的精确性难以保证，数据总体的价值更为重要，此时比较适合进行对数据关系要求较低的相关关系，并能满足人类的众多决策需求。这方面的成功案例有 Google 公司的流感预测、啤酒与尿布关联规则的挖掘等。

第五，个性化分析需求。在商业领域对用户进行精准营销，满足用户的个性化需求是提升企业竞争力的经营准则。大数据背景下，产品和服务的提供以及价值创造有望更加贴近社会大众的个性化需求。一方面源于广大用户的大数据本身就蕴含了多元化的个性特征，另一方面大数据的舆情分析、情感挖掘等以用户为中心的数据驱动方法，可以精准挖掘消费者的兴趣与偏好，进而为消费者提供专属的个性化产品与服务。随着社会化媒体应用的深入，多元主体参与决策有了更多的便捷性和可能性，决策过程中价值多元的作用更加明显，由此传统自上而下的精英决策模型将会转身面向公众与满足用户个性化需求的决策模式。

扩展阅读资料一：未来组织大会：结构赋能、资源赋能、心理赋能——钉钉激活员工个体

据中国信息通信研究院与阿里研究院联合发布的《钉钉商业生态系统及经济社会价值报告》显示，截至 2019 年 6 月 30 日，钉钉企业组织数已超过 1000 万，超过 2 亿人在钉钉上工作，平均每 4 家企业组织中就有 1 家正在使用钉钉，平均每 6 人中就有 1 人使用钉钉。

钉钉营造了以及时响应、流程可视、业务集成和接口开放为特征的数字化工作环境。这种数字化工作环境通过何种机制对员工个体产生影响呢？在 2019 年钉钉主办的未来组织大会上，来自北京邮电大学经济管理学院晏梦灵、夏昕，对外经济贸易大学信息学院李亮，暨南大学管理学院苏芳老师重点阐述了钉钉针对员工个体的数字化赋能机制（见图 8-5），将钉钉对员工个体的赋能机制总结为结构赋能、资源赋能和心理赋能三个维度。

结构赋能强调改善外部条件，如组织、制度、社会、经济、政治和文化条件等，消除阻碍主体获取资源或满足需求的结构性障碍；资源赋能是指使能力较为缺乏的一方具有获取、整合、释放资源的能力；心理赋能则强调能力较为缺乏的主体的心理感知，是指他们可以感受到赋能带来的改变，有内在动力掌控自己的命运。

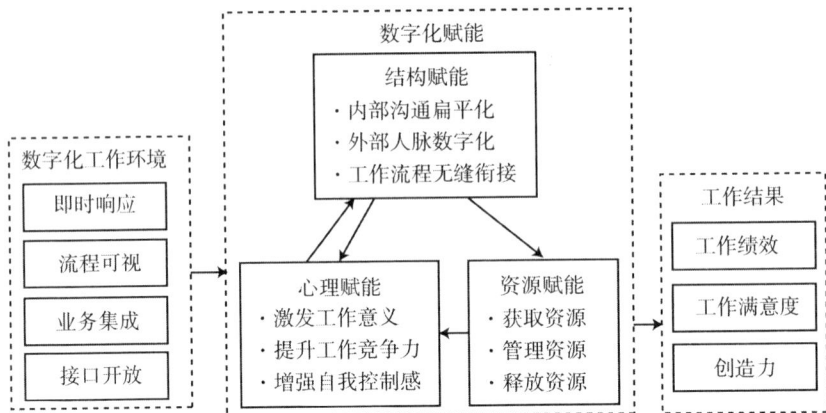

图 8-5 数字化赋能员工示意图

一、结构赋能

钉钉所营造的数字化工作环境实现了内部沟通扁平化。尽管大多数被访企业的实际组织结构并没有发生大幅度调整，企业内部的沟通层级却能够在钉钉平台上实现扁平化沟通。东方希望集团的一位管理者表示："钉钉使得企业的组织在线化，上下级员工基本上随时可以沟通，内部沟通时，信息传递层级减少、速度变快、准确度变高，使得落实效果变好……企业文化、制度传达快，大家随时看得到。"还有一位管理人员分享说："扁平化的组织结构使得东方希望的人均效率是国有企业的 5 倍以上。"扁平化组织使得管理人员可以更好地利用各级审查的机制监督工作进展。心怡科技股份有限公司的一位管理人员特别提到："我们隔级只是我要看到跟我直接汇报的隔一级的人，那一级以后才能真正地验证到你的工作有没有布置下去。"

然而，跨层级、去层级的扁平化沟通如果没有加以控制，也会带来打扰过多、沟通混乱、信息泄密等问题。钉钉通过群组架构和权限设置尽可能避免这些问题。在上线钉钉平台时，数字化架构师通过设计群组之间的权限避免随意拉群的情况。如果员工从企业离职，其对企业内部信息的入口也随之关闭。上海意芙服饰有限公司的管理人员说："钉钉的互联互通使得员工离职流程和群清人的流程连接在一起，离职即可自动退群，解决了员工多的企业的痛点。"

钉钉所营造的数字化工作环境实现了外部人脉数字化。员工可以在钉钉平台中编辑自己的对外介绍信息，而且可以根据业务场景设计不同的名片内容。这样员工在与外部交流时，不仅轻松避免忘记带名片的尴尬，还能通过钉钉迅速建立和保持联系。

钉钉所营造的数字化工作环境也实现了工作流程无缝衔接。东方希望集团的一位中层管理者说："整个集团（各子公司）的系统互联、互通；各业务系统之间通过边界值进行互控，从而防止错误、舞弊……钉钉帮助我们将线下的很多工作转变为线上的系统化、结构化工作流程。"上海水星家用纺织品股份有限公司的管理者分享说："公司的管理系统和钉钉实时交互，管理系统每走到一环，都会通过钉钉将相关消息、数据传递到下一环。比如生产在线中，待处理的单据数据会根据流程流动到生产计划、采购、班组长管理、品管等系统中。"

二、资源赋能

钉钉所营造的数字化工作环境提升了员工个体获取资源的能力。员工可以通过钉钉提供的资源接口，供员工调用企业资源协助工作。例如，心怡科技股份有限公司的一位工作人员分享道："它自动统计团队的一个构成情况，包括录离职率、学历年龄的分布、男女比例、管理人员分工，可以帮助我们的管理者、领导者了解一个团队的健康发展。这一块是具体了解某一个员工的信息，可以实现我们员工信息的一目了然。个人档案、工作点滴、出勤情况、成长记录，方便领导了解员工，对员工进行关怀。"

钉钉所营造的数字化工作环境提升了员工个体管理资源的能力。凭借良好的信息组织能力，钉钉搭建的数字化平台使员工高度掌握资源状态，增强资源管理的条理性。例如，一位来自心怡科技股份有限公司的管理人员在访谈中指出："使用钉钉考勤以后的目的，首先我要把我手里的资源给摸清了，就我每天处理的订单，每个环节的件数和每个环节投入的资源是否匹配。你发现其实有些运营现在被数字化以后，其实看起来就是个数字，数字以后你就没有那么奇妙。数字化，其实这个就让一切变得有序，完全无序的变成有序，没规则的变成有规则。"

钉钉所营造的数字化工作环境也提升了员工个体释放资源的能力。例如，东方航空技术有限公司将移动端考勤和签到信息用于辅助绩效考评。"机场一线人员工作地点不定，需要随叫随到，在固定地点打卡不现实，而且班制复杂。但钉钉连上 Wi-Fi 或 GPS 就能即刻打卡，电子版考勤数据方便导出进行绩效考核。"流程集成将带来数据集成，为企业的数据分析和挖掘做好准备。杭州老板电器股份有限公司的信息化负责人说："以前是单体，现在做集成。集成的目的是进行数据匹配，是大数据的前奏。比如生产的数据，除了服务于生产本部门以外，它还应该支撑财务成本分析的过程。"

三、心理赋能

钉钉所营造的数字化工作环境有助于激发工作意义。钉钉可以将企业设立的员工业绩指标进行记录，实现绩效透明化，对员工进行激励。例如，卓尚服饰（杭州）有限公司对门店人员的红包激励制度，"对于门店的人员的指标，我们通常最主要考虑的指标叫作你的业绩，这个是它的一个重要组成。我们会把类似这种指标沉淀下来，未来才有可能会用实时红包去激励他，能够实时把绩效透明化，这是大家努力的一个方向。"

钉钉所营造的数字化工作环境有助于提升员工个体工作竞争力。企业通过钉钉，向一线员工提供信息支撑，为员工筛选数据，辅助员工进行工作决策。一位卓尚服饰（杭州）有限公司的管理人员分享说："我们告诉每个导购，你要跟哪些顾客群体建立连接，然后他们可能是我们这次搞活动的一个潜在客户，而且是从管控的，或者是从总部帮助门店的层面来讲。从人的角度来讲，就是如何帮助我们的导购去识别顾客，并且精准地去挖掘潜在客户的销售机会。"

钉钉所营造的数字化工作环境有助于员工个体增强自我控制感。上海意芙服饰有限公司的工作人员说："我们的员工可以通过移动端实时看到自己每天的工作量和工作时长，他们有时也会相互比较，工作的效率和强度是可以随时自己把握的。"

总之，作为一项易用性较高的智能移动办公软件，钉钉可以助力企业管理者营造扁平化、数字化的管理环境，使员工从传统办公方式中解放出来，有效激发员工潜力，从而提升员工的创造力、工作满意度和工作绩效，最终实现"激活个体"的管理目标。

资料来源：艾瑞网 . https：//news. iresearch. cn/yx/2019/08/299877. shtml.

扩展阅读材料二：连尚文学的数据化运营

连尚文学 CEO 王小书说过，数据在连尚不仅在内容审核分发层面发挥作用，而且更多地深入经营和治理层面。App 是内容的载体，也是承载企业使命、连接作者和用户的平台，连尚在开发过程中的每一个经营决策，如先做什么功能，后做什么功能，哪个功能做成什么样等，都得益于数据思维和强大的分析能力。例如，阅读 App 的字体、字号、背景色，还有翻页的手势（左右滑、上下滑，一滑而过或者卷页感觉）。对于字体颜色等，一般用户当然会自己设置，但像三四五线城市的很多用户对智能手机本身就不了解，这个时候就会面临一个问题：到底默认的字号应该是多大合适？是 7 号、8 号还是 9 号？在以前，可能会拍脑袋先凭直觉设定一个模式试用，有时候也会做用户访谈，询问用户觉得哪个字号或者背景色合适？在没有实际使用的情况下，读者仅凭主观感觉所做的表述与其真实阅读时的感受可能会存在很大的偏差，调研效果大打折扣。但是现在连尚会采用新的数字化方式进行大量随机的 A/B Test。首先确定字号和背景色种类，如各有五种；然后对字号和背景色种类排列组合成 25 个组合，对用户进行发布。最核心的评估指标就是第二天的回访率——如果用户感觉这种设置比较适宜，第二天回访继续阅读的可能性就大。通过这样的实时测试和调整，可以找到比较适宜的阅读界面设计方案，甚至是面向不同用户群体的多种方案。

王小书说，他们的很多研究都是这样的逻辑，即用统计学的思想去做企业。所谓的人工智能，核心还是统计学的概念，只是说以前要做统计很难，难就难在无法快速获得足够的样本数据，自然无法获得及时的分析结果支持企业决策。现在的数字化运营使得获取样本数据更快、更准、更直接，比传统的用户调研既高效又真实，因为中间没有误差，使得决策更有质量。

在连尚文学，数据分析深度嵌入了日常运营，但并不是每一次的数据分析都能获得有利的结果。很多测试项目错综复杂，也说不清楚谁更好谁更不好。明确真实有效的实验，可能占到总测试的 20%~30%，其他更多的是看不出什么变化，或者犬牙交错，无法从数据角度对设计和假设进行有效解读，只能继续观察和继续研究。

资料来源：笔者访谈整理。

扩展阅读材料三：2000 多年前地球周长的简单估算

问题：在不使用现代工具的情况下如何估算地球周长？环球旅行？

埃拉托色尼（Eratosthenes，公元前 275~前 194 年）出生于希腊在非洲北部的殖民地昔兰尼（Cyrene，在今利比亚）。他在昔兰尼和雅典接受了良好的教育，成为一位博学的哲学家、诗人、天文学家和地理学家。他的兴趣是多方面的，不过他的成就主要表现在地理学和天文学方面。

在埃拉托色尼之前，也曾有不少人试图进行测量估算，如攸多克索等。但是，他们大多缺乏理论基础，计算结果很不精确。埃拉托色尼天才地将天文学与测地学结合起来，第一个提出设想，在夏至日那天分别在两地同时观察太阳的位置，并根据地物阴影的长度差异，加以研究分析，从而总结出计算地球周长的科学方法。这种方法比自攸多克索以来习惯采用的单纯依靠天文学观测来推算的方法要完善和精确得多，因为单纯天文学方法受仪器精度和天文折射率的影响，往往会产生较大的误差。埃拉托色尼选择同一子午线上的两地西恩纳（Syene，今天的阿斯旺）和亚历山大里亚，在夏至日那天进行太阳位置的比较。在西恩纳附近尼罗河的一个河心岛洲上，有一口深井，夏至日那天太阳光可直射井底。这一现象闻名已久，吸引着许多旅行家前来观赏奇景。它表明太阳在夏至日正好位于天顶。与此同时，他在亚历山大里亚选择了一个很高的方尖塔作为参照，并测量了夏至日那天塔的阴影长度，这样他就可以量出直立的方尖塔和太阳光射线之间的角度。获得了这些数据之后，他运用泰勒斯的数学定律，即一条射线穿过两条平行线时，它们的对角相等。埃拉托色尼通过观测得到了这一角度为 7°12′，即相当于圆周角 360° 的 1/50。由此表明，这一角度对应的弧长，即从西恩纳到亚历山大里亚的距离，应相当于地球周长的 1/50。下一步埃拉托色尼借助皇家测量员的测地资料，测量得到这两个城市的距离是 5000 希腊里。一旦得到这个结果，地球周长只要乘以 50 即可，结果为 25 万希腊里。为了符合传统的圆周为 60 等分制，埃拉托色尼将这一数值提高到 252000 希腊里，以便可被 60 除尽。埃及的希腊里约为 157.5 米，可换算为现代的公制，地球圆周长约为 39375 千米，经埃拉托色尼修订后为 39690 千米，与地球实际周长非常相近。由此可见，埃拉托色尼巧妙地将天文学与测地学结合起来，精确地测量出地球周长的数值。这一测量结果出现在 2000 多年前，的确是了不起的，是载入地理学史册的重大成果。

埃拉托色尼在图书馆以有限事实为基础就实现了对地球周长的精确测度，而没有像他人一样认为困难的方法才是唯一的解决方案。

资料来源：道格拉斯·W. 哈伯德. 数据化决策［M］. 广东：广东人民出版社，2017，12.

扩展阅读材料四：费米问题

恩利克·费米（Enrico Fermi，1901～1954 年）是美籍意大利物理学家，1938 年获诺贝尔物理学奖，1942 年创造了第一次原子核的链式反应，引领科学进入原子时代。值得一提的是，费米还是一位善于启发学生思维的教育家，他特别喜欢用估算的方法来训练学生独立思考问题和处理难题的能力。他说，当你听到一个问题，可你对问题的答案丝毫都不知道，你肯定会认为所提供的信息或已知条件太少了，因而无法解决它；但是当这个问题被分解成几个次级问题，每个问题不用请教专家或书本都能解答时，你就接近于得到准确的答案了。

"费米估算法"的特点在于解决不提供准确解题必需的全部条件的估算问题。据说，有一次费米在芝加哥大学的课堂上提出了一个古怪的问题：芝加哥市一共有多少位钢琴调音师？见学生们一片茫然，费米提示把这个问题"分解成一些便于操作的小问题，然后鼓起勇气做猜测和假设"。芝加哥有多少居民？可靠的估算是 300 万；平均每个家庭有多少人？4 人；多少家庭有钢琴？大概 1/3，那么全市大约就有 25 万架钢琴；一架钢琴隔多长时间需要调音？平均 5 年，那么芝加哥平均每年有 5 万架次的钢琴需要调音；每个调音师每天能为多少架钢琴调音？4 架；假设他一年工作 250 天，那么他每年约为 1000 架钢琴调音。由此，费米和学生们推测，芝加哥市大概有 50 位钢琴调音师。看起来这个答案不太精确，因为调音师的实际数据有可能是 25～100 位。然而，事后有人用电话号码簿加以验证，实际统计的结果与费米的猜测十分接近。

网上流传的另一组数字是这样的：

大约有 9000000 人生活在芝加哥。

在芝加哥平均每个家庭有 2 个人。

大约在 20 个家庭中有 1 个家庭定期地需要调钢琴。

定期调琴的钢琴每年需要调整一次。

每个调琴师大约需要 2 小时调琴，包括路上时间。

每个调琴师每天工作 8 小时，一周 5 天，一年 50 周。

通过这些假设我们可以计算出每年在芝加哥需要调整的钢琴数量是（9000000 人在芝加哥）/（2 人/家）×（1 架钢琴/20 家）×（1 架钢琴调整/1 年）= 225000 架钢琴在芝加哥每年被调整。

类似地计算出平均每个调琴师（50 周/年）×（5 天/周）×（8 小时/天）/（1 架钢琴/2 小时）= 1000 架钢琴每年/1 个调琴师。

做除法得到（225000 架钢琴在芝加哥每年被调整）/（1000 架钢琴每年/1 个调琴师）= 225 个调琴师在芝加哥。

事实上，一共有大约 290 名调琴师在芝加哥。

无论何种具体的数据表现，费米是想说明，我们可以提出假设，然后估算出相当近似的答案。它的原理是，在任何一组计算里，错误往往会相互抵消。例如，有人会假设不是每 3 个，而是每 6 个家庭有 1 架钢琴，他同样也可能假设每架钢琴每 2 年半而不是 5 年必须调一次音。由于错误的估计往往相互补偿，其计算结果将趋向于相对正确的数字。用理论语言表述：费米估算的准确性取决于"平衡（均）律"的作用。"平衡（均）律"在自然界和我们的生活中无处不在。在猜测过程中的每一个小问题的关键点，你的推测假设都有可能过高或过低，但是如果这样的"点"多取几个，误差往往就会互相抵消。

费米处理问题的方式是将复杂、困难的问题分解成小的、可以解决的部分，从而以最直接的方法迅速解决问题。这种思维方式非常实用，可以帮助我们解决很多日常甚至重要的问题。在20世纪40年代的一个早晨，世界第一颗试验原子弹在美国新墨西哥州沙漠上爆炸。40秒后，震波传到费米和他的同事们驻扎的基地，费米把一些碎纸屑扔向空中让其随风飘落，然后通过迅速计算，费米向他的同事宣布爆炸的能量相当于1万吨烈性炸药，这与精确测量的结果极为接近。

在实际生活中，我们常常需要在信息不全的情况下做出判断决策。要使我们的决定尽可能正确，最有效的策略就是"费米思维"，它对于培养我们的应变能力，以及解决突发事件的能力都有很大帮助，甚至应该成为我们生存和发展的必要心理素质。

资料来源：道格拉斯·W.哈伯德.数据化决策［M］.广东：广东人民出版社，2017，12.

扩展阅读材料五：一个出租车司机给我上的 MBA 课

我要从徐家汇赶去机场，于是匆匆结束了一个会议，在美罗大厦前寻找出租车。

一辆大众出租车发现了我，径直停在了我面前。

这一停，就有了后面这个让我深感震撼的故事。

听了这个故事，我就像上了一堂生动的 MBA 案例课。为了贴近这位出租车司机的原意，我凭记忆尽量复述他的原话。

"去哪里？……好的，机场。"

"我在徐家汇就喜欢做美罗大厦的生意。"

"在这片区域，我只做两个地方的生意，一是美罗大厦，二是均瑶大厦。"

"你知道吗，接到你之前，我在美罗大厦门口兜了两圈，终于让我看到你了！从写字楼里出来的，肯定去的都不近……"

"哦？你很有方法嘛！"我附和了一下。

"做出租车司机，也要用科学的方法。"他说。

我一愣，顿时很有兴趣，问道："什么科学的方法？""要懂得统计。我做过精确的计算，说给你听啊。我每天开 17 个小时的车，每小时成本 34.5元……"

"怎么算出来的？"我追问。

"你算啊，我每天要交 380 元，油费大概 210 元。一天 17 小时，平均每小时固定成本 22 元要交给公司，平均每小时 12.5 元油费。这是不是就是34.5 元？"

我有些惊讶，打了 10 年的车，第一次听到有出租车司机这么计算成本的。以前的司机都和我说，每千米成本 0.3 元，另外每天交多少份子钱之类的。

"成本是不能按千米算的，只能按时间算。你看，计价器有一个检查功能，可以看到一天的详细记录。我做过数据分析，每次载客之间的空驶时间平均为 7 分钟。如果上来一个起步价 10 元，大概要开 10 分钟，也就是每一个 10 元的客人要花 17 分钟的成本。刚刚我说了，每小时的成本是 34.5 元，算下来 17 分钟的成本差不多 9.8 元，10 元和 9.8 元，不赚钱啊！如果说拉浦东、杭州、青浦的客人是吃饭，拉 10 元的客人连吃菜都算不上，只能算是撒了些味精。"

强！这位师傅听上去真不像出租车司机，倒像是一位成本核算师。"那你怎么办呢？"我更感兴趣了，继续问。看来去机场的路上还能学到新东西。

"千万不能被客户拉得满街跑，而是要通过选择停车的时间、地点和客户，主动地决定你要去的地方。"我非常惊讶，这听上去很有意思。

"有人说做出租车司机是靠运气吃饭的职业，我认为不是。你要站在客户的位置上，从客户的角度去思考。"

这句话听上去很专业，有点像商业管理培训老师说的"Put yourself into others' shoes"。"给你举个例子。医院门口，一个拿着药的人，一个拿着脸盆的人，你会拉哪一个？"

我想了想，说不知道。

"你要选择那个拿脸盆的。一般人小病小痛的到医院看一看，拿点药，不一定会去很远的医院。拿着脸盆打车的，肯定是出院的。住院哪有不死人的，今天二楼的某人去世了，明天三楼的某人也去世了，所以从住院部出来的人通常会有一种重获新生的感觉，重新认识生命的意义，认为健康才是最重要的。所以，出院的人打车会说：'走，去青浦。'眼睛都不眨一下。"

我不由得开始佩服。

"再给你举个例子。那天在人民广场，有三个人招手拦出租车。一个是年轻的女子，拿着小包刚买完东西；第二个是一对青年男女，一看就是逛街的；第三个是个里面穿绒衬衫，外面穿羽绒服的男子，拿着笔记本包包。我就看了一眼，直接毫不犹豫地停在了第三个男子面前。这位男士上车后就说：'延安高架、南北高架……'"

"那位男士上车后忍不住问我：'为什么你毫不犹豫地停在我面前？前面还有打车的人，他们要是想上车，我也不好意思和他们抢。'我回答说：'大中午的，还有十几分钟就一点了。前面那个女孩子一看就是中午溜出来买东西的，估计公司很近；那对男女是游客，没拿什么东西，不会去很远；你拿着笔记本包包，一看就是出去办事的。而且这个时间外出，估计距离不会太近。'那个男的就说：'你说对了，去宝山。'"

"那些在超市门口、地铁口打车，甚至穿着睡衣的客人可能去很远吗？可能去机场吗？肯定不可能嘛。"

有道理！我越听越觉得有意思。

"很多司机都抱怨，生意不好做，油价又涨了，老从别人身上找问题。我说，从别人身上找问题，自己永远不能提高。要学会从自己身上找找看，问题出在哪里。"这话听起来好耳熟，好像是"如果你不能改变世界，就改变你自己"，或者 Steven Corvey 的"影响圈和关注圈"的翻版。

"有一次，在南丹路有一个人拦车，去田林。后来又有一次，一个人在南丹路拦车，还是去田林。我就问了，怎么你们从南丹路出来的人，很多都是去田林呢？人家说，在南丹路有一个公共汽车总站，我们都是坐公共汽车从浦东到这里，然后搭车去田林的。我恍然大悟。就比如我们开过的这条路，没有写字楼，没有酒店，什么都没有，只有公共汽车站。站在这里拦车的多半都是刚下公共汽车的，再选择一条最短的路径打车，在这里拦车的客户的打车钱通常不会高于 15 元。"

"所以我说，态度决定一切！要用科学的方法，用统计学来做生意。天天等在地铁站口排队，怎么能赚到钱？每月就赚 500 元怎么养活老婆孩子？

这就是在谋杀啊！慢性谋杀你的全家。"

要用知识武装自己，学习知识可以把一个人变成聪明的人，一个聪明的人学习知识可以变成很聪明的人，一个很聪明的人学习知识，可以变成天才。

"有一次，一个人打车去火车站，我问怎么走，他说这么走。我说慢，上高架，再这么走。他说，这就绕远了。我说，没关系，你经常走你有经验，你那么走50元，你按我的走法，等里程表50元了，我就翻表。你只给50元就好了，多的算我的。按你说的那么走要50分钟，我带你这么走只要25分钟。"

"最后，按我的路走，多走了4千米，快了25分钟，我只收了50元。乘客很高兴，省了10元左右。这4千米对我来说就是1元多钱的油钱。我相当于用1元多钱买了25分钟。我刚才说了，我一小时的成本34.5元，多划算啊！"

"在大众出租车公司，普通司机一个月3000~4000元，做得好的每月大概能拿5000元，顶级的司机每月能有7000元。整个大众出租车公司的司机加起来能有2万个，只有两三个司机每月能拿到8000元以上，我就是他们中的一个，而且月月都是。"

太强了！到此为止，我越来越佩服这个出租车司机了。

"我常常说我是一个快乐的车夫。有人说，你是因为赚的钱多，所以快乐。我对他们说，你们正好错了，是因为我有快乐、积极的心态，所以赚的钱多。"

说得多好啊！

"堵在人民广场的时候，很多司机抱怨，又堵车了！真是倒霉！千万不要这样，用心体会一下这个城市的美，外面有很多漂亮的女孩子走过，还有非常现代的高楼大厦，虽然买不起，但是却可以用欣赏的眼光去享受。"

"开车去机场，看着两边的绿色景观，多美啊。再看看里程表，100多元了，就更美了！每一样工作都有它美丽的地方，我们要懂得从工作中体会这种美丽。"

"我10年前是强生公司的总教练，8年前在公司做过三个不同部门的部门经理。后来我不干了，一个月就挣3000元，没意思，主动跑来做司机……"

到了机场，我给他留了一张名片，说："你有没有兴趣这个星期五，到我办公室，给微软的员工讲一讲你怎么开出租车的？你就当打着表，60 千米一小时，你讲多久，我就付你多少元。等你电话。"

我迫不及待地在飞机上记录下他这堂生动的 MBA 课。

资料来源：笔者根据知乎文章《出租车司机给我上的 MBA 课》整理。

第九章　数字生活中的算法

第一节　人工智能的前世今生

现在我们已经处于一种数字生活状态，数字化智能设备在身边无处不在。人工智能、神经网络、深度学习，我们的生活都被算法操控了。我们有必要了解一下什么是人工智能，什么是机器学习，什么是算法，以及它们与我们生活的关系。

自然界有四大奥秘，它们是物质的本质、宇宙的起源、生命的本质、智能的发生。智能的本质，仍然是科学家们头疼的难题之一。一般来说，智能是指学习、理解并用逻辑方法思考事物，以及应对新的或者困难环境的能力。所谓智能，应该能够适应环境，适应偶然性事件，能分辨模糊的或矛盾的信息，在孤立的情况中找出相似性，产生新概念和新思想。也就是说，智能体是需要独立思考、独立应对面临的新环境、新问题的，因此需要具备知觉、推理、学习、交流和在复杂环境中行动等智能行为。

关于人工智能的定义，目前也缺少较为统一的界定，不同观点还是挺多的。本书认为人工智能是利用数字计算机或者数字计算机控制的机器，模拟、延伸和扩展人的智能，感知环境、获取知识并使用知识获得最佳结果的理论、方法、技术及应用系统。简单点说，人工智能就是机器展现出的智能，即只要是某种机器具有某种或某些"智能"的特征或表现，都应该算作"人工智能"。

由此我们也进一步总结出人工智能的若干特征：由人类设计，为人类服务，本质为计算，基础为数据；能感知环境，能产生反应，能与人交互，能与人互补；有适应特性，有学习能力，有演化迭代，有连接扩展。

实际上，人工智能并不是新概念，它早在 1956 年就已经出现。1956 年之前，更有十多年的孕育期。例如，1943 年，沃伦·麦卡洛克和沃尔特·皮兹基于生物原型的详细分析，提出了大脑神经元的数学模型，称为感知机。1950 年，艾伦·图灵针对机器能否思维发表论文，提出了一种通过测试来判定机器是否有智能的方法，被后人誉为"图灵测试"。此后，马文·明斯基和迪恩·埃德蒙兹构建了所谓的第一台人工智能计算机；克劳德·香农研究了计算机国际象棋的可能性。1955 年，在洛杉矶召开的美国西部计算机联合大会上，"机器学习分组会议"研究了机器系统学习能力、下棋的复杂性问题、模式识别等。

在此基础上，人工智能的形成与发展主要经历了三个阶段。

第一阶段就是 1956 年以后直至 20 世纪 80 年代初。1956 年，一群科学家聚集在达特茅斯学院，讨论着对于当时的世人而言完全陌生的话题——人工智能。人工智能起初被界定为"让机器的行为看起来就像是人所表现出的智能行为一样"。这次会议以人工智能（Artificial Intelligence，AI）为会议主题，从而使得人工智能作为一个研究领域正式诞生。

第二阶段是 20 世纪 80 年代初至 90 年代初。这个阶段的代表性概念是一种名为"专家系统"的 AI 程序。专家系统是一个智能计算机程序系统，其内部含有大量的某个领域专家水平的知识与经验，能够利用人类专家的知识和解决问题的方法来处理该领域问题。它是根据某领域一个或多个专家提供的知识和经验，进行推理和判断，模拟人类专家的决策过程，以便解决那些需要人类专家处理的复杂问题。这期间最典型的事件是由 IBM 于 1985 年开始开发的深蓝计算机与卡斯帕罗夫在 1996 年的对决。当时它的表现差强人意，大家感觉仅此而已。专家系统在发展一段时间以后，遇到了极大的瓶颈或障碍，如知识领域往往很专注，难以适用其他领域和类别；随着专家系统越来越大，管理它们和有效提供数据变得越来越具有挑战性；对专家系统进行测试通常也是一个复杂的过程；专家系统不会随着时间的推移而学习。相反，必须通过底层逻辑模型的不断更新才能应对新问题，大大增加了成本和复杂性。简单点说就是不会学习，你告诉它什么规则，它就只会遵守这些规则。由此，以专家系统为代表的人工智能陷入一段沉寂期。

第三阶段就是 20 世纪 90 年代初到今天。21 世纪以来，网络基础设备的发展，为高速传送和交换数据创造了基础，大数据和云计算为深度学习创造了条件，数据、算法、算力为人工智能准备了充分的技术条件，人工智能再次进入快速发展轨道，而且现在看来一发而不可收拾。其中的典型事件也是下棋：2016 年 3 月，DeepMind 公司开发的 AlphaGo 和围棋世界冠军、职业九段棋手李世石进行围棋人机大战，以 4∶1 总比分获胜；2017 年 5 月，在中国乌镇围棋峰会上，它与排名世界第一的世界围棋冠军柯洁对战，以 3∶0 的总比分获胜。从 1996 年的深蓝到 2016 年的 AlphaGo，人工智能表现出了惊人的进步。

现代的人工智能为什么这么厉害？它具有哪些之前专家系统没有的技能呢？梳理起来，我们说人工智能具有五个突出的特点：一是大数据驱动的知识学习技术。专家系统时代，知识是需要人工表达出来，然后“告诉”计算机，而今天则是“机器学习”时代，机器学到的知识甚至人类自己都可能意识不到。二是从分类型处理的多媒体数据转向跨媒体的认知、学习、推理，能够把来自多个媒体的多源异构数据集成起来供机器处理。三是从追求智能机器到高水平的人机、脑机相互协同和融合。四是从聚焦个体智能到基于互联网和大数据的群体智能，它可以把很多人的智能集聚融合起来变成群体智能。五是从拟人化的机器人转向更加广阔的智能自主系统，如智能工厂、智能无人机系统等，这主要是人工智能多场景的应用，而不是单一的拟人化应用。

第二节　机器学习与深度学习

人工智能是一个很宽泛的概念，包括了从复杂的、基于规则的软件到尚未发明的人类智能之间的任何事情。今天谈到人工智能时，更多是与机器学习联系起来。机器学习是人工智能的一个分支，深度学习是机器学习的一个专门分支。什么是机器学习呢？百度百科是这样描述的：机器学习是一门多领域交叉学科，涉及概率论、统计学等多门学科，它专门研究计算机怎样模拟或实现人类的学习行为，以获取新的知识或技能，重新组织已有的知识结构使之不断改善自身的性能。理解机器学习概念的核心，应该关注"通过学习获取新知识"。一般意义上的软件开发或编程，无论采用哪种编程语言，它的经验法则是不变的，即定义规则和逻辑。然而人工智能则是颠覆了传统编程模式，其核心是"使用算法解析数据，从中学习，然后对世界上的某件事情做出决定或预测"。你不需要编写机器学习的算法，只需要提供大量数据来训练它们，使模型掌握数据所蕴含的潜在规律，进而对新输入的数据进行准确的分类或预测。例如，如果希望机器能够识别图片中是否有猫这种动物，专家系统时代需要明确关于猫的知识、描述猫的样子，而今天我们主要是通过提供数百万张猫的图片，机器学习算法在这些图像中找到重复的模式，并自己确定如何定义猫的外观。然后，你再提供一张新图片时，它就能区分照片中是否含有猫的成分。

机器学习可以划分为三类：监督学习、非监督学习和强化学习。

监督学习就是机器学习的训练样本数据有对应的目标值，算法通过对数据样本因子，也就是数据中的关键因素，和已知的结果建立联系，提取特征值和映射关系，再对新的数据进行结果预测。上面所讲的猫的示例就是监督学习的一个例子，我们把海量含有猫的图片输入人工智能程序，并告诉它这些都是猫。算法会在对图片进行处理的基础上建立图片内含信息与猫这个概念之间的联系。然后它在识别一张新图片时，也能找到类似的对应规则的话，就可以判定这又是一张关于猫的图片。提供给监督学习的算法样本越多，其分析新数据的能力就越精确。同时这也意味着创建带有标记样本的大数据非常耗时，需要大量的人力。监督学习通常用在分类和回归。

非监督学习跟监督学习的区别就是选取的样本数据无须目标值或者标签，我们无须分析这些数据对某些结果的影响，只是分析这些数据内在的规律。该算法对未标记的数据进行整理，提取推论并找出模式。无人监督学习对于人类无法定义的、隐藏模式的情况尤其有用，常用在聚类分析上面。拿猫的图片来说，我们把关于猫的图片提供给人工智能算法，但不需要告诉它这都是猫的图片，只是让它发现哪些图片是相似的等。还可以用来客户分群、因子降维等，像RFM模型的使用，通过客户的销售行为（消费次数、最近消费时间、消费金额）指标，对客户进行聚类，找出最近消费时间近、消费频次和消费金额都很高的重要价值客户，最近消费时间较远但消费频次和金额都很高的重要保持客户等。无监督学习的好处是数据不需要人工打标记，数据获取成本低。

强化学习是一种比较复杂的机器学习方法，我们定义了状态、期望目标、允许的行动以及约束，算法通过尝试将各种不同的允许行动进行组合来了解如何实现目标。当你知道目标是什么，但无法定义达到目标的路径时，这个方法特别有效。强化学习强调系统与外界不断地交互反馈，主要是针对流程中不断需要推理的场景如自动驾驶。在更著名的案例中，AlphaGo 就是强化学习的训练对象，AlphaGo 走的每一步不存在对错之分，但是存在"好坏"之分，AlphaGo 的每一步行动环境都能给予明确的反馈，是"好"是"坏"？"好""坏"具体是多少，可以量化。强化学习在 AlphaGo 这个场景中最终的训练目的就是让棋子占领棋面上更多的区域，赢得最后的胜利。

总之，强化学习是一种通过交互的目标导向学习方法，旨在找到连续时间序列的最优策略；监督学习是通过有标签的数据，学习规则，通常指回归、分类问题；无监督学习是通过无标签的数据，找到其中的隐藏模式，通常指聚类、降维等算法。

那么，什么是深度学习呢？深度学习有如下一些众所周知且被广泛接受的定义：深度学习是机器学习的子集；深度学习使用的是人工神经网络ANN，一种级联的多层（非线性）处理单元，以及受大脑结构和功能启发的算法。深度学习使用 ANN 进行特征提取和转换、处理数据、查找模式和开发抽象。深度学习也可以划分为监督学习和无监督学习。深度学习的"深度"，其实就是指人工神经网络具有多个隐藏层，通常有五六层，甚至十多层。每层都以前一层的输出为输入，并且我们不知道不了解经过训练的参数，就像一个深度隐藏的黑盒子。

举个图像分类的例子。深度学习模型使用其隐藏层架构以增量方式学习图像。首先，它会自动提取低层级的特征，如识别亮区或暗区；其次，提取高层级特征如边缘；最后，它会提取最高层级的特征如形状。在这个多层的神经网络中，每个节点或神经元代表整个图像的某一细微方面，将它们放在一起，就描绘了整幅图像，而且它们能够将图像完全表现出来。

前面提到，传统的机器学习需要人工提取特征和分类，这种分类更接近人类智能的表现。如果有更多的数据，那么最好的选择就是使用性能更好的深度网络来处理。很多时候，使用的数据越多，结果就越准确。这也是深度学习在大数据时代飞速发展的基本道理。

如今，深度学习在搜索技术、机器翻译、自然语言处理、多媒体学习、语音/图像的推荐和个性化技术等领域都取得了很多成果。深度学习使机器模仿视听和思考等人类活动，解决了很多复杂的模式识别难题，取得了很大进步。

第三节　生活中的人工智能

人工智能作为一种机器展示的智能，可以模拟人类的行为或思维，通过训练可以解决特定的问题，使用大量数据训练的人工智能模型有能力做出智能决策。正是因为现代人工智能脱离了人工知识处理，具备了根据提供的数据就可以自动提取规则、产生知识和优化结构的能力，也就是说机器有了学习能力，再加上大数据、云计算的配合，今天我们的生活中到处充斥着人工智能的影子。2022 年 8 月 15 日，科技部发布了《关于支持建设新一代人工智能示范应用场景的通知》，首批支持建设的示范应用场景有 10 个，包括智慧农场、智能港口、智能矿山、智能工厂、智慧家居、智能教育、自动驾驶、智能诊疗、智慧法院、智能供应链。可以看出，这些是我们每个人都可能随处碰到的应用场景。下面我们看一下主要的应用场景。

第一个场景是普遍存在的个性化推荐。这是一种基于聚类与协同过滤技术的人工智能应用，它建立在海量数据挖掘的基础上，通过分析用户的历史行为建立推荐模型，主动给用户提供匹配他们需求与兴趣的信息，既可以为用户快速定位需求产品、弱化用户被动消费意识、提升用户兴致和留存黏性，又可以帮助商家快速引流、找准用户群体与定位、做好产品营销。

个性化推荐在电子商务购物、新闻媒体、短视频平台等场景下得到了广泛应用。为什么需要个性化推荐呢？随着诸多以 Web 2.0 技术为基础的网络平台的涌现，普通用户制作和传播信息的技术门槛大幅降低，社会信息总量也因此呈几何级数增长。然而人工处理信息的效率很低，用户的时间和精力也很有限，如浏览新闻，每人每天能看多少条呢？因此绝大多数增量信息都无法有效触达用户。个性化推荐算法正是为解决上述问题应运而生的。网络服务提供者可以根据用户偏好在海量信息中进行筛选，并优先呈现与用户需求相契合的信息内容，这样就显著提高了信息供需双方的匹配效率，为激活更多细分市场创造条件。例如，短视频平台中的视频博主、信息平台中的自媒体等无不需要依托个性化推荐算法，在海量信息和茫茫人海中实现供需双方的精准匹配，并由此获得经济收益。此外，从普通用户角度来看，个性化推荐算法也有助于其高效获得有真正价值的信息，减少在信息检索方面的精力消耗。上班的路上打开音乐 App 随机播放起为你推荐的歌曲；打开电商平台，发现给你展示了正在做活动且你心仪很久的外套；休息时打开短视频平台娱乐一下，刷出来的可能都是自己喜欢的风格。个性化推荐就是我们常常说的"千人千面"，系统会根据每个人的历史行为以及人物特征，推荐较为合适的物品。你在平台付出的时间越多，它就会越了解你，就好像你在一直训练它一样，变得越来越让你喜欢、深得你心。好的推荐算法还会根据用户的既有偏好，在恰当的范围内拓展其信息边界，从而发现或激发新的信息需求。

第二个场景是人脸识别。现在，也许大家生活的小区和楼幢、工作的大厦，包括很多手机上的 App 验证，都时刻需要刷脸；当人们进入高铁站、机场安检时，也需要刷脸。这就是普遍存在的人脸识别。它是基于人的脸部特征信息进行身份识别的一种生物识别技术，涉及的技术主要包括计算机视觉、图像处理等。人脸识别的实现，主要通过三个步骤，首先是把已知身份的脸部照片输入计算机系统，其次应用卷积神经网络等人工智能模型将这些人脸图像中包含的特征识别出来。人脸图像中包含的模式特征十分丰富，如直方图特征、颜色特征、模板特征、结构特征及 Haar 特征等。人工智能算法就是要把这其中有用的信息挑出来，并将这些特征与某个具体的主体关联起来。最后就是对通过摄像头输入的一张新人脸图像同样进行特征提取，并与之前已知身份的脸部特征进行比对，从而找到新图像对应的个体身份信息。虽然日常生活中经常看到比较相像的一些人，甚至也有双胞胎、多胞胎等相似主体的存在，但高质量的人脸识别系统都可以为每个个体建立唯一的脸部特征参数模型，从而实现精准的身份识别。当然，人脸的特征信息也是较为敏感或隐私的，因此生活中不宜过度使用人脸识别。

第三个场景是自动驾驶。自动驾驶系统是通过车载传感系统感知道路环境，并根据感知所获得的道路、车辆位置和障碍物信息，控制车辆的转向和速度，从而使车辆能够安全、可靠地在道路上行驶并到达预定地点的功能。从这个定义可以看出，自动驾驶的实现需要很多领域技术的集成配合。例如，它需要感知系统，通过摄像机、雷达等收集路面周边环境信息，就像人类的耳朵听和眼睛看；高精度定位系统，通过全球卫星导航系统、惯性导航系统、高精地图等将自动驾驶汽车与周边交通环境有机结合，实现超视距感知，降低车载感知传感器计算压力；决策系统，就像人的大脑一样，经过了巨量数据训练的人工智能系统，对感知和定位信息进行处理，然后做出符合交通规则的决策、路径决策、速度与转身决策等。其他辅助的系统还有通信技术、安全技术、执行技术等。自动驾驶是一项复杂度特别高的人工智能应用，实现难度特别大，又广受大众期待，所以现在很多企业，包括百度、阿里、腾讯等都在积极投入自动驾驶汽车的研发。毋庸置疑，自动驾驶已成为人类发明汽车以来的一大颠覆性创新，其影响不仅体现在汽车工业，还对社会发展、出行体系都存在巨大影响。

第四节　生活中的算法困境

从生活中的人工智能可以看到算法已经成为生活、工作、学习的新工具、新方式，极大地改变着当今的世界。很多时候，人工智能是帮助了人类，但有的时候，它带来了新的困扰。我们一起来看看光鲜亮丽的人工智能背后，有哪些需要关注的问题或挑战。

2020年9月初时，一篇题为《外卖骑手，困在系统里》的文章引起极大的关注和广泛的议论。文章的核心观点是骑手被人工智能系统的算法控制。它提到了那些影响骑手的重要因素：外卖商家、导航、电梯甚至是道路安全系统，但最重要的是派送订单并核算时间的外卖平台系统。外卖平台系统是一套包含机器学习、调度、定价、规划等功能在内的信息系统，外卖员的送达时间均由算法根据大量历史数据不断"优化"给定。这里的优化，是指在消费者需求驱动下不断减少服务时间的优化，而从社会层面来看，可能并非越短越"优"。因为骑手在追求订单效率、消费者满意的同时，引起更多更复杂的社会问题。这篇报道有着持久的热度，也引起了各个群体的思考，当然也引起了多种方式的改善，有着极重要的社会意义。

算法困局的另一个典型案例是个性化推荐导致的"信息茧房"。大家也许有过这种经历，在享受平台的个性化推荐一段时间后，新鲜感消失，希望接触更多样化的商品或信息，但平台可能还在执着地为你推荐原先的兴趣商品。其实，个性化推荐使用过度，就会导致用户的"信息茧房"甚至信息囚笼效应，即人们关注的信息领域会习惯性地被自己的兴趣引导，从而将自己的生活桎梏于像蚕茧一般的"茧房"中的现象。由于信息技术提供了更自我的思想空间和任何领域的巨量知识，一些人还可能进一步逃避社会中的种种矛盾，成为与世隔绝的孤立者。在社群内的交流更加高效的同时，社群之间的沟通并不见得一定会比信息匮乏的时代更加顺畅和有效。算法很了解用户，但用户对算法几乎一无所知；算法强大到能控制用户的眼睛，甚至基于算法实施"大数据杀熟"，但用户可能对此一无所知。所幸，国家已经展开了这方面的治理。2022年1月《互联网信息服务算法推荐管理规定》出台，明确了服务提供者应当以显著方式告知用户其提供算法推荐服务的情况，向用户提供不针对其个人特征的选项，或者向用户提供便捷的关闭算法推荐服务的选项。据《经济日报》2022年3月16日报道，抖音、今日头条、微信、淘宝、百度、大众点评、微博、小红书等App均已上线算法关闭键，允许用户在后台一键关闭"个性化推荐"。

随着大数据和人工智能在各个领域的深入应用，人类各种数据被采集、被利用，这其中就必然涉及个人隐私保护的问题。隐私是指一个社会自然人所具有的不危害他人与社会的个体秘密，从范围而言，包括个人的人身、财产、名誉、经历等信息。在很大程度上，隐私是传统社会自由的重要基石。由于大数据时代越来越多的无所不在的监控与感知系统的存在，以及以更好服务为名对用户信息的收集成为一种普遍的商业存在，使今天的任何一个用户，在整个网络上，都留下了基于其行为的庞大数字轨迹。隐私泄露成为了大数据时代的一种几乎必然的结果。

人工智能技术的出现，更加剧了这种状况和危险。大数据时代只是做到了对数据的充分采集、存储，对个体隐私的最终分析和判定，依然需要人工来进行。这就意味着，社会对于个体的精准监控的成本很大，只能做到针对少数个体。然而，人工智能极大地降低了分析大数据的成本并提高了效率，通过人工智能，就可以做到对所有个体数据的关联分析和逻辑推理。例如，在大数据时代，尽管城市的各种摄像头精准地记录了所有的数字影像信息，但它是不能将影像对应到自然人的。然而，通过人工智能的特征分析，就可以将所有个体识别出来，就可以准确记录每一个自然人的轨迹和行动。因此，在人工智能时代，理论上所有个体的绝大多数行为都无法隐藏，无论其是否危害社会，我们需要考虑限制人工智能在采集和分析隐私方面的滥用。

在隐私保护上，除了手机厂商推出的各种隐私保护功能，政府也在通过行业规范、立法等从源头上保护我们的隐私信息。2021 年 11 月 1 日，《中华人民共和国个人信息保护法》开始施行。它能从哪些方面直观地改变我们的生活呢？专家指出有六点：一是遏制"强制同意"，不得过度收集个人信息，不得以个人不同意为由拒绝提供产品或者服务。同时，个人也有撤回同意的权利。二是禁止"大数据杀熟"。个人信息处理者利用个人信息进行自动化决策，应当保证决策的透明度和结果公平、公正。三是规范"精准营销"。通过自动化决策方式向个人进行信息推送、商业营销，应当同时提供不针对其个人特征的选项，或者向个人提供便捷的拒绝方式。四是防止"骚扰电话"。个人信息处理者应该对收集来的信息进行妥善的监督和保管。任何组织、个人有权对违法个人信息处理活动向有关部门进行投诉、举报。五是规范"人脸识别"。在公共场所安装图像采集、个人身份识别设备，应当为维护公共安全必需，遵守国家有关规定，并设置显著的提示标识。六是加强对未成年人个人信息的保护力度。

人工智能大规模进入社会还会引发一系列严重的伦理和价值问题。人工智能会不会伤害人类？人工智能是否能够管理人类？人工智能是否具有人类一样的权利，如自由权、人格权、继承权等？有人还提出了劳动竞争、暴力扩散、种群替代、文明异化等人工智能的困境或风险趋势，本书暂时不再涉及，有兴趣的同学可以自行去研究一下。

　　总之，人工智能及其算法作为一种新的革命性技术，必将引发从经济、社会到政治、文化等所有领域的变革，从而引发正面的或负面的效果。我们不仅要欢迎人工智能技术革命带来的社会和文明进步，还要关注它带来的问题与挑战，并且不断地去面对它、解决它。希望同学们能够在这方面有所成就。未来是你们的！

参考文献

［1］数据的秘密（上）—为什么要关注数据［EB/OL］．［2015-09-09］．http：//www. woshipm. com/pmd/201765. html.

［2］宋星．数据赋能［M］．北京：电子工业出版社，2021.

［3］小岛宽之．统计学关我什么事：生活中的极简统计学［M］．罗梦迪，译．北京：北京时代华文书局，2018.

［4］计数简史：我们人类是如何认知计数的？［EB/OL］．［2020-01-08］https：//baijiahao. baidu. com/s？id=1655087985003973454&wfr=spider&for=pc.

［5］孙静娟．统计学：第3版［M］．北京：清华大学出版社，2015.

［6］尼尔·布朗，斯图尔特·基利．学会提问：原书第12版［M］．许蔚翰，吴礼敬，译．北京：机械工业出版社，2021.

［7］科德·戴维斯，道格·帕特森．大数据伦理：平衡风险与创新［M］．赵亮，王健，译．沈阳：东北大学出版社，2016.

［8］杨延超：解读欧盟《通用数据保护条例》的几个核心问题［EB/OL］．［2018-06-12］https：//www. sohu. com/a/235269958_ 465968.

［9］中国信息化百人会课题组．数字经济：迈向从量变到质变的新阶段［M］．北京：电子工业出版社，2018.

［10］汤潇．数字经济：影响未来的新技术新模式新产业［M］．北京：人民邮电出版社，2019.

［11］许小年．商业的本质和互联网［M］．北京：机械工业出版社，2020.

［12］Zhang X Z, Liu J J, Xu Z W. Tencent and Facebook Data Validate Metcalfe's Law［J］. Journal of Computer Science and Technology, 2015（2）：246-251.

［13］中国信息通信研究院．中国数字经济发展报告（2022年）［R］．北京：中国信息通信研究院，2022．

［14］中国信息通信研究院．全球数字经济白皮书（2022年）［R］．北京：中国信息通信研究院，2022．

［15］董敬畏．建设数字社会推进整体智治［N］．学习时报，2020-05-01（03）．

［16］陈刚，谢佩宏．信息社会还是数字社会［J］．学术界，2020（5）：93-102．

［17］董成惠．共享经济：理论与现实［J］．广东财经大学学报，2016（5）：4-15．

［18］杨树森．有效管理时间："三维综合分类法"例解［J］．秘书，2008（10）：32-34．

［19］猴子·数据分析学院．数据分析思维：分析方法和业务知识［M］．北京：清华大学出版社，2020．

［20］刘洪波，李媛媛，刘潋．基本演绎法［M］．成都：四川文艺出版社，2020．

［21］岳燕宁．归纳与演绎［M］．合肥：中国科学技术大学出版社，2015．

［22］陈哲．活用数据：驱动业务的数据分析实战［M］．北京：电子工业出版社，2019．

［23］深入浅出机器学习算法：关联分析［EB/OL］．［2020-01-23］．https：//zhuanlan.zhihu.com/p/103845342．

［24］王汉生．数据思维：从数据分析到商业价值［M］．北京：中国人民大学出版社，2017．

［25］贾君新．数据思维赋能［M］．北京：清华大学出版社，2020．

［26］胡广伟．数据思维［M］．北京：清华大学出版社，2021．

［27］栾玉广．自然辩证法原理［M］．合肥：中国科技大学出版社，2007．

［28］王维．科学基础论［M］．北京：中国社会科学出版社，1996．

［29］范锡洪．自然辩证法教程［M］．上海：同济大学出版社，1992．

［30］张宁．自然观和方法论革新：现代金融理论革新的哲学前提［D］．中山大学硕士学位论文，2003.

［31］赵兴峰．企业数据化管理变革［M］．北京：电子工业出版社，2016.

［32］毕然，袁晓洁．大数据分析的道与术［M］．北京：电子工业出版社，2016.

［33］黄成明．数据化管理［M］．北京：电子工业出版社，2014.

［34］道格拉斯·W.哈伯德．数据化决策［M］．邓洪涛，译．广州：广东人民出版社，2017.

［35］周文辉，邓伟，陈凌子．基于滴滴出行的平台企业数据赋能促进价值共创过程研究［J］．管理学报，2018（8）：1110-1119.

［36］Eylon D. Understanding Empowerment and Resolving Its Paradox：Lessons from Mary Parker Follett［J］．Journal of Managenent History，1998（1）：16-28.

［37］Kanter R M. Powerlessness Corrupts［J］．Harvard Business Review，2010（7）：1-36.

［38］Spreitzer G. Giving Peace a Chance：Organizational Leadership，Empowerment，and Peace［J］．Journal of Organizational Behavior，2007（8）：1077-1095.